이커머스, 콘텐츠로 팔아라

김현수 지음

*e*비즈북스

이커머스, 콘텐츠로 팔아라

초 판 1쇄 발행 | 2021년 11월 15일
개정판 1쇄 발행 | 2023년 1월 31일

지은이 | 김현수
펴낸이 | 이은성
펴낸곳 | e비즈북스
기 획 | 김지은
편 집 | 이한솔, 최지은
디자인 | 이윤진

주 소 | 서울시 종로구 창덕궁길 29-38, 4-5층
전 화 | (02)883-9774
팩 스 | (02)883-3496
메 일 | ebizbooks@naver.com
등록번호 | 제2021-000133호

ISBN 979-11-5783-284-2 03320

e비즈북스는 푸른커뮤니케이션의 출판 브랜드입니다.

이커머스, 콘텐츠로 팔아라

김현수 지음

e 비즈북스

목차

서문 … 9
이 책을 사서 돈이 아까울 이들을 위해 | 이 책과 다른 책들의 다른 점

1장
이커머스와 콘텐츠 큐레이션

이커머스 시장의 동력과 가치 … 16
소매유통업의 맹주 이커머스 시장 | 시장을 움직이는 원리, 이커머스 밸류 서클

이커머스의 3가지 우선순위 … 22
가장 강력한 가치, '신뢰' | 선택의 안정감을 주는 '상품 구색' | 끝없는 전쟁, '가격'

시장의 성장과 물류의 가치 … 29
이커머스 침투율과 '배송' | 규모의 경제와 '배송'의 가치

시장 패러다임은 어쩌다 뒤집혔나 … 33
이커머스 밸류 서클과 시장의 패권 | 일반 종합쇼핑몰의 등장 - 기존 시장의 파괴 | 오픈마켓의 등장 - 압도적 구색으로 가격을 점령하다

또다시 등장한 시장 파괴자 … 38
소셜커머스의 등장 - 가격부터 잡고 다음 가치로 진격 | 신뢰, 구색, 가격 다음은? - 배송, 사용자 경험의 가치로 확전

쇼핑의 두 가지 유형과 큐레이션 … 45
미디어커머스의 탄생 배경과 정의 | 결핍과 욕망으로 나뉘는 쇼핑의 유형

카테고리 킬러의 가치, 큐레이션 … 53
신뢰 2.0과 큐레이션 | 큐레이션은 취향과 라이프스타일의 콘텐츠가 본질이다

2장

이커머스의 콘텐츠 가치

이커머스 콘텐츠로서 필요한 3요소 — 58
어떤 것들이 콘텐츠 3요소인가? | 한때를 풍미했던 몇 가지 제작 패턴 | 스트롱 스타트 | 하트비트 리듬 | 날것이거나 감쪽같거나 | 영상의 화면비율 | 패턴을 벗어나려는 시도

'재미'는 이유다 — 69
모바일이어서 더 절실한 '재미'의 가치 | 재미가 곧 이유

'재미'의 본질과 스토리 — 73
이커머스 업계 최초로 이커머스 웹드라마를 시도한 이유 | 식상함을 극복하려던 노력, 스토리텔링 | 소비자 눈높이, 현실적 어려움, 진화의 방향

'발견'의 세 가지 종류 — 79
New, 발견의 가치 | 새로운 상품의 발견 - 몰랐던 상품 그 자체의 발견 | 새로운 가치의 발견 - 상품의 숨겨진 가치를 발견 | 새로운 기회의 발견 - 상품을 사야 하는 타이밍을 가치로 치환

'도움'의 가치, 쌓일수록 힘이 된다 — 87
Tip, 도움의 가치 | '도움'의 콘텐츠들이 플랫폼이 되는 선순환 조건들

이커머스 운영 공식과 콘텐츠 — 96
이커머스 운영 공식 | 매출을 올리기 위한 영업지원의 종류

3장

이커머스에서 콘텐츠의 전략과 활용

미디어커머스와 콘텐츠 마케팅은 무엇이 다른가? — 104
콘텐츠 마케팅? | 마케팅과 세일즈 사이, 미디어커머스 | 새 술은 새 부대에 담자

제조사/브랜드의 이커머스 콘텐츠, 결핍을 기획하라! — 112
이 책에서 제조사/브랜드, 유통사/플랫폼의 의미 | 제조사/브랜드의 미디어커머스와 시장의 흐름 | 제조사/브랜드의 이커머스 콘텐츠 - 결핍을 기획하라

유통사/플랫폼의 이커머스 콘텐츠,
B2B2C 사업으로 접근하라!　　　　　　　　**117**

유통사/플랫폼의 미디어커머스 딜레마 | 플랫폼의 미디어커머스 - 1. 숙제 바꿔 하기 | 플랫폼의 미디어커머스 - 2. 매장을 미디어로 만들기 | 나의 경험과 사례들

커머스 플랫폼의 브랜딩과 이커머스 콘텐츠　　**128**

세일즈, 마케팅, 브랜딩 | 커머스 플랫폼의 브랜딩은 결국 미디어커머스와 닿는다 | 매장이 미디어, 상품이 콘텐츠

4장

이커머스에서 콘텐츠의 전략적 선택지들과 적용사례

이커머스의 콘텐츠 전략에 앞서　　　　　　　**134**

제작, 기획, 생산의 개념 정리 | 이커머스의 콘텐츠 전략을 실행할 때 만나는 3가지 선택지와 그에 따른 고민들 | 각각 어떤 의미와 가치가 있으며, 그 특징은 무엇인가? | 콘텐츠 제작의 비용 요소가 어떻게 다른가? | 자원 투입 시 고려할 핵심 사항이 무엇인가?

비디오커머스:
비디오 콘텐츠에서 반드시 고려해야 할 포인트　**146**

방향을 정한다 | 결을 정한다 | 대상을 정한다

비디오커머스: 어떻게 현업에 적용했나?　　　**155**

흥행성이 효율성보다 중요할 때 | 효율성이 흥행성보다 중요할 때

인플루언서 커머스:
인플루언서와 이커머스 시장의 이해관계　　　**164**

인플루언서 커머스의 정의 | 이커머스와 MCN 시장의 이해관계 차이 | 인플루언서가 돈 버는 방식 세 가지 | 인플루언서가 이커머스로 돈 벌기 | 국내 인플루언서 커머스의 한계 | 수익 배분 주체로서 커머스 플랫폼 입장의 걸림돌 | 인플루언서 입장의 걸림돌 | 인플루언서 커머스 시장의 개화와 구조적 진화를 기대하며

인플루언서 커머스: 어떻게 현업에 적용했나?　**176**

광고 구좌인가 유통 채널인가? | 수수료는 누가 내는가? | 중국의 구조를 닮아가는 국내 시장 변화

라이브커머스 : 라이브커머스의 본질과 미래　　　　　185
'명분'과 '기회'는 라이브커머스의 본질 ｜ 자주 듣던 질문들 ｜ 커머스와 콘텐츠 중 뭐가 더 중요한가? ｜ 라이브커머스에서 잘 팔리는 상품군은 무엇인가? ｜ 자사 쇼핑몰에서 자체 개발해 진행할 때 가장 고려할 것은 무엇인가? ｜ '관계'와 '제안'이 라이브커머스를 TV홈쇼핑과 다르게 만든다

라이브커머스 : 어떻게 현업에 적용했나?　　　　　195
시장, '언제'만큼 '누구'도 중요하다 ｜ 현장의 의사결정과 진행사항 ｜ 현업의 현장은 앞으로 어떻게 진화할까?

5장
나의 현장 경험과 기록들

내가 겪은 첫 미디어커머스　　　　　214
'미디어커머스'는 언제 시작됐을까? ｜ 미디어커머스가 정의되지 않았던 이유

지속가능성이 문제다, 끝없는 채산성과의 싸움　　　　　218
콘텐츠의 포맷과 공정, 그리고 채산성 ｜ 채산성 해결을 위해 - 1. 콘텐츠 포맷의 변화: 라이브커머스 중앙방송 ｜ 채산성 해결을 위해 - 2. 콘텐츠 제작 주체의 변화: 라이브커머스 개별방송 ｜ 채산성 해결을 위해 - 3. 콘텐츠 포맷과 제작 주체 모두 변화: 숏폼 콘텐츠

자원은 늘 모자라다,
사업의 중요도와 콘텐츠의 체급별 구성　　　　　230
가치 측정과 자원 투입의 결정 ｜ 콘텐츠의 스펙트럼이 넓어야 하는 이유

매대를 콘텐츠로 만들어라 - 29CM 사례　　　　　236
매대의 중요성 ｜ '수요입점회'를 만들다 ｜ 매대의 지향점을 세우자 ｜ 매대의 정책을 만들자 ｜ 매대 이름을 짓자 ｜ 매대 BI도 만들자 ｜ 실행 결과와 반응 ｜ 미디어커머스, 매장은 미디어다

콘텐츠를 매대로 만들어라 - 무신사 사례　　　　　248
대세는 숏폼 콘텐츠? ｜ 왜 짧아야 할까? ｜ 모바일커머스의 숏폼은 뭐가 달라야 할까? ｜ 핵심은 프로세스다

6장
자주 받았던 질문들

비용과 수익의 구조는 어떻게 되나요? — 260
비용 | 수익

조직 구성과 채용은 어떻게 했나요? — 269
조직 구성 | 채용

우리도 라이브커머스 하면 잘될까요? — 277
왜 라이브커머스를 하는지 잊지 말아야 한다 | 판매 상품을 바탕으로 방송의 결을 잘 정한다 | 짧은 시청시간을 반드시 유념한다 | 사전 마케팅과 쌍방향 소통 대응 준비는 필수다 | 지난 방송 다시보기에는 집착하지 않아도 된다, 그러나…

라이브커머스 시장은 어떻게 성장할까요? — 284
라이브커머스는 시장인가? | 라이브커머스를 시장으로 본다면 그 분야는 무엇인가? | 라이브커머스가 자극하는 시장의 변화

입점사는 미디어커머스 플랫폼에서 어떻게 지원받을 수 있나요? — 293
입점한 플랫폼으로부터 미디어커머스 지원을 받으려면 어떻게 해야 하나? | 어떤 미디어커머스 종류를 지원받아야 좋을까?

7장
이커머스와 콘텐츠의 미래

미디어커머스 플랫폼을 지탱할 두 개의 축 — 298
콘텐츠 | 관계성

당신의 이커머스는 자본, 인프라, 콘텐츠 중 무엇으로 겨룰 것인가? — 308
전통 유통사 vs. 스타트업 이커머스 | 라이프 매니징이냐 라이프 스타일링이냐 | 결핍은 발생하는 것이지만 욕망은 창조하는 것이다 | 어디에서, 무엇으로 승부할 것인가?

콘텐츠의 시대에 커머스의 시장에서 — 315
개인도 기업도 모두 미디어 시대 | 콘텐츠와 미디어의 시대에 대응하는 이커머스

서문

 나는 국내 이커머스 최초로 모바일 라이브커머스를 기획해 만들고 운영해 왔다. 시작은 2017년 9월 13일이었다. 티몬 재직 당시 '티비온 TVON'이라는 플랫폼을 론칭해 파일럿 방송부터 시작했다. 티몬에서도, 대한민국 이커머스에서도 첫 모바일 라이브커머스였다. 판매 상품은 '베피스' 기저귀였다. 형광증백제를 사용하지 않은 무형광 기저귀로, 가성비가 좋으나 인지도는 높지 않던 상품이었다. 매출은 이미지와 텍스트로 이뤄졌던 기존의 베피스 일반 딜 구성에 비해 약 130배 상승했다.
 이후 티몬 퇴사 전까지 약 700회의 라이브커머스 방송을 운영하며 다양한 경험을 얻었다. 라이브커머스 외에도 소셜미디어 콘텐츠와 퍼포먼스 광고, 웹드라마 등을 여러 구성으로 조합해 MD와 입점 영업을 뛰거나 특별 프로모션을 유치하러 다녔다. 그렇게 가져온 딜을 통해 하루 거래액 16억 원을 달성했고 방송 중 거래액 4억 원을 돌파하기도 했다.
 현재는 무신사에서 콘텐츠를 총괄하며 라이브커머스 역시 론칭해 운영하고 있다. 무신사에서는 타사와 달리 라이브커머스를 통해서도 패션에서 큰 매출을 경험하기도 했다. 스니커즈 방송 1시간 동안 5억 원이 넘는 판매액을 거두기도 하고, 명품 티셔츠로 방송 시작 5분 만에 1억 원을 돌파하기도 했다. 무신사는 2022년 블랙프라이데이 행사로 누적 판매액 2135억 원을 돌파했는데, 그 기간 동안 총 11회의 특별 편성 라이브를 통해 누적 시청자 수 90만여 명, 총 판매액 35억 원의 결과를 거뒀다. 특히 참여 브랜드의 당일 매출

중 라이브 방송 판매액 비중이 평균 45%를 차지했다.

이 짧은 소회들을, 책을 집필하느라 복기하게 됐다. 그러지 않았다면 공중에 흩어졌을 일들이다. 생계를 넘어 산업에 조금이나마 의미 있는 일이었을 텐데, 이렇게라도 남기지 않으면 함께 만든 동료들끼리 나누는 소주 한잔의 사담에 그칠 거란 생각이 들었다. 그래서 팔자에 없던 책을 쓰게 됐다. 나와 함께 이커머스의 콘텐츠를 고민하고 국내 최초로 라이브커머스를 만들던 팀장과 팀원들은 각기 흩어져서도 시장에 기여하고 있다. 그들은 CJ 올리브영으로 가서 라이브커머스를 만들었고, 배달의민족에서도 라이브커머스를 만들었다. 네이버, 카카오, 현대홈쇼핑, CJ ENM, 스타일쉐어, 그 외 스타트업 등 업계 곳곳에 퍼져 일하고 있다.

이 책은 나의 이러한 경험과 생각을 모은 '현장 기록'이다. 꼭 맞는 장르가 없어서 그렇게 말한다. 책에는 업무 현장에서 직접 겪은 개인의 경험과 관점을 정리해 담았다. 다루는 주제가 비즈니스인데 내용은 사적 경험과 해석이다. 참고할 책인지 감상할 책인지 명확치 않다.

나는 책에서 서문을 꼭 먼저 읽는다. 서문은 책의 핵심을 요약하거나 이 책을 누가 왜 읽어야 하는지 밝히는 게 미덕이다. 이 서문은 후자다.

이 책을 사서 돈이 아까울 이들을 위해

집필을 준비하면서 여러 책의 댓글들을 살폈다. 업이 업이다 보니 내게 댓글은 의미가 남다르다. 댓글이 갖는 나름의 오류와 가치를 감안하며 보았다. 살피다 보니 비슷하게 묶이는 불만들이 있었다. 이 책에게도 그와 겹치는 쓴 말들이 나올까 염려해 미리 다룬다. 이 책에 돈과 시간을 써 아까워할 분들의 수고와 격노를 미리 덜고 싶다.

첫째, 이 책의 내용은 주장이 아니라 경험이다.

유시민 작가는 그의 저서 《유시민의 글쓰기 특강》에서 "취향과 주장을 구별한다. 주장은 반드시 논증한다."라고 썼다. 이 책의 내용은 "취향"은 아니지만 "주장"도 아니다. 그저 업계에서 구르며 얻은 삽질의 경험이다. 지나온 일들에서 길어낸 생각의 정리다. 딱히 논증이나 근거로써 꼴을 갖춰 채워놓지 않았다. 학문적 근거는 더더욱 없다. 근거를 들어 논증해가는 책이 아니다. 그래야 할 이유도 마땅찮고 그럴 힘도 모자라다. 미디어커머스가 트렌드냐 시장이냐 규정하기엔 이르다. 미디어커머스와 콘텐츠커머스가 같냐 다르냐 역시 모호한 질문이다. 정의하기 나름이다. 규모도 역사도 학문적으로 연구할 거리에는 미치지 못한다. 근거를 대겠다며 몸담았던 회사의 말 못할 속사정이나 민감한 숫자를 까 보일 수도 없다. 그런 기대라면 부응하지 못할 책이다. 한마디로 근본 없는 책이다.

둘째, 이 책에는 매출이나 조회 수 터뜨리는 제작 노하우 같은 건 없다.

업계 필승의 절대무공도 없겠지만 설사 있다 한들 세상과 나누고 싶진 않다. 그러기엔 내가 모아놓은 재산이 별로 없다. 게다가 어차피 남들도 다 아는 비법은 더 이상 효과도 없다. 그러니 내일 당장 그럴싸한 영상 하나 뚝딱 만들기 위해 이 책을 고른 분에게라면 영상 제작 실무 서적이 더 낫다.

그러면 이 책을 사도 억울하지 않을 이들은 누구일까.

첫째, 이커머스를 위해 콘텐츠에 어떻게, 얼마나 투자해야 할지 고민하는 경영진이다. 이커머스에서 콘텐츠는 어떤 가치인지, 본질은 무엇인지, 시작은 어땠고 흐름은 어떻고 앞으로는 어떨지, 살피고 정해야 하는 이들에게는 생각할 거리가 된다. 자원 투자가 따르는 경영적 판단을 경쟁사 동향이나 언론 보도만 보며 무작정 내릴 수도 없는 일이다. 그렇게 시작한 일은 투자 규모도, 의사결정 시기도 제대로 짚어내지 못하고 결말도 초라하다. 적절히 이해하고 소화한 상태로 내린 결정이어야 결과가 어떻든 회한이 없다. 그 일을 하든 하지 않든 말이다.

둘째, 미디어커머스 실무를 직접 이끌 중간관리자들이다. 조직에 따라 다르지만 대략 팀장급 이상이면 업의 본질을 이해해야 한다. 주주들의 돈과 실무자들의 땀을 이어주는 역할이기 때문이다. 일하다 보면 결정은 주주나 경영진이 했는데, 그 결정의 가치나 확신은 고용된 직책자들이 만들어줘야 할 때가 있다. 아이러니하지만 이런 경험들이 적지 않을 것이다. 한편 눈을 돌려 실무자들을 바라보면서는, 직책자로서 그들의 실무를 이끌 관점이 서 있어야 한다. 그래야 크리에이티브의 디테일을 결정해줄 때도 명확하게 피드백해줄 수 있다. 이 책은 그런 상황에서 고민을 할 때 다소 참고할 만한 내용이다.

이 책은 그 정도이다. 그러니 작은 칭찬도 감히 바라지 않고, 부디 서로 다른 기대로 독서의 노고와 비용을 들여 실망할 분들이 없길 바란다.

이 책과 다른 책들의 다른 점

이커머스나 콘텐츠를 주제로 쓴 업계 서적이 시중에 많다. 주제만 보면 이 책도 그렇다. 그런 책들과 이 책 사이에는 사소하지만 다른 점들이 있어 미리 짚고 넘어가고 싶다.

① '콘텐트'가 아니라 '콘텐츠'인 이유

이 책에서 한글로 '콘텐츠'라 표기한 건, 알다시피 영어로는 'contents'(목차)가 아니라 'content'(내용)의 뜻에 가깝다. 그래서 국어 발음과 표기도 '콘텐트'여야 할 것 같지만 학자와 언론인들은 아니라고 판단했나 보다.

- 제26차 정부·언론외래어심의공동위원회 심의 결정안: 일반 용어(1999. 3. 3.)
- 제36차 정부·언론외래어심의공동위원회 심의 결정안: 일반 용어(2000. 12. 1.)

이렇게 두 차례의 심의를 통해 국립국어원은 외래어 표기로서 'Content'를 '콘텐츠'로 정했다. 이 책은 그 규정에 따라 '콘텐츠'라 표기했다. 나는 이 규정이 못마땅하다. 콘텐츠로 밥벌이 하며 이 단어를 무수히 쓰는데, 쓸 때마다 마음에 걸린다. 단순히 영어 원음과 발음이 달라 걸리는 게 아니다. 발음이 틀어져 뜻까지 어긋날 수 있어서다. 어쩌다 책까지 쓰게 되면서 이 말을 수도 없이 쓰자니, 나로서는 이건 꼭 짚고 넘어가야 했다.

② '제작'이 아니라 '생산'인 이유

본문 내용 중에서 더 자세히 썼지만, 간단히 먼저 언급하려 한다. 콘텐츠와 같이 쓰는 개념과 단어로 '제작'과 '기획'이 있다. 종종 '생산'이라는 단어도 함께 쓰인다. 이 책에서는 콘텐츠를 만들고 유통하는 주체와 프로세스를 명확히 구분하기 위해 세 가지 단어가 필요했다. 그래서 '제작', '기획', '생산'이라는 세 단어를 끌어다 콘텐츠가 만들어지는 과정을 '제작=기획+생산'의 개념으로 설정했다. 이하 자세한 내용은 4장 첫 절에 있다.

③ '제품'과 '상품'을 구분한 이유

이커머스는 제조사도 할 수 있고 유통사도 할 수 있다. 제조사는 다른 유통사의 플랫폼에 입점하거나, 카페24 등에 자사몰을 구축해 참여할 수 있다. 유통사는 제조사나 중간 유통사(흔히 '벤더vendor'라 말하는)를 통해 여러 곳의 입점을 받아 최종 소비 유통 즉 B2C~Business-to-Customer~로서 이커머스 사업자로 나설 수 있다.

이때 판매의 대상이 되는 것은 제품인가, 상품인가, 아니면 제품과 상품은 같은 것인가를 고민했다. 일상생활에서야 뭐라 부르든 말은 다 통하겠지만 책에서는 그러면 안 될 것 같았다. 그래서 이 책에서는 제품과 상품을 구분해 사용했다. 재무회계의 구분 기준에 따랐다. 제조사가 직접 팔면 '제품', 유통업자가(입점이든 매입이든) 타사로부터 공급받아 팔면 '상품'으로 썼다. 자사몰에서 자사의 물건을 직접 팔면 '제품', 타사로부터 완제품을 들여와 팔면 '상품'인 셈이다.

④ 미디어커머스와 콘텐츠커머스의 구분

둘 다 사전적, 학문적 정의가 아직 없다. 미디어커머스~Media Commerce~는 영문으로는 검색되지 않고 주로 국내에서만 통용되는 말이다. 콘텐츠커머스~Content Commerce~는 이커머스에서 콘텐츠를 활용하는 전반적인 개념 정도로 영어권에서 검색된다. 이 책에서는 이 두 단어를 미디어커머스라는 하나의 단어로 통칭하며 개념을 정의했다.

이 책은 2021년 늦가을에 출간된 《미디어커머스 어떻게 할 것인가》의 개정판이다. 개정판을 내는 김에 제목을 내용에 더 적합한 것으로 바꾸고 몇 가지 사례와 데이터를 최근 기준으로 업데이트했으며, 무신사의 숏폼 콘텐츠 사례를 더했다.

2023년, 상수동에서

1장.

이커머스와 콘텐츠 큐레이션

이커머스 시장의
동력과 가치

소매유통업의 맹주 이커머스 시장

2014년 9월 20일, 당시 기준으로 미국 IPO 사상 가장 큰 규모의 상장이 진행됐다. 자사 주식의 13%를 공모했음에도 217억 7천만 달러에 이르렀던 중국 전자상거래 기업 알리바바의 상장이었다. 이후 2020년 8월 알리바바의 시가총액은 7천억 달러를 넘었고, 미국 최대 이커머스 플랫폼인 아마존Amazon의 시가총액 역시 1조 5천억 달러를 넘어섰다. 이커머스는 IT와 소매유통업, 양대 시장 모두에서 시장을 이끄는 큰 흐름이 되었다.

   대한민국 시장도 비슷하다. 통계청 발표에 따르면, 2021년 온라인쇼핑 거래액은 192조 8946억 원으로 전년대비 21.0% 증가했다. 한국온라인쇼핑협회에서는 이 거래액이 2022년 211조 원, 2023년 241조 원에 이를 것으로 전망한다. 팬데믹Pandemic 시대에 들어서며 정점을 찍은 온라인쇼핑은 엔데믹Endemic으로 돌아서며 그 성장률이 점차 꺾이고 있다고는 하나, 소매유통업에서 이커머스의 영향력은 여전하다. 업계에서 추정하기로는 국내 소매유통업의 이커머스 침투율은 37%, 자동차와 연료를 제외하면

47%다. 이는 중국에 이은 세계 2위 규모다. 국내 이커머스 시장은 25년 가까이 전년대비 성장률 두 자릿수 이상을 유지했다. 대형마트, 백화점 등 타 유통 사업보다 호흡도 길고 규모 대비 성장세도 강하다.

앞서 말한 중국의 알리바바나 미국의 아마존 사례처럼, 대한민국에서 이커머스 시장의 위세를 보여주는 사례가 있다. 바로 쿠팡이다. 아직은 대한민국 내수 시장만을 기반으로 하고 있는 상태에서도 쿠팡은 2021년 3월 11일 미국 뉴욕증권거래소NYSE에 상장한 당일 약 100조 원이 넘는 기업 가치를 인정받으며 출발했다. 엔데믹 이후 글로벌 경제가 고강도로 긴축돼 증시가 주저앉으며 쿠팡의 기업 가치도 하락했으나, 2022년 3분기에 약 7조 원의 매출과 약 1060억 원의 영업이익을 기록하며 비로소 처음으로 분기 흑자를 달성해 다시 시장의 기대를 불러일으켰다.

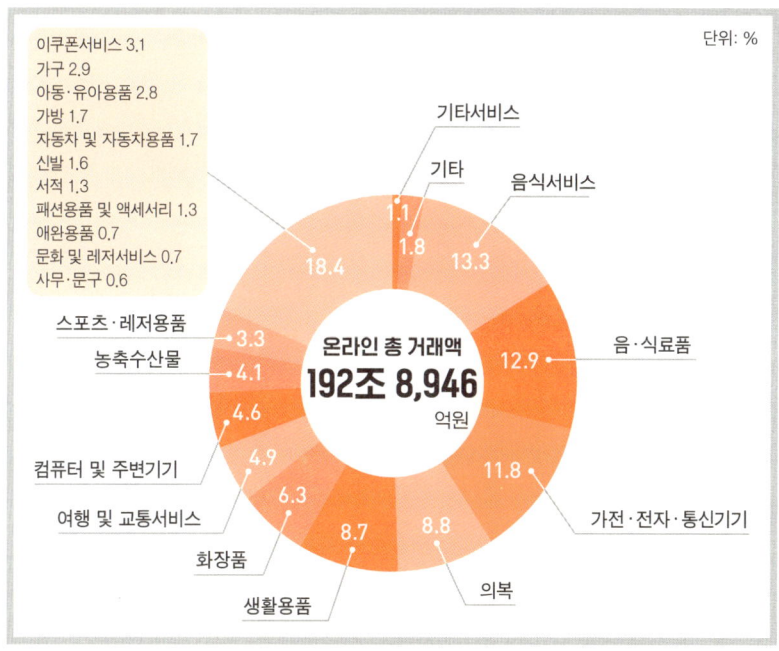

▲ 연간 상품군별 온라인쇼핑 거래액 구성비 (출처: 통계청, 2021년 온라인쇼핑거래액)

이러한 이커머스의 성장은 모바일 시장의 성장과 맞물려 더욱 증폭됐다. 국내의 경우 스마트폰 시장과 이를 기반으로 한 소셜커머스의 시장 자극을 통해, 이커머스 시장은 두 번째 가파른 성장 곡선을 그려왔다. 이를 돌아보면서 2014년 9월에 내가 스타트업 전문 미디어 〈플래텀〉에 기고한 칼럼을 다시 보니 불과 몇 년 전임에도 낯설다.

(……) 국내 모바일 쇼핑 시장 규모는 매년 전년 대비 100% 이상의 성장률이다. 2010년에 3천억 원대이던 시장이 불과 4년 만인 2013년에 열 배가 넘는 4조 원에 다다랐으나 또다시 기록을 갱신할 태세다. 2014년에 적게는 7조 6천억 원 많게는 10조 원이 넘을 것으로 전망

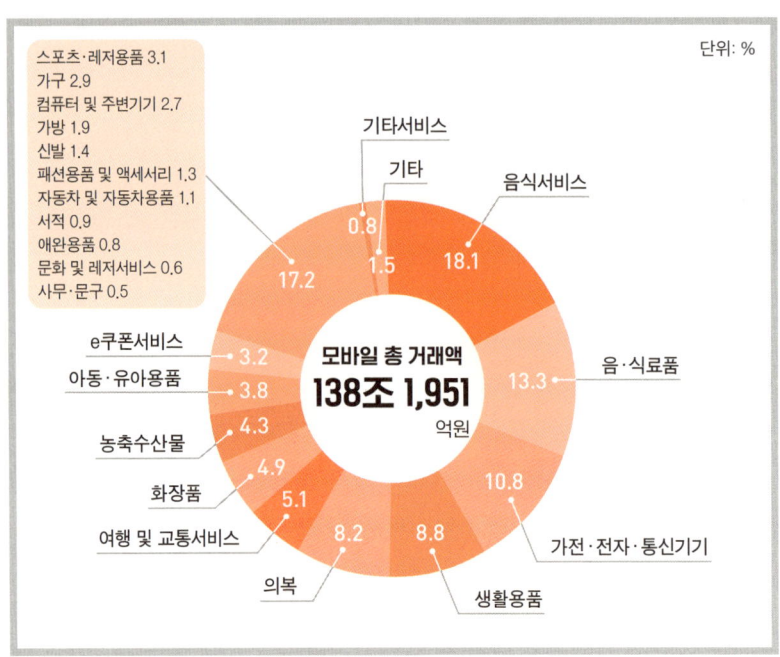

▲ 연간 상품군별 모바일쇼핑 거래액 구성비 (출처: 통계청, 2021년 온라인쇼핑거래액)

한다. 모바일 트래픽 증가세가 이커머스에도 영향을 미치고 있다. 닐슨코리아 전자상거래 보고서에 따르면, 모바일과 데스크톱 PC의 시간점유율 비중에서 모바일이 2013년 3월에는 23.1%였으나 2014년에는 45.5%까지 증가했다.

통계청에 따르면 2021년 국내 모바일커머스 총 거래액은 138조 1951억 원이다. 국내 이커머스에서 71.6%를 차지한다. 2010년에 비해 460배가 넘게 성장했다.

시장을 움직이는 원리, 이커머스 밸류 서클

이렇듯 이커머스는 크게, 빠르게, 거침없이 성장해왔다. 그 지난 至難한 곡류의 시장에서 허우적대다 보니 몸으로 익힌 패턴들이 생겼다. 아래에 쓴 나만의 이론도 그중 하나다. 이커머스 시장의 핵심 가치와 그 계층 구조에 관한 것인데 나는 이를 이커머스 밸류 서클 e-Commerce Value Circle이라 부른다. 이 책에서 이것을 소개하는 이유는 이로써 이커머스와 콘텐츠의 이음새를 설명할 수 있어서다. 다만 이에 전제할 두 가지가 있다.

첫째, 이는 나의 개인적 통찰이다. 검증된 학문적 이론이 아니다. 개인의 경험과 판단을 토대로 2004년을 전후해 정립한 내용이다. 둘째, 이 구조는 동적이다. 이 이론은 시장의 일반적이고 총체적인 모습을 설명하되 경우에 따라 달리 적용되는 구조다. 카테고리 특성, 이커머스 침투율, 기술 발전 심화, 개별 소비자의 사정 Context에 의해 영향을 받기도 한다.

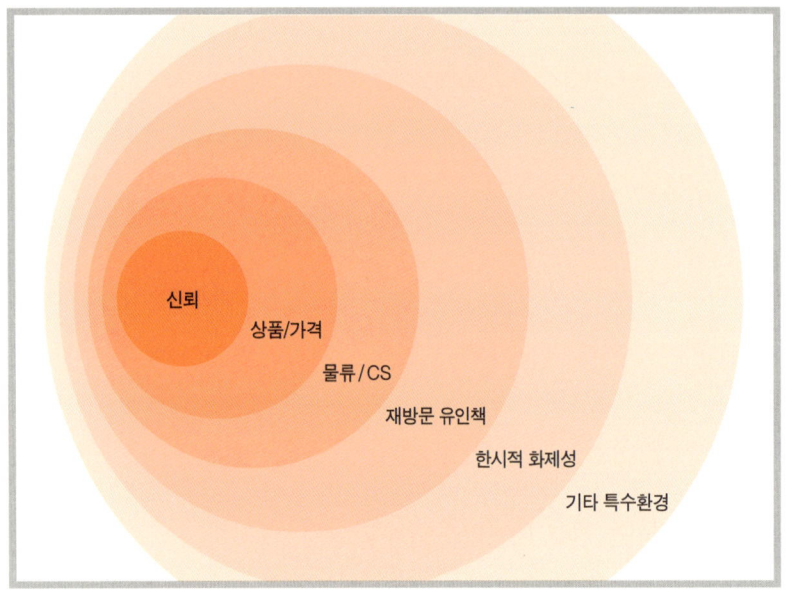

▲ 이커머스 밸류 서클

위의 원(서클 Circle)들은 국내 이커머스 시장을 움직이는 플랫폼의 핵심 가치들이다. 그것들을 영향력의 순서대로 세웠다. 가장 안쪽 원의 가치일수록 우선순위가 높다. 바깥에 위치할수록 가치의 서열이 낮다. 위에서 밝혔듯 이는 동적인 구조다. 플랫폼들이 서로 특정 원의 가치로 경쟁하다 임계치를 지나면, 그 다음 원으로 경쟁 접점이 옮겨간다. 예를 들어 구색(상품의 다양성)과 가격으로 경쟁하다 포화에 이르면 물류와 배송 경쟁으로 넘어간다.

다른 의미로 동적인 모습도 있다. 카테고리에 따라 가격보다 배송의 가치가 더 앞서는 경우가 있다. 신선식품 카테고리가 대표적이다. 신선식품은 공산품처럼 규격화된 품목이 아니므로 가격 비교가 어렵고, 가격 경쟁력보다 물류가 더 중요한 소비 기준이 될 수 있다. 배송이 얼마나 빠른

지, 배송 시간을 선택할 수 있는지, 물류 과정에서 음식의 싱싱함을 유지할 수 있는지 등이 플랫폼의 최우선 가치가 되기도 한다.

이처럼 이커머스 시장이 성숙할수록, 소비자를 아우르는 범위(카테고리)가 넓어질수록 밸류 서클 각 원의 가치가 달리 작동하기도 하고, 구매자의 사정이 다양해질수록 원과 원 사이 가치의 경계가 옅어지는 일도 종종 일어난다.

그래서 이커머스 밸류 서클을 따라가면 시장의 패러다임과 패권의 역사를 이해할 수 있다. 국내 이커머스가 시작된 이래 시장의 패러다임은 이 계층 구조를 얼마나 잘 만족시키느냐에 따라 마켓 플레이어의 지배력이 달라졌다. 종합쇼핑몰이 오픈마켓에 시장의 주도권을 빼앗긴 것도, 소셜커머스 3사가 그 사이를 비집고 들어온 것도, 쿠팡이 급기야 시장을 주도하는 것도 모두 이 가치 구조와 패턴으로 설명할 수 있다. 또한 이커머스에서 콘텐츠와 가치의 역할을 이해하는 과정에서도 중요하다. 정말 그런지 하나씩 살펴보자.

이커머스의
3가지 우선순위

가장 강력한 가치, '신뢰'

이커머스 밸류 서클로 보면 이커머스에서 먼저 자리 잡은 가치는 신뢰, 구색(상품 선택의 폭), 가격 세 가지다.

'신뢰'부터 보자. 말 그대로 '믿을 수 있음'이라는 가치다. 일차원적인 의미다. 이 쇼핑몰에서 구매 버튼을 클릭해 결제하면 내 돈 떼이지 않고 제대로 물건을 받을 수 있다는 믿음, 그 물건이 가품이 아니라 진품일 것이라는 믿음 같은, 상식적인 거래를 보장하는 믿음이다. 단순하고 투명한 신뢰다. 세월이 흘러 많이들 잊었지만, 이커머스 시장이 탄생하던 1995년 무렵에는 얼굴도 실물도 못 본 채 서로 돈과 물건을 교환하는 것 자체가 대단한 일이었다. 예전엔 좀 싸게 사보겠다고 커뮤니티에서 얼굴도 모르는 이에게 돈부터 덜컥 보내고 카메라 대신 곱게 포장된 벽돌을 받던 일도 왕왕 있었다.

이 신뢰의 가치는 가장 세지만 변별력은 낮다. 예를 들어 보자.

여기 결혼을 앞둔 커플이 있다. 예비 신부는 혼수를 준비하며 최신 김치 냉장고를 사려 한다. 오프라인 매장에서 보니 200만 원 정도다. 동일한 제품을 가격 비교 사이트에서 검색하니 최저가는 180만 원이었고 판매처는 롯데닷컴이었다. 그런데 다음 날 이름도 못 들어본 낯선 온라인 쇼핑몰에서는 같은 상품을 99만 원에 판매한다는 걸 들었다. 롯데닷컴의 롯데는 우리가 다 아는 그 롯데다. 반면 이름 모를 이 쇼핑몰은 아무도 모른다. 사업자번호, 주소, 전화번호 같은 기본 정보도 없다. 결제 수단도 오로지 현금 계좌이체만 가능하고 계좌 예금주 이름도 개인 명의로 보인다. 가격이 아무리 싸다 한들 이곳에서 살 수 있을까? 롯데닷컴과 비교해 신뢰의 격차를 넘을 수 있을까? 그 격차를 과감히 넘다가는 벽돌을 받을 수 있다. 돈을 내면 상품이 온다는 기본적이고 일차원적인 신뢰가 담보되지 않으면 구색과 가격이 아무리 좋아도 플랫폼으로서 가치가 없다.

반면 롯데닷컴과 신세계닷컴 사이의 고민이라면 간단하다. 롯데와 신세계는 둘 다 믿을 만하다. 신뢰의 비교와 차이는 의미 없다. 신뢰는 건너뛰고 상품, 가격, 배송을 비교하면 된다. 이 밸류 서클에서 신뢰의 가치가 딱 여기까지다. 구색과 가격이 아무리 좋아도 신뢰를 이길 수 없지만, 신뢰는 기본만 확보하면 그 이상은 경쟁의 우열의 의미가 없다. 돈 받고 물건 제대로 주면 충분하다. 이 신뢰는 그 신뢰다. 제일 강력하지만 변별력은 낮다.

선택의 안정감을 주는 '상품 구색'

소비는 선택이다. 무엇을 사고 얼마를 쓸지 선택하는 행위다. 선택의 기반 정서는 안정감이다. 내 선택은 최선이었다는 확신과 안정감이 지금 여기서 구매로 전환시키는 걸쇠다. 그리고 이 안정감은 '볼 만큼 봤고 고를 만큼

골랐으니 사도 되겠다.'라고 느끼는 게 관건이다. 그래서 유통업에서 상품 구색은 단순히 많이 보여줘서 하나라도 더 팔아보자는 단견 이상으로 꽤 본질적인 미덕이요 가치다.

역시 예를 들어 보자. A라는 패션 쇼핑몰에서 원피스를 검색했더니 8개가 나왔다. 그 8개 중에서 상품도 가격도 마음에 드는 원피스를 발견했다면? 그래도 곧바로 구매 버튼을 누르기는 쉽지 않을 것이다. 왠지 다른 쇼핑몰에 가면 더 괜찮으면서도 더 좋은 가격의 원피스들이 있을 거라 기대하게 된다. 돌고 돌아 결국 이 A 패션 쇼핑몰에 다시 와서 구매할망정, 달랑 8개만 보고 그중에서 골라 사기는 마뜩잖다. 8개는 내 구매 선택의 후보 물량으로서 너무 적다. 그래서 B라는 패션 쇼핑몰에 가본다. B는 원피스 검색 결과가 800개다. 소재별/브랜드별/색상별/연령별/스타일별로 다양한 구색이 펼쳐졌다. 이 소비자가 다시 A 패션 쇼핑몰로 돌아가긴 쉽지 않다. 한정판 스니커즈나 명품 판매 플랫폼처럼 특정 브랜드나 상품이 있느냐 없느냐로 승부가 갈리는 경우라면 상품 구색의 양보다 질이 더 부각될 수도 있지만, 일반적으로 이커머스 플랫폼의 상품 구색의 가치는 양에서부터 나온다.

그러나 이 구색 역시 변별력의 임계치가 존재한다. 2022년 가을 어느 날 오픈마켓 몇 군데에서 '원피스'를 검색해 봤다. 옥션은 약 300만 개, G마켓은 260만 개, 11번가는 1천만 개 이상의 검색 결과가 나왔다. G마켓에 비해 11번가는 단순 비교로 4배 이상 많았다.

그러면 소비자들은 위에서 예를 든 패션 쇼핑몰 A와 B의 사례처럼, G마켓보다 11번가에 원피스가 더 많으니, G마켓에서는 구매를 꺼리고 11번가에서만 소비의 안정감을 느낄까? 당연히 아닐 것이다. G마켓도 옥션도 한 사람이 소비할 선택군으로서 인지하고 판단할 수 있는 물량의 임계치를 훌쩍 넘는다. 신뢰와 마찬가지로 상품 구색 역시 어느 임계치를 넘으면 가치의 우선순위 변별력이 옅어진다.

끝없는 전쟁, '가격'

정상적인 거래가 보장되고 상품 선택을 위한 구색도 충분하다면 그 다음부터는 피 말리는 가격 싸움이다. 오프라인 유통이라면 매장의 입지, 규모, 편의성이 상품 각각의 가격 경쟁력보다 더 앞설 수도 있다. 하지만 이커머스의 가치는 신뢰 → 구색 → 가격의 서열 구조가 뚜렷하다. 신뢰와 구색 둘 다 변별력이 없을 땐 거대 플랫폼들 사이에도 서로 백 원 싸움, 천 원 전쟁이다.

그리고 이러한 가치의 서열 덕분에 시장을 좌지우지하는 선수가 등장한다. 흔히 가격 비교 사이트로 불리는 메타커머스Meta-Commerce다. 이들은 상품 유통과 판매, CS를 책임지는 직접적인 상거래 역할에서는 살짝 비켜나 있다. 단지 쇼핑몰들의 구색과 가격 정보를 받아 여러 가지 정렬 기능을 제공할 뿐이다. 신뢰의 가치를 확보한 수많은 제휴 쇼핑몰들로부터 방대한 상품과 가격 정보를 취합해 보여준다. 당연히 일개 단독 쇼핑몰로서는 절대 맞설 수 없을 규모로 구색(상품 정보)을 갖춘 꼴이다. 이를 바탕으로 소비자들에게 가격의 가치를 기능적으로 큐레이션해준다. 전통적이고 일반적인 정의의 유통업은 아니지만 이커머스 플랫폼으로서 신뢰 → 구색 → 가격의 가치 모두를 압도적으로 제공하는 셈이다. 이 때문에 네이버 쇼핑은 가격 비교 기능을 내세운 메타커머스 플랫폼으로서 이커머스 시장에서 절대적인 영향력을 행사한다. 이커머스 먹이사슬의 정점에 있다 해도 과언이 아니다.

이 확고한 정점에 있던 네이버는 언젠가부터 결제 기능(네이버페이)도 얹었다. 물론 이는 네이버가 쿠팡이나 11번가처럼 하나의 쇼핑몰이 되는 모습이라기보다, 카페24처럼 수많은 사업자들에게 쇼핑몰의 환경을 제공하는 형태다. 그러나 네이버 쇼핑은 카페24와 달리 가격 비교 메타커머스로서 최종 소비자 접점의 주체였기에, '네이버'라는 브랜드로 결제 기능이 붙자 이커머스 플랫폼과 마찬가지가 되어버린 것이다. 앱·리테일 분석 서비스 와이즈앱·와이즈리테일에 따르면 결제금액을 표본조사한 결과 2021년 상반기 네이버페이 결제 금액이 17조 7천억 원으로 추정된다고 한다. 지난 해 같은 기간과 비교해 약 41% 늘었다. 2021년 6월 한 달 추정 결제액만 해도 3조 1천억 원에 이른다. 스마트스토어 외 웹툰·음악·광고 등까지 결제 및 충전한 금액이라는 점을 감안해도 성장세가 무섭다. 신뢰, 구색, 가격을 다 잡으면 이런 일이 벌어진다.

2004년 무렵 내가 모 종합쇼핑몰에 근무하던 시절이었다. 업계의 선두 그룹에 속하던 그 회사는 거래액 규모에 가장 큰 영향을 주는 카테고리가 가전/디지털이었다. 거래량도 많고 상품 단가가 높아서다. 이 카테고리는 지금도 여전히 소비자와 공급자 모두 가격 차이에 민감한 품목이다. 전자제품이나 도서처럼 규격화된 제품군은 가격 비교가 쉽다. 품번이 같은 LG냉장고는 가품이 아니라면 롯데닷컴에서 판매하는 것이나 신세계닷컴에서 파는 것이나 동일한 물품이다. 김훈의 소설 《칼의 노래》는 교보문고에서나 예스24에서나 글자 한 자 다르지 않고 똑같은 상품이다. 도

▲ 가격 비교 기능을 내세운 네이버 쇼핑

서는 정가제로 인해 어디든 동일한 가격이 적용되므로 가격 비교의 의미가 없어졌지만 전자제품은 판매처마다 가격을 다르게 매길 수 있다.

그래서 많은 고객이 전자제품을 구매하면서 가격 비교 사이트를 거쳐 쇼핑몰로 방문하는데, 제조사가 판매가를 통제하기 때문에 해당 제품을 입점 받아 유통하는 쇼핑몰 MD가 마음대로 가격을 내리진 못했다. 가령 우리 쇼핑몰의 MD가 회사에서 예산을 받아 LG 냉장고에 할인 쿠폰을 붙여 단돈 10만 원이라도 싸게 하면 다른 쇼핑몰에서 난리가 났다. 경쟁사 쇼핑몰에서 제조사나 공식 벤더사에 일렀다. '가이드 어기고 저 쇼핑몰에서 마음대로 가격을 낮췄다.'라는 신고가 들어가는 식이다. 또는 이런 일을 미리 막으려 제조사나 벤더사도 각 쇼핑몰들의 상품 전시와 가격을 모니터링했다.

그래서 MD들은 이런 모니터링 담당자가 퇴근했을 법한 늦은 밤이나 주말, 휴일에 기습적으로 가격을 낮춰 가격 비교 사이트의 상위를 차지하곤 했다. 그리고 모니터링 요원이 근무할 무렵 다시 가격을 복구시켰다. 그리고 이런 재기발랄한 방법을 우리 회사 MD만 구사할 리 없었다. 결국 각 쇼핑몰 회사의 MD들은 제조사의 감시망을 피해 서로 천 원 더, 백 원 더 낮추는 조용한 게릴라 전투를 치르곤 했다.

다만 이런 경험담은 이제 '라떼는 말이야'가 되어 간다. 요즘 쿠팡 같은 대형 플랫폼은 MD가 일일이 가격 비교 사이트에 대응하지 않는다. 자사 플랫폼의 시스템을 이용해 전략 품목들을 설정해 놓으면, 가격 비교 사이트에서 최저가 혹은 특정 순위에 머물도록 가격이 자동으로 조정된다.

시장의 성장과
물류의 가치

이커머스 침투율과 '배송'

이커머스 시장이 성장-확장-성숙하면서 이를 둘러싼 생태계의 기술과 연관 시장도 그 궤를 따른다. 그리고 이는 다시 이커머스 시장의 성장-확장-성숙으로 환원된다. 이 순환과정의 대표적인 꼭지가 결제와 물류(배송)이다. 결제는 신뢰의 가치에 포함되므로 여기서는 배송만 간단히 보자. 앞 장의 내용처럼 신뢰, 구색(상품), 가격의 가치에서 변별력이 무의미한 수준에 다다르면 경쟁의 접점은 그 다음 가치로 이동한다. 이는 동일 카테고리에서도 발생하지만, 이커머스의 침투율이 다양한 카테고리로 퍼지며 전선이 더 넓어지고 격화된다. 하나씩 살펴보자.

앞에서 든 사례인 김훈의 《칼의 노래》를 다시 보자. 도서라는 동일 카테고리 내에서 이커머스 플랫폼들은 상품과 가격의 가치로는 경쟁의 변별력을 내지 못한다. 앞서 말했듯이 정부 차원에서 도서정가제 정책을 실시해 동일 상품, 동일 가격, 동일 혜택을 유지해야 하기 때문이다. 그래서 이커머스에서 도서 카테고리는 신뢰, 구색(상품), 가격의 변별력이 가장 먼저 무너진 카테고리다. 역시 그래서 가장 먼저 배송 전쟁이 발발한 카테고리이기도 하다. 예스24 총알배송부터 시작해 각 온라인 도서몰마다 당일 배송 전쟁에 뛰어들었다. 이는 책이라는 상품이 물류 측면에서도 비교적 발전이 수월했기 때문이었다. 의류, 잡화, 식품, 가구, 화장품, 전자제품 등 타 품목에 비해 책은 비교적 규격이 일정하다. 보관, 이동, 파손, 부패 등의 물류 관리를 위한 운영의 난이도가 상대적으로 낮다. 교보문고, 예스24, 알라딘 등 주요 온라인 도서몰 사이에 신뢰나 상품 구색의 양과 질이 별반 차이가 없는 데다, 도서정가제로 인해 '동일 상품 동일 가격'인 현실에서는 결국 배송이 얼마나 빠르냐가 플랫폼 가치의 변별력이었다.

그런데 이커머스 시장이 성장-확장-성숙하면서 침투율도 넓고 깊어졌다. 이커머스로 전이되지 않은 채 남아있던 유통의 영역에도 점차 이커머스가 스며들었다. 이 중에는 구색과 가격만큼 배송과 물류가 중요한 카테고리들이 있었다. 신선식품 같은 분야다.

의식주에 직접 연결된 시장은 규모가 크다. 특히 식食은 소비가 빈번하고, 수요가 다양하며, 결핍needs과 욕망wants 두 영역에 모두 걸쳐 있다. 라면, 생수, 과자 같은 가공식품은 규격화된 대량생산 체제의 품목이다. 그래서 구색과 가격이 중요하고 가격 비교도 쉽다. 공산품의 특성을 그대로 갖는다. SSG에서 파는 삼다수와 쿠팡에서 파는 삼다수가 다르지 않다. 더 싼 것을 사면 된다. 반면 신선식품과 음식 서비스(배달음식)는 물류와 배송이 중요하다. 구색보다 품질(맛)이나 신선도 관리가 구매 선택에 더 큰 영향을 준다. 생삼겹살의 구색이 아무리 많아도 배송이 일주일 걸리거나 배송 과정에서 상해 버린다면 무의미하다. 가격 비교도 쉽지 않다. 삼다수와 달리 마늘이나 당근은 품종과 무게로 묶을 수는 있어도 제각각 모두 다른 맛과 모양을 가진다.

음식 서비스 쪽의 대표적인 플랫폼은 배달의민족, 요기요, 쿠팡이츠 등이고, 신선식품 쪽에서는 마켓컬리, 오아시스 등이다. 전문몰은 아니지만 쿠팡과 SSG 역시 신선식품 카테고리의 강자들이다. 구매자의 소비 환경에 따라 가격이 좀 더 비싸도 특정 시간에 배송해주든(새벽배송), 빠르게 배송해주든(로켓배송), 환경을 보호하고 신선도를 유지하며 배송해주든(오아시스, SSG), 소비자가 더 중요하게 여기는 가치의 차이가 존재한다. '먹는다'는 것은 결핍과 욕망(취향)이 모두 뒤섞여 있고, 누구나 매일매일 챙기는 일상이기 때문에 다른 카테고리에 비해 가치 차이가 도드라진다.

규모의 경제와 '배송'의 가치

배송의 가치가 커지자 물류 경쟁력이 곧 플랫폼의 경쟁력이 되고 있다. 이런 시장의 흐름에 따라, 쿠팡은 아마존의 풀필먼트 서비스Fulfillment Service 개념을 파고들었다.

미국과 달리 이는 국내 시장에서 약한 고리였다. 과거 국내 이커머스 플랫폼은 대개 입점사(판매자)가 배송의 발주자였다. 현재도 그런 경우가 많다. 국내 이커머스는 매입보다 위탁 판매 형태가 더 많았기 때문이다. 이 경우 구매자는 불편함이 생긴다. 한 번의 결제로 주문해도 거기에 서로 다른 판매자의 상품이 섞이면 구매자에게 상품은 제각각 도착한다. 플랫폼이 모든 입점사들에게 무료배송 정책을 고수하지 않는 이상 소비자는 배송료도 따로따로 지불해야 한다.

쿠팡은 물류와 매입에 공격적으로 투자하며 이 약한 고리를 공략해 나갔다. 자체 매입을 늘렸고 아마존과 같은 풀필먼트 체계를 갖췄다. 위탁 판매 입점사가 원하면 이 체계에 들어올 수 있도록 했다. 이로써 배송 통합과 속도만 개선될 뿐 아니라 사용자 경험도 좋아졌다. 풀필먼트 체계에 들어온 입점사들은 서로 다른 판매자일지라도 구매자가 한 번의 결제와 통합 배송으로 상품을 받을 수 있기 때문이다. 물론 매입 대상 품목은 매입 규모가 커지며 원가가 낮아져 가격 경쟁력이 좋아지는 효과도 있었다.

풀필먼트 서비스는 물류 전문업체나 유통 플랫폼이 상품 판매업체들에게 상품 보관, 주문 처리, 재고 관리, 포장, 배송, 교환, 환불 등 물류의 모든 과정을 일괄적으로 제공하는 서비스다. 이를 통해 상품 판매업체(입점사)는 직접 물류 시스템을 구축하거나 운영할 필요 없이 풀필먼트 서비스에 위탁해 대규모 물류 시스템을 효율적인 비용으로 이용할 수 있다. 미국의 이커머스 플랫폼 아마존은 자사에 입점한 판매 업체들에게 FBA Fulfillment By Amazon라는 풀필먼트 서비스를 제공한다. 아마존이 이커머스 플랫폼으로서는 이 서비스 개념을 최초로 도입한 것으로 알려져 있다. 국내에선 쿠팡이 최초로 시도하며 타 경쟁사들도 뛰어들고 있다.

배송과 물류 차별화로 시장을 공략한 쿠팡이 급기야 미국 뉴욕증권거래소에 상장하고 시가총액 100조 원을 돌파한 것은, 이커머스 플랫폼에서 배송(물류)이 어느 정도 가치인지 가늠할 수 있는 사례다.

시장 패러다임은
어쩌다 뒤집혔나

이커머스 밸류 서클과 시장의 패권

국내 이커머스 시장과 플랫폼은 몇 차례 흐름이 크게 바뀌었다. 일반 종합쇼핑몰-오픈마켓-소셜커머스가 차례로 등장했고, 서로에게 영향을 주며 차별화와 동조화를 반복했으며, 메타커머스의 시장 교란이 있었다.

이와 다른 축으로 보면 시장은 종합몰과 전문몰로 나뉘어 있다. 종합몰은 모든 카테고리를 모아놓은 쇼핑몰이고 전문몰은 특정 분야에 특화한 카테고리 킬러 쇼핑몰이다. 이 둘은 규모의 차이는 크지만 대중의 소비 일상에 미치는 영향력은 대동소이하다. 전문몰 시장은 도서, 패션, 라이프스타일(여행/문화), 음식 서비스(배달), 식품(특히 신선식품) 등이다. 이 분야에서 고유한 경쟁력의 카테고리 킬러들이 등장해 소비자들의 삶에 큰 영향을 미쳤다. 한 사람의 소비자로서 예스24(도서), 무신사(패션), 인터파크(공연/여행), 배달의민족(음식 서비스), 마켓컬리(신선식품)를 떠올려 보면 수긍이 어렵지 않을 것이다. 참고로 통계청 자료에 따르면 2021년 국내 온라인쇼핑 전체 시장 대비 전문몰 비중은 35.4%인 약 68조 2천억 원이다. 이들은 종합몰에 비해 메타커머스의 지배력에서도 비교적 벗어나 있어서 업자로서 더 눈여겨볼 만하다.

이를 바탕으로 시장과 패러다임의 흐름에서 이커머스 밸류 서클이 어떤 관련이 있는지 살펴보자.

일반 종합쇼핑몰의 등장 - 기존 시장의 파괴

국내 이커머스 시장의 출발은 일반 종합쇼핑몰 모델이었다. 1996년 인터파크와 롯데닷컴이 시작이었다. 오프라인 유통으로만 돌아가던 소매 시장에 이커머스가 등장하며 공략한 가치는 신뢰, 구색, 가격이었다. 오프라인에 비해 온라인 쇼핑몰이 상대적으로 약한 신뢰의 가치는 IT 기술, 금융 보증, 사업자 이름값, CS 등으로 해결했다.

반면 이커머스의 구색과 가격의 가치는 기존 오프라인 소매 시장을 파괴하기에 충분했다. 오프라인 매장은 물리적인 공간의 한계로 구색의 전시와 적재에 제한이 있었다. 많은 구색을 갖춰야 할수록 더 넓은 매장이 필요하고, 그럴수록 부동산 확보 비용이 높아 접근성이 떨어지는 외곽으로 가야 하는 구조적 한계가 있었다. 반면 이커머스는 인터넷에 가상의 디지털 매장을 만들고 상품을 정보로만 전시하므로 재고와 적재의 공간적/물리적 한계가 없다. 이는 기존 오프라인 유통에서는 줄 수 없는 파괴적인 장점이었다. 물론 고객과 매장의 물리적 거리가 제로라는 점이 가장 파격적이었지만.

이로 인해 가격 경쟁력도 오프라인보다 이커머스가 훨씬 좋은 구조가 되었다. 부동산 확보와 유지, 매장 운영, 인건비와 같은 오프라인 비용이 온라인으로는 절감된다. 거기에 중간 유통 과정이 생략되니 이커머스는 오프라인 유통 대비 가격 경쟁력에서 우위를 점하면서 시장의 패러다임을 바꾸었다.

즉 이커머스 밸류 서클의 신뢰, 구색, 가격에서 파괴적 가치가 나왔던 것이다.

오픈마켓의 등장 - 압도적 구색으로 가격을 점령하다

소매 유통 시장에 이커머스라는 시장이 피어나고 그 플레이어로서 일반 종합쇼핑몰 모델이 시장을 한창 흔들 때 이커머스 시장 내에서도 새로운 경쟁 모델이 등장했다. 오픈마켓이었다. 국내에서는 1998년에 옥션이 미국 이베이eBay 모델을 좇아 나타났고, 인터파크 사내 벤처로 시작한 G마켓도 나왔다. '정통 오픈마켓'을 표방한 옥션은 오프라인 유통은 물론 이커머스의 일반 쇼핑몰들을 제쳤고, 뒤이어 나온 G마켓은 오픈마켓의 장점과 일반 쇼핑몰의 장점을 교합해 옥션을 앞질렀다.

이 과정도 이커머스 밸류 서클에 따라 흘렀다. 오픈마켓은 이 가치 구조에 더 적합해 일반 쇼핑몰로부터 시장 주도권을 빼앗아올 수 있었다.

구색과 가격의 가치에서 일반 쇼핑몰은 오프라인에는 앞서도 오픈마켓에는 밀릴 수밖에 없는 비즈니스 모델이다. 당시 일반 쇼핑몰은 입점사가 상품 등록을 위해 쇼핑몰 MD와 일일이 입점 계약을 진행해야 했다. 반면 오픈마켓은 C2C Customer-to-Customer 모델이어서 상품을 등록하고 판매하는 과정에서 MD와 깊이 접촉하는 단계를 줄일 수 있었다. 덕분에 오픈마켓의 구색 규모는 빠르게 일반 쇼핑몰을 넘어섰고, 입점사(판매자) 역시 빠르게 증가했다. 그러자 오픈마켓에서 장사하는 판매자들은 자연스레 그들끼리 자체적인 경쟁으로 내몰렸다. 종합쇼핑몰과 오픈마켓의 경쟁에서 구색의 압도적 차이가 곧 가격 경쟁력 차이로 이어진 것이다.

오픈마켓 플랫폼은 서로 다른 판매자가 등록한 동일한 상품을 전시할 때 구매자 입장에서 유리한 구성이나 저렴한 가격을 더 잘 보여주는 방식으로 운영했다. 수많은 입점사들이 채워준 구색으로 가격 경쟁력이 좋은 상품을 골라 고객에게 도달시키는 모델이었다. 판매자들은 스스로 가격을 낮춰야지만 이런 오픈마켓의 집객 트래픽을 받을 수 있었다. 입점사가 오픈마켓에서 이와 같은 상황을 뚫고 좋은 노출 공간이나 검색 결과 상위에 자사의 상품을 전시하려면 별도의 광고비를 내야 했다. 이 비즈니스 모델이 플랫폼 전체에 가격 경쟁력을 가져다주는 건 당연했다.

C2C 형태가 일반 쇼핑몰에 비해 상대적으로 약한 신뢰의 가치는 에스크로Escrow로 해결했다. 에스크로는 구매자와 판매자 사이에 신용관계가 불확실할 때 거래가 가능하도록 제3자가 중개자로서 매매를 신용(보호)하는 일종의 거래 보증 서비스다.

오픈마켓이 압도적 구색과 그로 인한 가격 경쟁력의 우위로 일반 쇼핑몰을 앞서가자, 이를 따라잡으려 일반 쇼핑몰 역시 오픈마켓의 영역으로 번져갔다. 통신판매업에 해당하는 일반 쇼핑몰은 오픈마켓처럼 통신판매중개업까지 사업 영역을 확장하고 그들처럼 손쉬운 상품 등록 및 관리 기능도 개발했다. 심지어 별도의 오픈마켓 법인이나 플랫폼을 만들어 본격적으로 진출하기도 했다. CJ오쇼핑은 '엠플'이라는 오픈마켓 신규 사업을 벌였고, GS홈쇼핑도 'GS eStore'를 론칭했다.

반대로 오픈마켓 역시 일반 쇼핑몰의 특장점을 흡수했다. C2C 사업 모델로 출발했지만 B2C 영업 방식도 적극적으로 이식했다. MD 조직을 세팅해 적극적인 입점 영업과 판촉 행사, 이벤트, 프로모션도 진행했다. 통신판매중개업 외에도 일반 쇼핑몰이 취했던 업태인 통신판매업을 겸했다. 그리고 그에 맞는 적극적인 CS 정책과 고객센터를 운영했다. 고객 간 거래가 기본인 C2C의 형태를 넘어, 보다 적극적으로 거래에 개입하고 보증하는 것이다. 이렇게 두 사업 모델은 동조화되어갔다. 그 동조화를 통해 경쟁하는 가치는 역시 신뢰, 구색, 가격이었다.

또다시 등장한
시장 파괴자

소셜커머스의 등장 - 가격부터 잡고 다음 가치로 진격

오픈마켓이 일반 쇼핑몰의 장점까지 체화하고, 양대 오픈마켓이던 옥션과 G마켓이 합병하자 시장은 오픈마켓 모델이 주도했다. 그러다 2009년 말 국내에도 아이폰이 들어오며 본격적으로 모바일 시장이 열렸다. 소셜커머스는 이 무렵 등장해 모바일에 최적화된 이커머스, 즉 모바일커머스를 내세웠다. 2010년 티켓몬스터가 처음 나왔고 이후 쿠팡과 위메프가 등장했다. 국내 이커머스 사업의 레거시를 따르지 않던 이들은 단지 UI(User Interface) 차원에서 모바일로 보기 편한 화면 구성을 한다는 접근을 넘어, 모바일커머스에 전혀 다르게 임했다.

초기 소셜커머스의 구색은 일반 쇼핑몰이나 오픈마켓에 비해 턱없이 부족했다. 판매되는 상품 구색은 월 기준 400개에서 많아도 1천 개 정도였다. 당시 오픈마켓은 많게는 1천만 개의 구색을 갖추던 때였다. 소셜커머스는 이러한 경쟁 환경에 대응하기 위해, 구색의 약점을 뛰어넘을 만큼 가격을 파격적으로 낮춰 극복해 나갔다. 구색은 약하지만 대신 그 부족한 구색의 상품들을 '조금 싼' 수준이 아니라 '반값'이라는 압도적인 가격의 가치로 포장했다. 그래서 당시 그들이 내세운 구호는 '반값'이었다. 지역별 식당이나 서비스 상품 판매자가 다 팔지 못하는 유휴 자원, 즉 실물 유통 상품으로 치자면 처분이 어려운 재고를 확보해 팔았다. 판매자의 어려운 '상황'을 '상품'으로 판 것이다. 모바일에 최적화한 콘텐츠로 풀어내 잘 팔아주는 걸 전제로, 처분이 곤란한 공급 물량을 파괴적인 원가로 확보한 것이다. 이를 반값이라는 포지셔닝으로 파괴적인 가격 가치로 만들어 수요를 끌어들였다. 소비자의 머릿속에 '소셜커머스=반값' 도식이 형성됐다. 구색이 약하니 가격을 엣지로 이커머스 밸류 서클의 가치 구조를 파고든 것이다.

이는 기존의 오프라인 유통이나 무점포 유통에서 이미 낯익은 전법이긴 했다. 구색을 확 줄이되 가격은 더 파격적으로 낮춰 고객을 끌어들이는 형태인데, 대표적으로 오프라인 유통에서는 아울렛이나 이월상품 상설할인 매장이 있고 무점포 유통에서 TV홈쇼핑이 있다.

특히 TV홈쇼핑은 구색은 최소화, 할인은 최대화하는 형태다. TV홈쇼핑을 단순화하면 한 번에 한 시간씩 상품을 팔 때 그날은 24개의 구색에 불과하다. TV홈쇼핑은 높은 트래픽의 집객력을 바탕으로 구색을 좁히되 가격을 파괴해 매출을 집중시킨다. 그리고 이를 극대화하는 강력한 콘텐츠를 만든다. TV라는 미디어, 영상이라는 포맷, 생방송이라는 장치다. 이로써 압도적인 가격 경쟁력을 구사할 원가로 상품을 공급받아 수요를 창출한다. 다만 24시간이라는 시간의 한계와 TV라는 매체에서 오는 상품 접점의 한계를 갖는다. 반면 모바일커머스 기반인 소셜커머스는, 매장과 구색 면에서 홈쇼핑보다 더 유연하고 확장 가능하다는 조건을 갖췄다. 그러니 초기 소셜커머스의 본질적 경쟁력은 TV홈쇼핑과 같고, 한계는 TV홈쇼핑보다 유리한 것이었다(이 책 후반부에 따로 다룰 '라이브커머스'는 이 홈쇼핑과 모바일커머스의 동조화다).

소셜커머스는 이렇게 '(한정된 기간 한정된 상품의) 반값'이라는 일종의 미끼 상품이나 로스 리더Loss Leader를 통해 집객력을 높인 후 점차 상시 판매의 일반 상품도 구색을 늘렸다. 사람이 모이면 장사가 된다는 세상사의 발현이었다. 은근슬쩍 일반 쇼핑몰의 장점을 가져간 것이다. 이후는 우리가 다 아는 이야기다.

소셜커머스 3사는 일반 쇼핑몰의 입점 모델은 물론이고 결국 오픈마켓까지 확장했다. 일반 쇼핑몰과 오픈마켓도 '핫딜'이라는 타이틀로 소셜커머스의 모습을 좇았다. 그래서 언젠가부터 일반 쇼핑몰, 오픈마켓, 소셜커머스 세 가지 모바일 앱을 다운로드 받으면 다 비슷해졌다. 셋이 동조화한 것이다.

여기서 잠깐. 소셜커머스는 가장 중요한 신뢰의 가치를 어떻게 넘었지? 티몬 창업자는 미국에서 온 신현성이라는 20대 젊은이였고, 쿠팡 창업자 역시 미국에서 건너온 젊은 사업가 김범석이었다. 갑자기 나타난 청년들이 앱 하나 만들어서 내세운, '돈 내면 반값으로 드릴게'를 소비자들은 어떻게 믿었을까.

대중은 주류 미디어에서의 거대한 광고나 기사들로 어떤 정보를 자주 접하게 되면 부지불식 간에 그 내용을 신뢰하게 되곤 한다. 플랫폼에 대해서도 마찬가지다. 공정거래위원회가 두 눈 부릅뜨고 있으며 상법이 정상 작동하는 성숙한 자본주의의 대한민국인 만큼, 일차원적인 신뢰조차 담보할 수 없는 플랫폼이 주류 미디어에서 소비자를 현혹할 수는 없다는 믿음이 바탕일 것이다. 또한 모바일과 소셜미디어를 통해 다수의 경험이 대중에 공유되는 시장 환경도 신생 플랫폼인 소셜커머스가 신뢰를 얻는 데 영향을 미쳤다. 남들도 경험했다는 '간증'이 넘치니 안심이 되는(신뢰하게 되는) 대중심리다. 이렇게 신뢰는 종종 남들의 경험(입소문)과 인지도로 고개를 넘기도 한다. 보통 사기를 칠 때도 그 방법이 쓰이니 소비자로서는 주의할 필요도 있지만.

신뢰, 구색, 가격 다음은? - 배송, 사용자 경험의 가치로 확전

앞서 살핀 대로 이커머스 밸류 서클에서 신뢰, 구색, 가격 모두에서 우열의 변별이 사라지면 그 다음 원의 가치에서 싸운다. 시장의 패권을 두고 다투는 플레이어들의 싸움도 그렇다. 이커머스 밸류 서클에서 그 다음 원은 배송과 고객 경험이다. 그 궤적을 충실하게 밟아간 플레이어가 쿠팡이다. 배송과 매입, 풀필먼트 관련 가치와 경쟁력의 쿠팡 사례는 앞에서 말했으니, 그 파급력은 쉽게 이해할 수 있겠다.

쿠팡에서 힘썼던 고객 경험을 좀 더 살펴보자. 소프트웨어적인 측면에서도 쿠팡은 좋은 사례다. 기존의 이커머스 플레이어들은 상품 등록과 관리에서 맹점이 있었다. 빠른 시장 성장과 그에 따른 구색의 급격한 증가로 인해 상품 정보 관리의 고도화는 제대로 업그레이드하지 못했다. 업계 종사자들의 언어로 표현하자면, 플랫폼의 프론트 서비스에 비해 어드민의 완성도가 미흡한 경우가 잦았다. 미국의 아마존이나 중국의 알리바바 티몰Tmall만큼 플랫폼에 최적화된 상품 DB와 전시 관리 시스템의 발전을 이루지 못하고 뒤처지곤 했다. 이는 업계 관계자들은 어떤 의미인지 이해하고 있을 텐데, 기술적인 내용이 복잡해 이 책에서는 자세히 다루기보다 간단히 언급하려 한다.

소셜커머스들의 성장 속도는 빨랐다. 시스템을 고도화하기 전에 규모가 먼저 커져 버렸다. 이 지점에서 소셜커머스 3사는 공통적으로 성장통을 앓고 있었는데, 쿠팡은 3사 중 가장 먼저 상품 정보 관리의 시스템 고도화에 공격적으로 투자했다.

예를 들어 티셔츠라는 상품을 보자. 이 품목은 대개 사이즈와 색상이라는 속성 정보가 부가적인 Optional 정보로 달려 있어야 한다. 보통 '옵션'이라 하는데, 이 속성 정보가 사람의 눈으로 보기보다는 훨씬 더 복잡하고 체계적으로 시스템에서 집적되고 관리되어야 한다. 그래야 플랫폼 운영도 효율적이고 사용자 경험도 매끄럽다. 현재 재고로 가지고 있는 티셔츠 100장이 단순히 '100장'으로만 관리되면 안 되고, 각 사이즈, 색상마다의 정보가 별도 처리되어야 재고 관리나 검색, 전시가 효율적으로 되기 때문이다.

그런데 당시 많은 이커머스 플랫폼에서는 이 상품 속성값인 옵션을 기형적으로 혹은 임시방편으로 개발해 놓아서 어려움이 많았다. 소셜커머스에는 '핫딜'이라고 해서 하나의 상품 화면을 고객이 클릭하면 거기에 많게는 수십 가지에서 백 가지가 넘는 상품이 옵션으로 매달려 있었다. 사이즈나 색상 같은 부가적인 정보가 옵션으로 처리돼야 하는데, 해당 핫딜을 통해 판매자가 판매하려는 거의 모든 상품들이 통으로 옵션 처리되어 펼쳐지는 시스템 구조였다. 회사 내부 시스템 개선 속도가 시장과 회사의 성장 속도를 맞추지 못해 발생한 상황이었다.

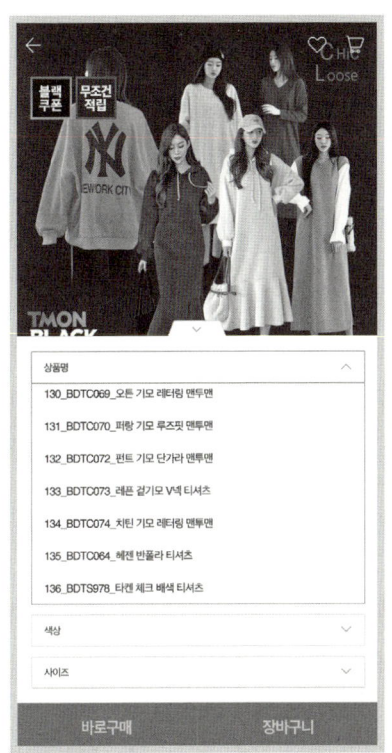

◀ 소셜커머스에서 '딜' 페이지에 옵션으로 등록된 상품들

그런 사정으로 이를 개선하기엔 엄두가 나지 않아 당장의 영업과 실적에 우선순위를 두었다. 폭풍 성장으로 한창 달리는 와중에 시스템을 모두 뒤집기엔, 레거시 체계를 버릴 때의 리스크나 그 체계에 맞춰 일을 해온 수많은 입점사와 운영자들의 기회비용 부담이 컸다.

그러나 과감히 이를 개혁한 건 쿠팡이었다. 쿠팡은 개선 과정의 고통을 감수했다. 이미 변별력이 낮아진 신뢰, 구색, 가격의 가치에만 몰두하지 않았다. 배송 및 물류, 서비스의 고객 경험을 공략했다. 이커머스 밸류 서클에서 바깥쪽 원의 가치까지 선점하려 투자한 결과는 다시 안쪽 원의 가치인 구색과 가격으로 돌아왔다. 그렇게 쿠팡은 시장의 패권을 쥐어갔다.

국내 이커머스의 시장 파괴자 쿠팡은 앞서 말했듯 미국 뉴욕증권거래소 상장 첫날을 기업 가치 약 100조 4000억 원으로 시작했다. 이는 비슷한 시기 국내 전통의 유통 강자인 롯데, 이마트, 신세계, 현대의 시가총액을 모두 합친 규모의 9~10배에 해당한다.

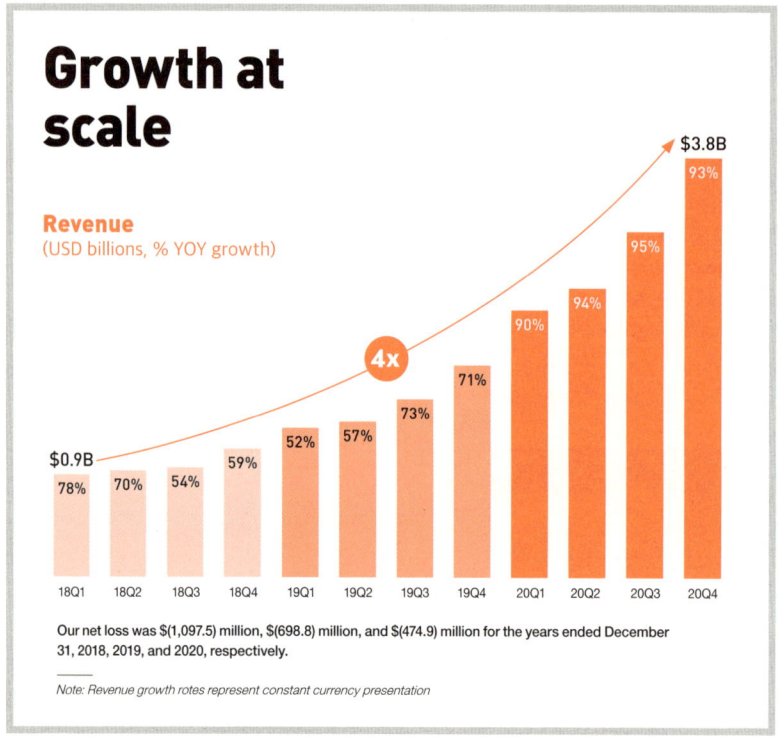

▲ 쿠팡의 분기별 매출 추이 (출처: 미국 증권거래위원회(SEC) 상장 신고서 캡처화면)

이처럼 시장 패러다임과 플레이어의 패권 변화는 이커머스 밸류 서클의 궤적과 같이 움직였다. '신뢰', '구색(상품)', '가격'이라는 가치를 얼마나 더 적나라하게 파고드는가, 이 세 가지 가치에서 변별력이 옅어진 후 그 다음 가치로 어떻게 파고들었는가가 시장을 갈랐다.

쇼핑의 두 가지 유형과
큐레이션

미디어커머스의 탄생 배경과 정의

사람이 기꺼이 돈을 내놓는 급소가 있다. 두려움과 욕심이다. 보험이나 종교는 두려움에 기반한다. 이 책에서 다루는 소매유통업은 욕심을 공략하는 시장이다. 여기서 욕심은 무언가 소비하고 소유하려는 생각과 의지다. 이 업에서 공급자들이 하는 모든 행위는 하나의 목적으로 모인다. 심리적 욕망에서 피어난 욕심이든 필요와 결핍이 낳은 상황적 욕심이든, 수요자들의 마음에 욕심을 심는 일이다. 기술 개발, 영업, 마케팅, 브랜딩 등 공급자들이 에너지를 들여 하는 모든 행동의 귀로는 그 방향이다. 그리고 그 길목의 정점에 콘텐츠의 역할과 가치가 존재한다.

소매유통업은 이커머스 특히 모바일커머스 시대를 맞으면서, 본연의 목적을 수행하는 데 커다란 변화를 맞는다. 과거에는 상품과 영업의 접점은 매장이었고, 콘텐츠와 마케팅의 접점은 미디어였다. 매장과 미디어는 매끄럽게 나뉘어 있었다. 그런데 이커머스와 모바일의 세상이 오자 경계가 무너졌다. 스마트폰 하나로 상품과 콘텐츠, 영업과 마케팅 모두 사람

손바닥 안에서 하나의 기기에 뭉뚱그려졌다. 소통의 수단과 유통의 수단이 합쳐진 것이다. 이로 인해 유통에서 모바일 미디어는 가장 중요한 통로가 되었고, 이를 접점으로 하는 콘텐츠는 상품만큼 필수적인 경쟁 요소가 되었다. 이것이 이커머스에서 콘텐츠가 중요한 가치를 지니게 된 배경이다. 그리고 이 배경에서 미디어커머스라는 개념도 생겨났다. 마찬가지 이유로 이 책에서는 '이커머스의 콘텐츠'와 '미디어커머스'를 그때그때 맥락에 따라 혼용하기로 한다. 이쯤에서 미디어커머스의 정의가 필요해 보인다. 나는 미디어커머스를 이렇게 정의한다.

> 미디어커머스: 콘텐츠를 활용해 고객에게 큐레이션하는 이커머스 유통 방식

이 정의에는 학문적 근거가 없다. 내 개인의 일방적 외침이다. 그래서 좀 더 그럴싸하게 보이기 위해 설명을 더해본다.

결핍과 욕망으로 나뉘는 쇼핑의 유형

이커머스에서 쇼핑의 유형을 목적형 쇼핑과 발견형 쇼핑으로 나눠보았다. 위 정의에서 나온 큐레이션을 좀 더 정확히 이해하기 위해서다.

목적형 쇼핑은 결핍needs이 이끄는 쇼핑이다. 물리적 결핍과 상황적 필요를 해결하려는 구매 행위다. 생존과 일상에 꼭 필요한 생필품 구매가 대표적이다. 갈증이라는 결핍을 해소하기 위해선 물이 필요하다. 목적이 분명하므로 사려는 상품도 분명하다. 집에 먹을 쌀이 떨어졌는데 쌀과 하

이힐 사이에서 고민하는 경우는 드물다. 이처럼 결핍은 대개 본인이 처한 상황에서 발생한다.

발견형 쇼핑은 욕망wants이 이끄는 쇼핑이다. 물리적 결핍이 아니라 심리적 욕망을 해소하려는 구매 행위다. 없어도 살지만 없으면 못살 것 같은 욕망과 취향을 채우려 상품을 소비한다. 대개 이 과정은 외부나 타인으로부터 받은 자극으로 시작된다. 뭔가 '발견'해서 자극을 받고 욕망이 생기는 것이다. 그 발견이 수동적 우연에 의한 것이든, 능동적 탐험에 의한 것이든 말이다. 그리고 그 욕망을 해소하기 위한 쇼핑의 여정 역시 발견과 탐험으로 이어진다. 그래서 발견형 쇼핑이라 부르기로 했다. 인스타그램에서 연예인이 올린 예쁜 옷과 가방을 우연에 의해 수동적으로든, 자기 의지를 갖고 능동적으로든 '발견'하게 될 때, 그때부터 욕망이 생기고,

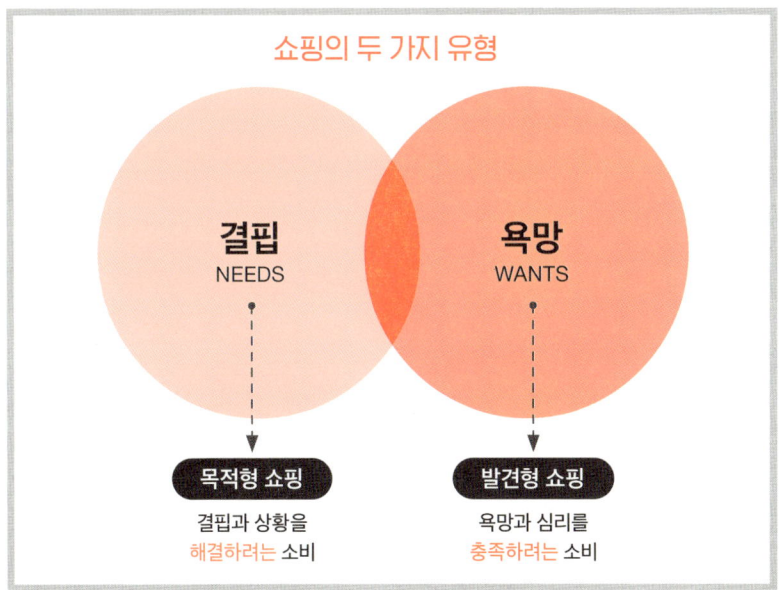

▲ 쇼핑의 두 가지 유형. 결핍에 따른 목적형 쇼핑, 욕망에 따른 발견형 쇼핑으로 갈라진다.

그 욕망을 해소할 대상을 발견해 소비하려는 탐험이 시작된다.

이 두 유형을 단순히 품목만으로 가를 수는 없다. 이를 구분하는 가르마는 품목이 아니라 소비자의 정황Context이다. 똑같은 옷 한 벌을 사더라도 이것이 목적형 쇼핑이 되기도, 발견형 쇼핑이 되기도 한다. 소비자가 결핍을 해결하려는 소비였다면 목적형 쇼핑, 욕망과 심리를 충족하려는 소비였다면 발견형 쇼핑일 확률이 높다. 추운 겨울 방한복이 없어서 패딩을 구매한다면 이는 결핍이 이끄는 목적형 쇼핑이다. 반면 옷장에 롱패딩이 서른 벌 있지만 이번 겨울에는 숏패딩이 유행이라서, 인스타그램에서 연예인과 옷 잘 입는 사람들이 숏패딩 입은 모습 보니 멋져서, 나도 하나 사볼까 여러 쇼핑몰을 헤맨다면 이는 욕망이 이끄는 발견형 쇼핑이다. 사려는 품목이 같아도 쇼핑의 유형이 다르다.

이 구분은 개그맨 유병재 씨가 스탠딩 코미디 콘서트에서 잘 갈라준 적이 있다. 그는 어린 시절 나이키 운동화를 무척 좋아했다고 한다. 그래서 사달라고 조르면 모친께서 말씀하셨단다. "나이키 안 신으면 죽냐? 죽어?" 모친께서 결핍과 욕망의 소비 구분을 잘 그어주셨다.

물론 세상 일이 다 그렇듯 이 구분 역시 모호한 부분이 존재한다. 사람의 마음에서 결핍와 욕망은 이성과 감성만큼 구분이 쉽지 않다. 감성이 자신의 정당성을 확보하기 위해 이성을 끌어들이듯, 욕망도 그렇다. 욕망은 경제적 적절성을 확보하기 어려울 때 결핍을 끌어들인다. 여기 대한민국 어느 중년 남자의 쇼핑 과정을 통해 이를 살펴보자.

삶에서 건강은 필수다. 건강관리를 위해 자전거를 구매하려 한다. 이것은 취향과 욕망이 아니라 결핍과 필요다. 내 삶과 가족의 안녕을 위해 꼭 필요한 소비다. 아내에게도 당당히 말할 수 있다. 심지어 아내도 권한다. 그런데 자전거를 타다 보면 안전사고에 대비한 장비가 필요하다. 장시간 타기 위해서 편의장비도 필수다. 이게 다 사고 싶어서 사는 게 아니다.

그중에서도 제일 중요한 건 자전거 그 자체이리라. 기왕 건강을 위한 도전이니 과감히 MTB(산악용 자전거)를 선택한다. 일반 자전거보다 프레임도 튼튼하고 나처럼 몸무게가 많이 나가는 사람이 속도를 내도 더 안전하다 들었다. 본체도 일반 알루미늄보다는 카본 소재가 좋겠다. 달리는 기기는 멈추는 게 더 중요하다 했던가. 브레이크도 일반형보다는 디스크 브레이크로 해야겠다. 운동 패턴도 분석하고 사고에도 대비하려면 자전거 블랙박스도 필요하겠다. 기왕이면 고프로 최고급 사양이 좋겠지?

자전거 입문자이니 처음에는 단출하게 시작하는 게 좋다는 의견도 있지만, 그건 단기적 시각이다. 장기적으로 볼 때 중복 투자도 피하고, 꾸준한 동기부여를 위해서는 오히려 이것이 합리적이다. 자전거 안 타던 사람이 자전거 라이프를 시작하는 게 쉬운 일인가. 두루두루 다 따져보면 이는 꼭 필요한 합리적 소비다. 대략 견적이 1,150만 원 정도 나오는군.

위 예시를 보면 어디서부터 결핍에서 욕망으로 넘어가는지 알 수 없다. 그러나 위 예시와 같은 중년 부부라면 다수의 아내 분들은 기특하다는 응원에서 시작해 끝까지 다 듣고는 시끄럽다며 마무리할 것으로 예상된다. (참고로 이는 절대 내 이야기가 아니다.)

목적형 쇼핑에서는 결핍과 니즈가 명확해 쇼핑의 목적도 대상도 대체로 뚜렷하다. 그래서 이커머스 플랫폼이 목적형 쇼핑을 위해 큐레이션할 때는 기능 중심이다. 정확한 기계적 성능의 완성도에 먼저 충실해야 한다. 소비자가 해결하려는 결핍도, 구매할 상품도 뚜렷해 큐레이션을 받고자 하는 범위가 제한적이고 구체적이기 때문이다. 집에 생수가 떨어진 고객이 생수를 검색하면 용량별, 가격별, 브랜드별로 검색 결과를 정확히 보여주는 게 우선이다. 괜히 이 과정에 끼어들어 '사람이 어떻게 물만 먹고 사느냐, 와인 한번 드셔보시라' 하고 권하면 화가 난다.

발견형 쇼핑에서는 고객이 구매의 대상이 뚜렷하지 않거나, 구매의 동기조차 정하지 않고 쇼핑의 여정을 시작할 때가 많다. 물론 어디선가 이미 욕망을 자극받은 채 그 욕망을 충족할 특정 상품을 이미 정하고, 상품 판매처와 최저가를 찾아다니기도 한다. 이 경우 본질은 발견형 쇼핑이지만, 겉으로 보이는 행동 패턴은 목적형 쇼핑의 과정과 겹친다. 이미 욕망이 결핍으로 전이가 끝난 상태이기 때문이다.

하지만 그 전 단계에서는 무엇을 어떻게 제안(큐레이션)받느냐에 따라 최종 구매가 바뀔 수 있다. 더 예쁘게 보이고 싶어서 이번 시즌 신상품의 옷을 찾아 여러 쇼핑몰을 둘러본다면 이는 욕망 해소를 위한 쇼핑이다. 능동적인 발견의 과정이다. 수동적인 발견의 과정도 있다. 구매 동기가 전혀 없었는데 우연히 강력한 욕망의 자극이나 제안을 만나면 고객 스스로 소비의 이유를 만들어내기도 한다. 이때에는 기계적 성능의 검색보다, 욕망을 자극하고 이 욕망이 마치 결핍처럼 느껴지도록 설득하는 콘텐츠가 필요하다. 이것이 발견형 쇼핑에서 큐레이션의 역할과 가치다.

이렇듯 두 유형의 쇼핑에서 큐레이션의 핵심이 다르다. 목적형 쇼핑의 큐레이션은 기능 중심이어야 하고, 발견형 쇼핑의 큐레이션은 콘텐츠 중심이어야 한다.

최근에는 기술의 발전으로 AI를 활용한 개인화 알고리즘이 이커머스 운

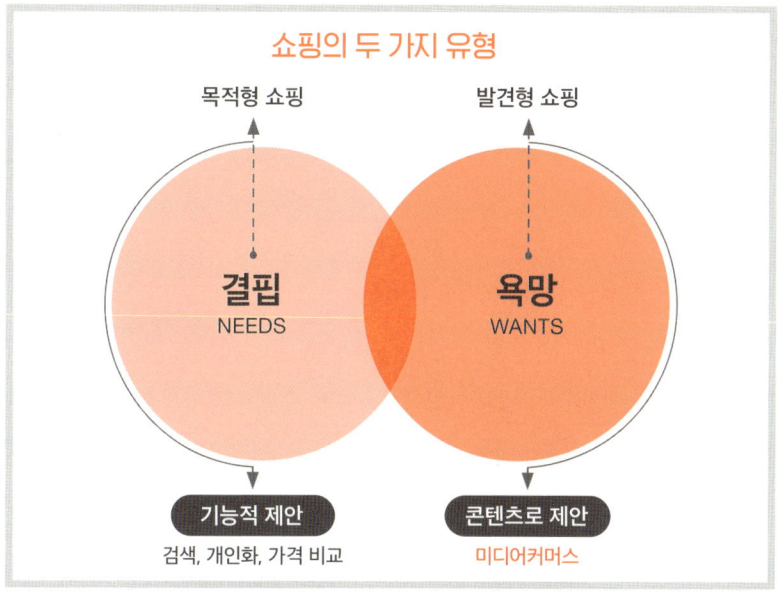

▲ 쇼핑의 두 가지 유형에 따라 달라지는 큐레이션.

영 방식에도 도입되고 있다. 시스템이 소비자 개개인의 움직임을 데이터로 쌓고 분석해 그에게 무엇을 보여줘야 구매로 전환되는지 판단하고 이를 바탕으로 상품 전시display를 자동으로 운영한다. 이 기술은 소비자의 쇼핑 유형이 목적형 쇼핑일 때 더 용이하고 구매 전환의 확률도 높다. 결핍이 이끄는 쇼핑에서 소비자는 플랫폼에 더 많은 정보를 제공하기 때문이다. 결핍은 소비자가 당면한 구체적인 문제이기 때문에 이를 해결하기 위해 소비자 스스로 구체적이고 적극적으로 나선다. 일주일에 한번씩 1.5리터짜리 생수 10개 묶음의 제주 삼다수를 구매하는 소비자가 있다면, 그는 쇼핑몰에 접속하자마자 해당 상품을 구체적으로 검색하거나 자신의 구매 내역에서 해당 상품을 클릭해 결제 버튼을 누를 것이다. 규칙적이고 적확하며 능동적인 의사 표시다. 그러므로 시스템은 이 행위를 소비자의 분명한 의사로 이해한다. 개인화 상품 추천 알고리즘은 이런 행동 패턴을 학습해 그 소비자가 해당 상품을 구매할 시기에 다시 플랫폼에 방문하면 검색도 하기 전에 해당 상품을 먼저 보여줄 수 있다.

그러나 이는 아직 전시 형태의 기술적 방법에 그친다. 욕망을 채우려는 소비는 단지 상품을 고객에게 보여준다고 끝이 아니다. 소비자를 설득할 수 있는 콘텐츠가 있어야 한다. 욕망을 자극해 구매에 이르도록 큐레이션 하려면 설명의 역할을 하는 정보Information보다 설득의 역할을 하는 콘텐츠Content가 있어야 한다. 그러한 설득의 콘텐츠를 자동으로 만들어주는 기술은 아직 미흡하다. 개인화 알고리즘은 콘텐츠 제작이나 큐레이션 그 자체라기보다 콘텐츠를 보다 적절히 실어 나르고 전시해주는(보여주는) 큐레이션의 '이동수단'이다. 쇼핑의 과정에서 욕망을 자극하거나 충족시키는 큐레이션은 기능보다 콘텐츠가 핵심이다.

콘텐츠를 활용해 고객에게 큐레이션하는 미디어커머스는 그래서 발견형 쇼핑에 더 적합하다. 이 지점을 잘 공략하면 고객들은 위에서 말한 중년 아저씨의 자전거 소비 사례처럼, 발견형 쇼핑일지라도 목적형 쇼핑으로 소비자 스스로 알아서 잘 치환해줄 것이다.

카테고리 킬러의 가치,
큐레이션

신뢰 2.0과 큐레이션

앞서 미디어커머스를 '콘텐츠를 활용해 고객에게 큐레이션하는 이커머스의 유통 방식'이라 정의했다. 이 '큐레이션'은 이커머스 시장에서 무슨 의미인지, 어떤 가치로 엮여 있는지 살펴보자. 이 이야기를 하려고 앞에서 가치 구조와 시장의 흐름을 썼다.

이커머스 밸류 서클에서 구색(상품), 가격, 배송 사이에 숨어 있는 가치의 층이 하나 더 있다. 신뢰만큼 강력하진 않지만 구색이나 가격의 가치와 견줄만한 정도다. '신뢰 2.0'이다.

가장 안쪽 원의 신뢰가 신뢰 1.0이다. 이는 일차원적인 신뢰다. 돈을 내면 상품을 준다는 상식적이고 기본적인 믿음이다. 신뢰 2.0은 그보다 입체적이다. 플랫폼이 내가 원하는 상품을 잘 제안해줄 것이라는 기대다. 여기서 중요한 건 '잘'이다. 가격도 좋아야 하지만 나를 피곤하게 만들지 말아야 '잘'이다. 소비자에게 '소비 피로도'는 곧 비용과 같기 때문이다.

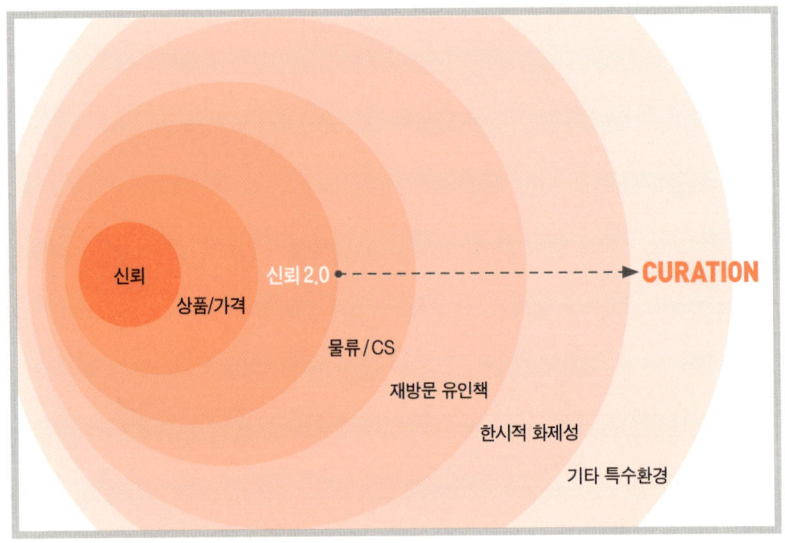

▲ 신뢰 2.0이 포함된 이커머스 밸류 서클

앞 절의 사례, 11번가에서 '티셔츠' 검색 결과는 1천만 개 이상이다. 구매자에게 이는 가장 저렴한 티셔츠를 찾기엔 적절할지 몰라도 내 마음에 맞는 티셔츠를 찾기엔 비장한 결심과 많은 시간이 필요하다.

패션 취향이 확실한 사람에게 그가 결코 입지 않을 스타일의 티셔츠를 몇백만 개 펼쳐놓고 마음에 드는 걸 고르라고 한다면 그 사람에게는 매우 피곤한 일이다. 가격 비교도 의미 없고 색상과 사이즈만으로 선택할 일도 아니다. 취향이 분명하다면 티셔츠 전체 구색이 오픈마켓보다 적더라도 본인의 패션 취향과 일치하는 브랜드만 모아놓은 쇼핑몰이 훨씬 덜 피로하다. 힙합 감성의 스트릿 패션을 입는 20대 남자가 슈프림이나 스투시 느낌의 후드 티셔츠를 찾다가, 가격이 더 싸다는 이유로 갑자기 골프웨어 브랜드나 프레피룩 스타일의 할인 상품으로 구매 결정을 바꾸긴 어렵다.

취향과 엮인 쇼핑은 욕망이 이끄는 발견형 쇼핑이며 콘텐츠 중심의 큐레이션이 단순한 양적 구색이나 가격의 가치보다 중요하다. 배송이나 사용자 경험도 마찬가지다. 미니멀한 가구 취향의 고객이 더 빠른 배송이나 더 편리한 쇼핑몰 UX 때문에 앤틱한 가구로 바꿔서 사지는 않는다.

그러니 내 취향이 분명할수록 그에 부합하는 제안을 해주는, 정체성이 뚜렷한 플랫폼이 좋다. 나의 취향과 플랫폼의 정체성이 일치하면 상품을 고르거나 제안받는 데 이질감이 적어 소비 피로도가 낮을 거란 기대가 있어서다. 제안을 잘 해주는 플랫폼은 이 기대를 반복적으로 채워준다.

이 가치가 반영된 시장이 전문몰, 즉 카테고리 킬러 시장이다. 10대 학생은 스타일쉐어, 힙합 감성의 스트릿 패션을 입는 20대 남자는 무신사, 디자이너 브랜드의 데일리 비즈니스 캐주얼을 찾는 30대 여성은 29CM이나 더블유컨셉에서 더 적합한 티셔츠를 제안할 거라 기대한다.

이 신뢰가 신뢰 2.0이다. 이것이 이커머스의 큐레이션이다. 앞 절의 설명을 빌리자면 그중에서도 기능 중심이 아닌 콘텐츠 중심의 큐레이션이다. 콘텐츠로 하는 큐레이션은 결핍이 이끄는 목적형 쇼핑보다 욕망이 이끄는 발견형 쇼핑일 때 이커머스 밸류 서클의 중심 원에 더 가깝다.

큐레이션은 취향과 라이프스타일의 콘텐츠가 본질이다

결핍needs은 상황이다.

욕망wants은 심리다.

목적은 필연이다.

그래서 정보 Information로 향한다. 정보는 설명이다.

발견은 우연이다.

그래서 콘텐츠 Content로 시작된다. 콘텐츠는 설득이다.

욕망의 패턴이 취향이다.

취향이 집약된 일상이 라이프스타일이다.

라이프스타일은 콘텐츠로서 유통된다.

사람들은 소셜미디어에서 이를 발견한다.

발견은 공유로 확장된다.

이 역시 큐레이션이다.

큐레이션은 욕망이 취향으로, 취향이 라이프스타일이 되도록 자극한다.

이 과정에서 콘텐츠가 커머스가 되고, 커머스에서 콘텐츠가 유통된다.

   이 돌고 도는 개념을 정리한 명제가 앞서 말한 미디어커머스의 정의다. 다시 말하지만, 미디어커머스란 '콘텐츠를 활용해 고객에게 상품을 큐레이션하는 이커머스의 유통 방식'이다.

   이 흐름에서 소비자가 결핍과 욕망을 동일시하고(혼동하고), 자신의 심리를 자신이 처한 상황으로 치환해 인식하도록 만들면 그것이 큐레이션과 상술의 정점이다.

   그래서 미디어커머스에서 '큐레이션'의 개념은 '소비의 욕망→ 발견형 쇼핑 → 취향 → 라이프스타일 → 콘텐츠 → 큐레이션'의 연속되고 순환되는 개념으로 묶여야 한다.

2장.

이커머스의 콘텐츠 가치

이커머스 콘텐츠로서
필요한 3요소

이 장에서 말하는 콘텐츠는 주로 이커머스의 모바일 접점과 동영상 포맷을 중심으로 다룰 예정이다. 모바일커머스와 콘텐츠의 시장 트렌드를 반영해서다. 모바일 세상의 이커머스 콘텐츠가 갖춰야 할 3요소는 무엇인지 살펴보자.

어떤 것들이 콘텐츠 3요소인가?

"그런즉 믿음, 소망, 사랑 이 세 가지는 항상 있을 것인데 그중에 제일은 사랑이라."

《신약성서》 중 〈고린도전서〉에 나오는 구절이다. 일반인들도 알 만큼 유명하다. 그런 만큼 이 세가지는 기독교와 성경이 세상에 전하려는 콘텐츠(말씀)를 구성하는 3대 요소라고 하겠다.

이커머스의 콘텐츠도 핵심가치를 이루는 3요소가 있다. 바로 Fun(재미), New(발견), Tip(도움)이다.

1 Fun, 재미의 가치

말 그대로, 재미가 있는 게 중요하다. 여기서 '재미'는 '콘텐츠에 몰입하게 만드는 (최소한의) 흥미로움'이다. 단순히 '웃기다'거나 '자극적이다'라는 개념이 아니다. 콘텐츠에 아무리 좋은 기획의도와 의미가 있어도, 보는 사람 입장에서 너무도 무료해 더 이상 볼 수 없다면 고객에게 아무것도 전달할 수 없다. 소비자가 콘텐츠를 열 때의 기대도, 보고 나서 상품에 갖는 호감도, 공유하고 확산시키는 동인도 재미가 바탕이 돼야 작동한다.

2 New, 발견의 가치

소비자에게 새로운 쇼핑의 발견을 제공한다. 이 발견에는 다시 세 가지가 있다. 이해가 쉽도록 각각의 경우에 따른 소비자 리액션과 함께 보자면 이렇다.

(1) 새로운 상품의 발견 → "어머, 이런 상품이 다 있어?"
(2) 새로운 가치의 발견 → "어머, 이 상품이 이런 거였어?"
(3) 새로운 기회의 발견 → "어머, 이건 지금 사야 해!"

3 Tip, 도움의 가치

사람은 소비를 통해 자신의 삶이 윤택해지길 기대한다. 실질적으로든 심리적으로든 말이다. '이 소비가 당신의 삶을 실질적으로 더 나아지게 할 것이다'라는 메시지에 초점을 맞춘 콘텐츠의 가치가 도움의 가치다. 식재료 파는 레시피 영상이나 화장품을 팔기 위한 메이크업 하우투 How-to 영상이 도움의 가치를 담은 콘텐츠의 오랜 전형이다.

사도 바울은 믿음, 소망, 사랑 중에서 유독 사랑을 강조했다. 셋이 고만고만한데 사랑이 제일 낫다고 할까요, 정도가 아니었다. 심지어 천사의 말을 해도 사랑이 없으면 소음이고, 모든 지식을 꿰뚫는 예언과 산을 옮길 만한 믿음도 의미 없다 일갈했다. 믿음, 소망, 사랑이라는 세 가지를 얘기했지만 그중 사랑 하나가 나머지를 압도한다.

이커머스의 콘텐츠 역시 마찬가지다. 재미, 발견, 도움, 그중에 제일은 재미다. 제아무리 새로운 쇼핑의 발견으로 시야를 틔우고, 생활의 꿀팁으로 도움을 준다 한들, 그 바탕에 재미가 없으면 '소리 나는 구리와 울리는 꽹과리와 같다.'

재미의 가치는 재미니까 재밌어야 한다. 발견의 가치는 발견의 과정과 결과가 재밌어야 느낀다. 도움의 가치는 재미가 없어서 사람들이 보지 않으면 아무리 유익한 '꿀팁'이어도 전달되지 않는다. 재미가 제일이다.

한때를 풍미했던 몇 가지 제작 패턴

여기서 말하는 '재미'를 의미하는 다른 말로, 제작 현장에서는 '텐션 tension(긴장)'이라는 말을 쓰기도 한다. 시청자 입장에서 콘텐츠를 보다가 어느 순간 더 이상 왜 봐야 하는지 모르겠다거나, 흥미가 떨어져 이탈이 생길 것 같은 느낌이 들 때 '이 부분부터 텐션이 떨어지는데?'라고 말하는 식이다. 시청자가 계속 이 콘텐츠를 보고, 흥미를 느끼고, 기억하고, 행동에 영향을 미치게 하는 모든 기운(?)을 실무자들끼리 '텐션'이라고 부르는 것 같다. 아래 몇 가지 제작 패턴은 이커머스의 콘텐츠가 이 텐션을 유지하게끔 제작 시 공식처럼 적용하던 것들이다.

스트롱 스타트

첫 번째 제작 패턴은 '스트롱 스타트Strong Start'다. 콘텐츠 도입부부터 호기심을 유발하거나 임팩트를 줘야 한다는 원칙이다.

모바일을 통해 콘텐츠, 특히 영상을 대하는 소비자들은 냉정하다. 따라서 모바일에서 콘텐츠는 타 미디어 채널에서보다 훨씬 더 노골적이고 직접적이어야 한다. 서론-본론-결론 같은 논리적 순차 구조나, 기-승-전-결 같은 통시적 서사 구조를 대중들은 잘 참아주지 않는다. 처음부터 결론일 필요는 없지만 처음부터 '가던 길을 멈추게 할' 정도의 매력은 뿜어내야 한다. 그래야 시청자의 손가락이 우리의 콘텐츠를 그들의 피드에서 밀어 올리지 않는다.

이는 모바일이라는 매체의 물리적 요인 때문만은 아니다. 모바일에서 고객이 커머스를 위한 콘텐츠와 만나는 순간의 상황, 즉 맥락Context 때문이다. 영화나 드라마는 시청자 스스로가 콘텐츠에 몰입할 상황에 본인을 몰아넣는다. 돈을 내고 어두컴컴한 극장 안에 갇히거나, TV가 있는 공간으로 본인이 이동해 자리를 잡고 보려는 콘텐츠를 직접 찾아 나선다. 그러다 보니 콘텐츠를 시청하다가 결국 불만족할망정 첫 시작부터 3초 안에 임팩트를 따지진 않는다. 일정 시간을 '투자해준'다.

반면 모바일에서는 상황이 다르다. 의지를 지닌 시청자가 목적을 가지고 찾아서 보는 일이 드물다. 대개 소셜미디어나 쇼핑몰 앱의 피드를 지나던 고객이 해당 콘텐츠를 우연히 만나는 경우, 즉 '발견'하는 경우가 일반적이다. 시청자가 모바일로 접속한 소셜미디어나 쇼핑몰에서 기대하는 콘텐츠는 그 맥락에 맞는 콘텐츠다. 예를 들어 본인이 직접 연을 맺은 친구나 지인들의 일상사, 본인이 선택해 구독 follow 하는 콘텐츠, 알고리즘이 취향에 기초해 제공하는 흥미로운 콘텐츠들이 피드를 이어간다. 이커머스를 위한 콘텐츠는 그 사이를 비집고 들어가야 한다. 시청자의 흐름 즉 맥락을 끊고 끼어드는 것이다. 그럼에도 곧바로 밀려나지 않고 시청시간을 투자받으려면, 처음부터 '한 방'의 냄새를 풍겨야 한다.

이 상황은 유명 유튜버 등 인플루언서라 해도 크게 다르지 않다. 그들의 채널은 그들에게 관심을 갖고 구독까지 해주는 이들이 든든히 버텨주는 곳이지만, 그들이 자신의 채널을 벗어나 불특정다수 대중에게, 각기 다른 맥락의 피드에서 등장해 "여러분 안녕하세요! ㅇㅇㅇ입니다! 오랜만이죠? 오늘은…" 하는 순간 그 영상은 대중의 피드에서 밀려난다. 인플루언서 영상은 인플루언서와 구독자들 사이의 '관계'가 시청의 근간을 이룬다. 본인 의지로 인플루언서의 메시지에 관심을 기울일 준비자세를 갖추고 기꺼이 모인 사람들을 대상으로 콘텐츠를 선보인다. 장사로 치면 단골 장사다. 그러나 그들의 구독자가 아니라면, 일반 시청자가 자신의 모바일 피드에서 인플루언서라는 이유만으로 '웬 사람'이 등장해 인사부터 날리는 영상을 봐야 할 이유가 마땅치 않다.

시청자의 흐름을 끊고 끼어드는 콘텐츠는 그래서 시작부터 강해야 한다. 첫 씬, 첫 컷, 첫 3초가 중요하다. 'Impact beats the context.' 맥락을 이기는 것이 파격이다. 이 공식이 '스트롱 스타트'다. 이제는 너무 자주 봐서 지겨운, 일단 선남선녀가 뽀뽀부터 하고 시작하거나, 콧등에서

2장. 이커머스의 콘텐츠 가치

▲ 이 영상은 이렇게 키스로 시작한다. 이젠 식상하지만 한때 핫했다. 립밤 상품을 위해 제작된 커머스 콘텐츠 영상. (출처: 핑크 인스타그램)

피지부터 쭉쭉 뽑고 보는 페이스북 광고 영상도 그런 배경에서 출발했던 것이다.

하트비트 리듬

두 번째 제작 패턴은 '하트비트Heartbeat 리듬'이다.

스트롱 스타트만큼 중요한 게 리듬이다. 한 방 터뜨리고 시작해도 약발은 3초다. 콘텐츠가 스트롱 스타트로 강하게 이목을 끌었어도 그걸로 끝까지 버틸 순 없다. 이 3초는 수많은 콘텐츠를 운영하고 적지 않은 퍼포

▲ 노골적으로 제품 정보를 푸시하지만 재미를 위주로 만든 영상으로서도 손색없다.
(출처: 블랙몬스터)

먼스 광고를 태운 경험으로 얻은 데이터다. 초반 3초 동안 고객의 눈과 손을 잡아두었다 해도, 그것은 고객의 손가락 튕기기를 잠시 숨 고르듯 멈췄을 뿐이다. 상업적인 본론을 마음 놓고 차근차근 풀어갈 수 없다.

사람들이 콘텐츠를 끝까지 보게 하려면, 콘텐츠에 긴장(텐션)이 전체적으로 고르게 분포되어 있어야 한다. 이커머스의 콘텐츠는 의도가 상업적이다 보니 전하려는 메시지가 분명하다. 제품을 알리거나 상품을 팔려는 메시지다. 시청자의 정서적 만족이 최종 목적인 여타 일반 콘텐츠보다 미션 난이도가 더 높다. 제작자와 시청자의 목적이 서로 달라서다.

따라서 콘텐츠에 제작자의 제작 의도만 반영되어 있으면, 아무리 첫 3초에 임팩트가 있어도 시청자는 끝까지 보지 않고 중간에 이탈한다. 그러면 제작자가 전하려던 상업적 메시지가 시청자, 즉 고객에게 닿지 않는다. 그래서 제작자가 말하고 싶은 것과 시청자가 보고 싶은 것을 적절한 리듬으로 배치할 필요가 있다. 콘텐츠를 통해 말하려는 상업적인 목적이 재미, 임팩트의 요소와 번갈아가며 리듬을 만들 수 있게 해야 한다. 이를 테면 재미와 임팩트가 강조된 부분이 '강'에, 상품을 알리는 내용이 '약'에 가깝다고 볼 때, 콘텐츠 전체적으로 강-중-약-강-중-약 같은 적절한 배치로 리듬을 구성해야 한다. 이 재미와 임팩트로 구성한 자극의 파동이 몇 초 간격으로 반복되어야 시청자의 눈과 손을 붙들어놓을 수 있다. 이 반복의 패턴이 사람의 맥박과 비슷하다 해서 하트비트Heartbeat 리듬이라 부르곤 했다.

날것이거나 감쪽같거나

세 번째 제작 패턴은 '날것이거나 감쪽같거나Raw or Good-acting'이다. 단어 하나로 제시하기 어려워 이렇게 표현해봤다. 완벽하게 꾸미거나 아니면 날것 그대로의 매력을 전하자는 원칙이다.

앞서 언급했듯이 사람들은 콘텐츠를 시청할 때 TV보다 모바일에서 더 차갑고 냉정하다. 모바일에서 지루함이 더 크게 다가온다. 그래서 콘텐츠들이 모바일에서 소비되려면 TV에서보다 더 독해야(?) 한다. 인터뷰 타입의 미디어커머스 영상을 소셜미디어에서 종종 봤다면 공감할 것이다. 짜고 치는(연기하는) 인터뷰 포맷은 이탈이 심하다. 인터뷰이로서 섭외된 연기자가 아무리 연기를 잘해도 그가 연기자라는 것을 시청자들은 알아채기 쉽다. 그럴 때는 1분도 긴 시간이다. 그렇다고 일반인을 데려다 제작자가 원하는 답을 말하도록 만들면 콘텐츠는 더 꼬인다. 일반인은 카메라와 스튜디오 환경이 낯설어, 연기력 부족한 배우보다 더 어색하다. 보는 이의 손발이 오그라든다.

그래서 '우리 제품 좋아요, 이 상품 사세요.'라는 뻔한 메시지를 전하면서도 강한 인상을 남기려면, 차라리 탄탄한 시나리오와 출연자들의 완벽한 연기로 '픽션'의 완성도를 극한으로 올리든지, 아니면 아예 정말로 '날것'이어야 한다. 다만 이커머스의 콘텐츠로서 픽션은 강한 인상을 남기기가 매우 어렵다는 점은 각오해야 한다. 어차피 뭘 사라는 내용이기 때문이다. 보는 입장에서 감정적 몰입이 영 안 되는 메시지다. 오히려 '날것'의 묘미를 주는 콘텐츠가, 만들긴 더 어려워도 상업적으로는 더 효과적이다. 이커머스의 콘텐츠는 시청자의 감동이 최종 목적이 아니라, '여기에 돈을 쓰겠다'고 결심하게 만들거나 적어도 그럴 여지를 남기는 게 목표다. 그런 의도라면 콘텐츠는 무난하게 꾸며진 작의作意보다 차라리 날것의 느낌이 주는 독함이나 진정성이 목적에 더 잘 부합하는 결과를 가져올 때가 많다.

영상의 화면비율

네 번째 제작 패턴은 영상의 화면비율에 관한 것이다. 이커머스를 위한 콘텐츠로 영상을 제작한다면, 세로로 긴 화면비나 정사각형의 화면비가 좋더라는 제작 패턴이다.

기존 미디어기기, TV나 PC에서는 화면의 비율에 크게 구애받지 않았다. 4:3이든 16:9든 대체로 세로보다 가로가 더 긴 비율이 대다수였다. 모니터의 비율에 따른, 오래되고 당연한 관습이다.

반면 모바일은 기기의 물리적 형태나 사용 행태가 대체로 세로 중심이다. 그래서 와이드 영상을 제대로 보려면 화면을 귀찮게 이리저리 돌려야 한다(이 공식은 대개 사람들이 스마트폰 영상 재생 시 화면전환 기능을 고정해 놓고 사용한다는 전제다).

이 책에서 빈번히 언급하는 것처럼 미디어커머스는 모바일커머스와 소셜미디어의 시대에 맞물려 있다. 사람들이 인스타그램이나 쇼핑몰을 이용하며 스마트폰을 가로로 놓고 스크롤하는 경우는 드물다. 따라서 미디어커머스를 위한 영상 콘텐츠를 제작할 때 이를 감안해 굳이 스마트폰의 방향을 가로 세로 번갈아가며 돌리지 않아도 잘 보이도록 콘텐츠 화면 비율을 고려해야 한다. 주요 소셜미디어에서 영상을 보여주는 최적화 비율 역시 세로로 길거나, 적어도 가로세로 비율이 같다. 페이스북과 인스타그램, 틱톡이 그러하다.

모바일은 내 몸이 닿는 미디어다. 화면을 손으로 만지고 얼굴을 가까이 들이밀며 시청에 몰입한다. 그래서 영상은 화면을 꽉 채워야 유리하다. 이때 시청자가 화면전환 기능을 고정하면 와이드 영상도 세로로 봐야 한다. 그러면 영상의 세로 길이보다 가로 길이가 길수록 화면의 위아래 공간이 많이 낭비된다. 화면 7할이 의미 없이 검게 텅 빈다. 이러면 소셜미디어 피드에서도 불리하다. 그래서 페이스북과 인스타그램도 가로세로가 동일한 화면비를 권한다. 게다가 '틱톡'이 세로형 영상의 숏폼 콘텐츠 트렌드를 몰고 오면서, 유튜브는 '쇼츠', 인스타그램과 페이스북은 '릴스'를 적극적으로 띄우고 있다. 모바일과 소셜미디어에서 동영상 화면비는 정방형에서 세로형으로까지 확장되고 있다. 특히 모바일 라이브커머스는 세로형 비율이 표준이라 할 수 있다. '이거 사세요, 빨리 사세요.'를 외쳐대는 생방송을 보려 시청자들이 굳이 화면 고정을 풀고 와이드로 돌릴 거라 기대하기엔 무리이기도 하고, 방송 보며 채팅 하는 쌍방향 라이브커머스에는 세로형 비율이 유리하기 때문이다.

패턴을 벗어나려는 시도

이커머스를 위한 콘텐츠, 특히 영상 제작 시 공식처럼 쓰이는 몇 가지 제작 패턴을 알아보았다. 다만 점차 이 유형들에서 벗어나는 시도들이 계속 등장하고 있다는 점은 다시 환기한다.

  이런 패턴이 잡히도록 길잡이 역할을 했던 것은 소셜미디어의 빅데이터다. 그러나 이는 거대한 귀납의 결과이고 과거의 집합이다. 반면 미디어커머스의 소비자는 빠르고 변덕스럽다. 게다가 콘텐츠 생산자들은 경쟁만큼 모방도 치열하다. 이 때문에 이커머스 콘텐츠의 제작 주체들은 점차 패턴보다 깊이 있는, 콘텐츠 가치의 본질을 고민하기 시작했다. 포맷이 무한하게 다양화될 수도 없기에 그 너머에 있을 요소를 찾아야 했다. 그래서 등장한 이커머스 콘텐츠의 또 다른 지향점은 '스토리텔링'이다.

2장. 이커머스의 콘텐츠 가치

'재미'는 이유다

모바일이어서 더 절실한 '재미'의 가치

재미의 가치는 모바일에서 더 도드라진다. TV와 비교해도 그렇다. TV 앞에서 소비자는 소파에 심드렁하게 누워 조금만 재미없으면 가차 없이 채널을 돌린다. 콘텐츠 입장에서는 무서운 단두대처럼 자비 없는 매체다. 그러나 그런 TV조차 소비자는 처음 보는 콘텐츠 앞에서 이를 계속 볼지 말지 판단하기 위해 어느 정도 시간을 허용한다. 리모콘이 손에 있지만, 그래도 TV는 린백 모델lean-back model이며 카우치 미디어couch media다. 그 앞에서 사람들은 소파에 기대앉아 몸을 뒤로 젖히고 비교적 수동적인 자세를 취한다. 모바일에서 하는 것처럼 그렇게 빠르고 혹독하게 콘텐츠를 대하지는 않는다.

　모바일에서는 콘텐츠에 대한 소비자의 심판이 더 순간적이고, 냉혹하고, 날카롭다. 스마트폰은 본래 전화기였다. 전화기의 목적은 소통이다. 여기에 컴퓨팅 구조를 갖추며 콘텐츠 소비 기기로 확장되고, 신체 접촉을 수반한 개인 미디어가 되었다. 린포워드 모델lean-forward model이며 올웨

이즈 캐리 미디어 always carry media 다. TV와 달리 사람이 화면(영상)을 직접 만져서 제어하고, 내내 손 안에서 만지작거리며 시청한다. 콘텐츠 소비의 지속 여부에 대해 시청자가 다른 미디어기기에서보다 더 적극적으로 그리고 수시로 개입하는 형태다. 손가락 올려놓고 여차하면 날릴 기세로 영상을 이어본다. 그러다 보니 모바일은 미디어 중에서 가장 즉시적이고 노골적이며 빠른 판단이 투영된다. 심하게 다이내믹하다.

모바일에서 이커머스를 위한 콘텐츠로서 가장 중요한 요소가 재미인 이유도 여기서 비롯한다. 재미가 없으면 그 어떤 가치도 전하기 어렵다.

재미가 곧 이유

> "내가 무슨 말을 했느냐가 중요한 것이 아니라, 상대방이 무슨 말을 들었느냐가 중요하다."
>
> — 피터 드러커 Peter Drucker

경험상 나는 위의 말이 콘텐츠의 재미를 만들기 위한 기본자세라 믿는다. 매뉴얼 같은 상품 정보나 일방적인 홍보물이 아니라 사람들이 관심을 갖고 능동적으로 보는 콘텐츠를 만들고자 한다면 이 자세가 필요하다. 업자 입장에서 해야 할 말과 하고픈 말을 슬슬 끼워 넣다보면 콘텐츠는 점점 정보 위주의 매뉴얼, 혹은 카탈로그나 브로슈어에 가까워진다. 소비자들은 그걸 또 귀신같이 알아챈다. 상인으로서 구겨 넣은 욕심만큼 사람들의 시선이 떨어져나간다고 보면 된다. 여러 파트너사들과 협업하면서 나는 종종 이 부분에서 실무자들의 어려움을 보곤 한다. 유관 부서와 상사의 요구가 시나브로 쌓이며 실무자나 콘텐츠 제작자는 이미 실패를 예감하기도 한다.

재미는 포기에서 출발한다. 이 말 저 말 다 하면 재미없다. 시청자가 손가락 대고 날려버릴 준비를 하고 보는 마당에, 하고 싶은 말 구구절절 펼치다 보면 시청자에게 내 상품의 가치를 설득할 기회조차 얻지 못한다. 욕심을 내려놓고, 업자로서 전하고자 하는 하나의 '야마'[1]에 집중해야 한다. 나머지는 포기하는 게 좋다. 그리고 그 야마를 소비자가 느끼는 재미로 치환해야 한다. 내가 새로 출시한 뷰티 제품의 기능과 성분 하나하나가 모두 자랑스럽더라도 이를 전부 콘텐츠에 무리하게 쑤셔 넣으면 재미없는 아사리판이 된다. 아무리 광고를 태워도 효율이 나지 않는다.

재미는 과감함으로 완성된다. 브랜딩과 미디어커머스는 목적과 방향이 다르다. 이 둘을 구분하지 않거나, 입체적이지 못한 브랜드 전략이 미디어커머스를 가로막으면, 콘텐츠에서 재미를 마련할 여지가 그만큼 줄어든다. 브랜딩의 연장선으로 미디어커머스 콘텐츠의 크리에이티브까지 통제하면 또 하나의 광고 제작물에 그칠 수 있다. 여기에 눈치 보는 타협, 불필요한 조심성, 보수적인 조직문화까지 과도하게 섞이면 이도저도 아닌 결과를 낳는다.

재미는 입체적 시각으로 접근해야 한다. 재미의 가치는 단편적이고 고

---

[1] 방송계/언론계 은어로 '핵심 메시지' 혹은 '클라이맥스' 정도의 의미다. 다른 좋은 단어를 찾으려 해도 이 어감의 말을 찾기 어려워 그냥 썼다. 이 바닥에서 일하는 분들께선 공감해주실 것이다. 일반 독자 분들께는 양해를 구한다.

정적인 축으로 존재하지 않는다. 다양하고 동적이다. 이커머스에서 콘텐츠의 재미를 말할 때 흔한 말로 '병맛'이나 코믹한 요소만을 떠올리는 이들도 있다. 물론 이는 단편적인 시각과 접근법이다. 재미의 본질이자 미덕은 몰입과 감동이다. 이를 충족한다면 어떤 결의 재미도 미디어커머스 콘텐츠의 재미의 가치로서 충분하다. 무신사 유튜브 채널 '무신사TV'는 2020년 닥터마틴의 60년 역사를 이야기하는 〈Dr. Martens' 60th anniversary Documentary〉를 선보였다. 이는 말 그대로 진지한 다큐멘터리이지만 충분히 재밌다. 이는 '병맛'도 아니고 초반 3초의 임팩트와 하트비트 리듬으로 구성되어 있지도 않으며 화면 비율도 가로형이지만, 재미의 본질을 단단히 지니고 있기에 미디어커머스의 재미의 가치가 충분하다.

 소비자 입장에서 재미는 이유다. 재미가 없으면 굳이 업자가 전하려는 메시지를 참고 들을 이유가 없다. 소비자들이 그것을 기꺼이 받아들이고 View, 반응하고 Engage, 콘텐츠 제작자의 의도대로 움직이고 Conversion, 굳이 나서서 전파하는 Share 이유는 일단 재미가 있어서다.

▲ '무신사TV'의 닥터마틴 다큐멘터리. 이 콘텐츠가 단순한 다큐멘터리를 넘어 왜 무신사의 미디어커머스 콘텐츠인지는 3장에서 자세히 다룬다.

'재미'의 본질과 스토리

이커머스 업계 최초로 이커머스 웹드라마를 시도한 이유

티몬 재직 시절 나와 내 부서원들은 소셜미디어에서 한창 유행하던 제작 패턴에 따라 여러 콘텐츠들을 만들었다. 주로 1분 내외의 짧은 영상이었다. 튀는 썸네일 이미지와 첫 장면부터 강한 비주얼로 승부하며 자극의 요소들을 리듬에 맞게 배치했다. 그러나 그러한 영상들은 티몬 외에도 여기저기서 우후죽순으로 등장하던 터였다. APR과 블랭크코퍼레이션, 미팩토리 등 초기 미디어커머스 기업들이 왕성하게 활동하던 전성기 시절이었다. 페이스북을 둘러볼 때마다 콧잔등에서 피지가 밀려나오거나, 각종 필터 샤워기들이 물을 쏟아내며 더러운 필터를 화면 가득 보여주는 영상이 즐비했다. 어여쁜 여성 연기자가 일반 소비자처럼 리액션하며 등장하는 인터뷰 형태의 이른바 '간증형' 리뷰 영상도 넘쳐났다. 급기야 고객들로부터 '믿거페'라는 유행어가 등장했다. '믿고 거르는 페이스북 광고'라는 말의 줄임말이었다. 나와 부서원들은 이 상황을 타개하기 위해 기계적 공식과 진부한 포맷을 벗어나야 했다. 우리는 사람이 콘텐츠에서 재미를 느끼는 본질적 요소를 고민했다.

 마침 그 시기에는 티몬이 전략 사업으로서 신선식품 카테고리에 힘을 쏟을 시기였다. 티몬은 '슈퍼마트'라는 별도 브랜딩으로 신선식품을 위한 물류 시스템과 상품 매입, 배송 차량 운행까지 론칭해 운영했다. 티몬으로서는 큰 투자가 들어간 전략 사업이었다. 지금은 마켓컬리, 오아시스, SSG, 쿠팡 등이 등장해 모바일커머스로도 신선식품을 구매하고 배송받는 일이 흔하지만, 그때는 신선식품을 지정된 시간에 배송하는 모바일커머스는 티몬뿐이었다. 문제는 이 '슈퍼마트'가 사람들에게 잘 알려지지 않았다는 점이었다. 그래서 이를 알리고, 구매로 연결하는 장치를 함께 유통시키기 위한 미디어커머스 콘텐츠가 필요했다. 반면 위에서 언급한 대로, 그간 제작하고 운영하던 콘텐츠 타입은 사람들에게 피로감을 주는 식상한 것이 되어버렸다. 너도나도 구현해 소비자들에게 '재미의 가치'를 전달하기 어려워진 콘텐츠 제작 공식을 탈피해야 했다.

 그래서 눈을 돌린 게 웹드라마였다. 이커머스 업계에서 웹드라마를 시도하기는 티몬이 처음이었다. 티몬의 첫 웹드라마 〈신선한 사랑〉을 처음 선보인 시기는 2017년 8월이었는데, 그 해 말 페이스북, 유튜브, 각종 커뮤니티 등에 퍼진 우리의 웹드라마 조회 수를 전수 집계해보니 약 1200만 회였다. 놀랐던 점은 '고객 관여 지수'라고도 하는 ER_{Engagement Rate}의 수치였다. 페이스북과 유튜브 등 여러 플랫폼에서 사람들이 그 영상에 보인 반응을 종합하니 댓글 약 9만 개, 공감 8만 2천 개였다.

 티몬은 여러 입점사들의 제품을 판매하는 유통 플랫폼이므로, 굳이 티몬의 제품이나 서비스만 시도할 일이 당연히 아니었다. 그래서 이 흥행에 이어 티몬의 입점사인 뉴발란스, P&G, 존슨앤존슨, 발뮤다, 스피킹맥

▲ 티몬의 미디어커머스 웹드라마 사례를 소개한 기사

스(영어교육), 따수미(난방텐트) 등을 이어갔다. 이들은 일반적인 매체 광고와 달리 미디어커머스로서 접근한 콘텐츠였으며 웹드라마 포맷으로 만들었다. 콘텐츠(영상)와 상품 판매(플랫폼 링크)를 모바일커머스 매장과 소셜미디어에서 동시에 유통시키는 형태였다. 같은 시점에 이마트에서 광고 제작사 돌고래유괴단을 통해 웹드라마 형태의 광고를 내보냈다. 일반적인 광고 마케팅과 미디어커머스는 공통점과 차이점이 각각 있겠으나, 시청자의 이목을 잡아두는 문제에서는 모두 같은 딜레마를 앓았던 듯하다. 결국 모바일과 소셜미디어에서 보이는 공장 제조식 상업 콘텐츠의 식상함을 뚫기 위한 방법이 필요했던 것이다.

식상함을 극복하려던 노력, 스토리텔링

이커머스를 위한 콘텐츠로서 웹드라마와 그 이전의 클립 영상들의 차이는 결국 '스토리'다. 생각해보면 콘텐츠에서 재미의 본질은 몰입과 감동이었고 그 방식은 늘 스토리였다. 이야기는 인류 사회가 구성될 때부터 가장 중요한 콘텐츠의 접근 방식이었다. 사람이 사고력을 갖추기 시작했을 때부터 이야기는 재미의 궁극이었다. 스토리는 포맷보다 더 재미의 본질에 닿아 있는 개념이다. 스토리를 추구하는 지향점 자체가 식상함을 부르진 않는다. 개별 스토리에 재미가 있느냐 없느냐가 관건일 뿐이다.

이커머스를 위한 콘텐츠도 마찬가지다. 스토리텔링 완성도에 상업적 메시지까지 성공적으로 전달하려면 시간과 자원이 많이 들지만, 경쟁우위와 차별화를 위해 스토리로 파고들어야 할 때가 있다.

스토리가 다 그렇지만, 모바일에서 펼치는 이커머스 콘텐츠의 스토리는 특히 더 '몰입과 반전'이 중요하다. 그래야 도달 지수도 높고 소비자 반응도 왕성하다. 〈신선한 사랑〉을 포함한 티몬의 성공적인 웹드라마들은 모두 '몰입과 반전'을 지켰다.

다만 스토리를 내세우는 콘텐츠는 구조적 리스크를 안고 있다. 몰입과 반전은 아무리 압축해도 기승전결 구조가 필요하다는 점이다. 스트롱 스타트의 패턴을 마냥 따르기 어렵다. 모바일 미디어 환경에서 몰입과 반전을 데우는 우직함을 밀어붙이기는 힘겹다. 이런 난항을 극복하고 히트 치는 스토리형 콘텐츠는 소셜미디어의 시청자 반응으로 돌파구를 얻는다. 미디어커머스에서 콘텐츠 유통과 확산은 주로 소셜미디어를 통하므로 시청자 스스로 재미와 가치를 느껴야 반응한다. 즉 오가닉 organic[2] 도달

---

2 온라인 마케팅에서 오가닉 organic이란, 돈을 주고 광고를 집행해 인위적으로 결과 수치를 높이는 것이 아니라 자연스럽게 콘텐츠가 소비자들에게 소비되는 것을 의미한다.

이 높아야 한다. 시작부터 강하고 자극적이지 않아도, 길이가 길어도, 화면 비율이 정사각형이나 세로형이 아니어도, 몰입과 감동이 뛰어난 스토리라면 ER이 높아진다. 소셜미디어에서 시청자들의 공유와 댓글 반응부터 터진다. 사람들은 재밌으면 혼자 즐기지 않는다. 공유와 댓글로 만개한다. "ㅋㅋㅋㅋㅋㅋㅋ 대박 꼭 보셈." 뭐 이런 식이다. 킬링파트가 어디라며 불특정 다수에게 인내심을 갖도록 독려하고, 같이 보고 싶은 친구들을 태그로 소환하며, 자신의 타임라인에 공유한다. 사람들의 이런 반응은 이러저러한 패턴과 공식을 단번에 부수고, 몰입과 반전을 스토리가 우려낼 때까지 콘텐츠를 보도록 만든다.

◀ 티몬과 발뮤다가 콜라보한 미디어커머스 영상. 다소 긴 영상을 보게 하는 덴 댓글의 영향이 크다.
(출처: 티몬 페이스북)

소비자 눈높이, 현실적 어려움, 진화의 방향

앞서 다룬 제작의 패턴들을 플랫폼이 언제까지나 써먹지 못하는 이유는 시간이 지날수록 시청자의 눈높이가 이를 흔들기 때문이었다. 이러한 배경은 이커머스의 콘텐츠도 포맷 중심에서 벗어나 스토리 중심의 콘텐츠로도 접근해야 하는 부담으로 이어졌다. 그래서 스토리 중심의 웹드라마가 티몬을 시작으로 한때 봇물처럼 나온 시기가 있었다.

문제는 업자로서의 현실적 어려움이다. 채산성과 효율성이 좋은 콘텐츠는 소위 '포맷화된 콘텐츠', 즉 공식에 따라 '찍어내는' 형태가 유리하다. 효율이라는 게 재미나 창의와는 대척점에 있기 마련이다. 반면 사람들이 호응할 콘텐츠는 완성도와 스토리를 요구한다. 이 경우 제작자 입장에서 투입해야 하는 리소스와 시간의 허들이 높다. 완성도와 스토리를 챙기며 채산성과 효율성을 도모하기는 큰 도전이다. 여러 입점사를 품은 이커머스 플랫폼이라면 다뤄야 하는 제품과 상품이 많다. 콘텐츠 제작량이 많아야 한다는 얘기다. 사람들을 홀릴 스토리가 쭉쭉 뽑힐 리가 없다. 사람들의 눈과 귀를 붙들어둘 수 있으면서도, 채산성이 높아야 하고, 커머스적인 가치와 기능도 발현해야 한다니….

이런 한계와 숙제를 미로처럼 풀다보면 라이브커머스로 이어진다. 나는 이런 흐름으로 내가 재직한 회사들에서 미디어커머스의 전략 방향을 전환시키곤 했다. 소셜미디어의 바이럴 클립 영상 → 웹드라마 → 라이브커머스로 변화하게 된 과정이 그것이다. 이는 라이브커머스를 다루는 부분에서 다시 자세히 보기로 하자.

'발견'의
세 가지 종류

New, 발견의 가치

재미의 가치 다음으로 이제는 발견의 가치 이야기를 해보자. New(발견)는 소비자(시청자)에게 쇼핑에서 새로운 것을 발견하게 해주는 가치다. 앞서 잠깐 말했듯 이는 다시 세 가지로 구분할 구분할 수 있고, 이것이 각각 콘텐츠로 잘 표현되었을 때 시청자의 반응을 일상의 표현으로 치환하자면 이렇게 표현할 수 있다고도 말했다.

  (1) 새로운 상품의 발견 = "어머, 이런 상품이 다 있어?"
  (2) 새로운 가치의 발견 = "어머, 이 상품이 이런 거였어?"
  (3) 새로운 기회의 발견 = "어머, 이건 지금 사야 해!"

위의 관점으로 하나씩 살펴보자.

새로운 상품의 발견 - 몰랐던 상품 그 자체의 발견

새로운 상품의 발견은 소비자가 그 상품의 존재 자체를 미처 알지 못했던, 그러나 보는 순간 '살 만하다'고 생각할, 가치 있는 상품의 발견이다. 연출이나 기교 측면에서만 보면 이 유형이 '재미'나 '도움'보다 콘텐츠로 만들기가 비교적 쉽다. 이에 꼭 맞는 상품을 찾는 게 어렵지, 그럴 만한 해당 상품을 찾은 후에는 그것을 제대로 보여주면 되기 때문이다. 그렇다면 제작이나 연출의 입장에서, '그럴 만한 상품'은 어떤 것들일까? 한마디로 이미지나 영상 등 시각적으로 그 가치가 잘 드러나는 제품들이다.

예를 들어 '근육의 피로와 마사지'라는 결핍 needs을 겨냥한 제품들을 보자. 가격대와 소비행태, 타깃 고객 등 시장은 다르지만, 여기서는 발견형 콘텐츠의 이해를 돕기 위해 '근육을 마사지하며 피로를 풀어준다'는 니즈의 기준으로만 비교해보려 한다.

시중에 바디프랜드와 코지마 등이 있는데, 이와 유사한 기능과 디자인의 안마의자를 만드는 A라는 회사가 '새로운 상품의 발견'이라는 접근법으로 시청자의 이목을 집중시키긴 쉽지 않다.

반면 미니 마사지기라면 '새로운 상품의 발견'이라는 가치로 접근하기가 위 A사의 안마의자보다 비교적 수월하다. 실제 시중에 판매 중인 미니 마사지기 '클럭'은 안마의자와 비교할 때 외형과 기능이 전혀 다르고, 콘텐츠로써 시각적 차이를 만들어주기에 용이하다. 이 니즈를 해결하는 제품으로서 존재 자체를 사람들에게 각인시키며 '이런 상품이 다 있네.' 하는 발견의 가치를 제공해주기에 비교적 수월한 제품군이다.

▲ 일반적인 안마 의자. (출처: 바디프랜드 CF)

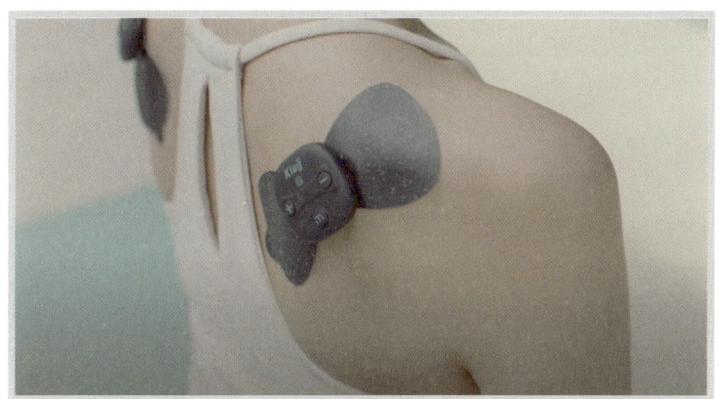
▲ 미니 마사지기. 시각적 차이가 선명해 '새로운 상품의 발견'을 내세우기 쉽다. (출처: 클럭 CF)

'새로운 상품의 발견'이라는 접근법은 제품의 겉모습이나 작동하는 모습이 매력적인 상품군이라면 시도해볼 만하다. 필수불가결한 물건은 아니지만 시청자에게 보여주면 갖고 싶게 만드는 아이템일 경우, 이런 콘텐츠를 통해 충동구매를 유도할 수도 있다.

이에 해당하는 사례로서 내가 자주 드는 예시로는 'Swing'이라는 테이블이 있다. 영상을 직접 보면 체감하기 쉽다.

▲ Swing 테이블 (출처 : German Smart Living)

새로운 가치의 발견 - 상품의 숨겨진 가치를 발견

'새로운 상품의 발견'은 상품 그 자체를 보여주기만 해도 가치가 전달되는 게 가능하다. 반면 '새로운 가치의 발견'은 사람들이 바로 알아채기 어려운, 그 상품의 숨은 가치를 발견하게 해주는 콘텐츠 접근 방식이다. 이 방식이 필요한 경우는 시장에 새롭게 등장한 제품이어서 가치를 대중에게 전달하기 어려운 경우도 해당하지만, 기존에 시장에 존재하던 제품인데 그 가치가 대중에게 쉽게 각인되지 못해 이를 콘텐츠로써 해결하려는 경우도 해당한다.

    나는 이에 적합한 사례로, 콘텐츠 전문 제작사의 세련된 영상들보다 아래 영상 〈창살 없는 방범창 - 스마트락〉을 최고로 꼽는다. 사람들이 미

2장. 이커머스의 콘텐츠 가치

▲ 〈창살 없는 방범창 - 스마트락〉 영상 화면 (출처: ST시스템)

처 알아보지 못한 가치를 이처럼 처절하고 선명하게 각인시킨 사례도 드물다. 정말 좋은 가치를 지닌 훌륭한 제품인데 소비자들이 몰라줘, 공장 부장님이 절박한 심정으로 만들었다고 한다.

이 영상은 한때 '사…사장님 그만 하세요, 사…살게요!'라는 제목으로 커뮤니티를 달궜다. 공중파 방송국에서도 인터뷰를 한 적이 있고, 이후 수년이 지났지만 아직도 유튜브에서 회자되고 있다.

해당 제품은 '창살 없는 방범창'을 캐치프레이즈로 내세우며, 물리적으로 튼튼한 창문 프레임이라는 가치를 품고 있었다. 그러나 이 가치를 일반 소비자가 발견하기는 쉽지 않았다. 겉으로 보기엔 그만큼 튼튼하지 못한 다른 창문 프레임과 '시각적 차이가 없었기' 때문이다. 판매자 입장에서는 이 상품이 새로운 존재일지 몰라도, '새로운 상품의 발견'이라는 접근으로 시청자를 소비자로 만들기엔 어려움이 있는 제품이다.

그렇다고 CG 효과에 실험 결과나 숫자를 나열하고 일반적인 광고 모델과 연기로 조합한 콘텐츠로도 이목을 끌기 어렵다. 작은 규모의 기업이 그런 광고 영상을 제작하기엔 재정적으로도 부담스러웠지만, 그런 접근은 말 그대로 '평범한 광고'가 될 확률이 높아 미디어 물량을 많이 태워야 한다는 부담도 있다. 소기업으로서는 더욱 고려하기 어려운 방식이다. 그럴수록 '이 상품이 가진, 남들이 모르는 가치를 잘 전달한다'는 목적과 점점 멀어진다. 또한 이는 기존의 마케팅 광고의 접근 방식이므로 굳이 미디어커머스라는 관점까지 갈 필요도 없다.

이 책에서 내가 필자로서 내린 미디어커머스의 정의를 복기하면 '콘텐츠로 큐레이션하는 이커머스의 유통 방식'이다. 큐레이션의 열매는 설명보다는 설득이다. 제품의 숨겨진 가치를 전할 때 단순히 설명하고 주장하는 것을 넘어 설득하고 공감시킬 수 있어야 한다. 이 과정에서 중요한 요소 중 하나가 '진정성'이다. 비록 영상의 화면이나 연출, 출연자의 연기가 세련되지 않더라도, 전달하려는 제품의 가치가 얼마나 쉽게 받아들여질 수 있도록 표현되었으며 또한 얼마나 진정성이 담겨 있느냐가 큐레이션의 관건이 되기도 한다.

그런 면에서 앞에서 예로 든 〈스마트락〉의 사례는 '새로운 가치의 발견'의 예로서 가장 적절하다고 생각하는 케이스다. 촬영 기법으로서는 새로울 것도 없고 세련되지도 않지만, 그 가치가 진정성 있고 느끼기 쉽게, 제대로 잘 전달된다.

새로운 기회의 발견 - 상품을 사야 하는 타이밍을 가치로 치환

'새로운 기회의 발견'은 그 상품의 존재나 가치보다는, 언제 사야 가장 좋은지 타이밍(기회)을 일깨워주는 발견이다. 그런데 따지고 보면 이 말 자체는 비현실적이다. 언제 사야 가장 좋은지는 아무도 모른다. 콘텐츠 제작자와 판매자가 이 상품을 사면 가장 좋을 법한 기회를(혹은 기회인 것처럼) 콘텐츠로 만들고, 시청자가 이 콘텐츠를 통해 해당 상품을 발견하도록(마치 본인이 발견한 것처럼) 자극하는 행위라는 표현이 정확하다. "이 상품은 바로 지금 사야 가장 좋다, 지금 이 기회를 놓치면 더 좋은 구매 기회는 없다, 지금 머뭇거리면 기회는 곧 사라진다."라며 눈앞에 들이댄다. 강제 발견이라고나 할까.

이쯤 되면 뭔가, 떠오르는 낯익은 장면들이 있을 것이다. '날이면 날마다 오는 그런 거시기가 아니에요'는 유통에서 전통적이고 대표적인 구매 자극 수법이다. '발견'이라기보다 박탈감이나 초조함을 자극하는 심리적 압박이나 유혹에 가깝다. 홈쇼핑 생방송처럼 실시간이 주는 '시간의 제한'이나, 선착순/판매기간/한정수량/구매자격 같은 '조건의 제한'으로 소

▲ 방송혜택 종료까지 ~ 남았습니다!

비자를 압박한다. '지금이 기회다, 놓치면 후회한다.'가 핵심 메시지다. 실제로 홈쇼핑 생방송을 보다보면 긴장감을 넘어 위기감까지 밀려온다. 지금 안 사면 정말 큰일날 것 같다.

'새로운 기회의 발견'은 이렇듯 TV홈쇼핑이 대표적인 형태다. 최근에는 모바일커머스에서도 라이브커머스라는 이름으로 자주 볼 수 있다. 라이브커머스의 탄생 배경은 소비자와 미디어 환경 변화에서 기인한다.

이미 2016년에 시스코가 전망한 바에 따르면 전 세계 모바일 동영상 트래픽은 2021년까지 8.7배 증가하며 모바일 애플리케이션 부문에서 가장 높은 성장률을 기록할 것으로 예상했다. 2021년 전 세계 모바일 동영상 트래픽이 전체 모바일 트래픽의 78%를, 2022년까지 82%를 차지할 것으로 전망했다. 이에 따른 추세로 모바일 라이브 동영상의 증가 폭도 크게 증가하며 전 세계 모바일 라이브 동영상은 2016년 대비 2021년까지 39배 증가할 것이라는 전망을 내놓았다.

한국의 모바일 동영상 트래픽은 2016년 대비 2021년에 5.8배 증가하고 2021년 한국의 모바일 동영상 트래픽은 전체 모바일 트래픽의 78%를 차지할 것이라는 전망도 함께했다.[3]

한국은 티몬에서 티비온 라이브TVON Live라는 이름으로 시작한 게 최초의 모바일 라이브커머스다. 2017년 9월 13일이 첫 방송이었다. 이는 이 책에서 별도의 목차를 마련했으니 거기서 자세히 다룬다.

---

3 CISCO, "Cisco Visual Networking Index: Global Mobile Data Traffic Forecast Update, 2016-2021 White Paper", 〈CISCO 2020 글로벌 네트워킹 트렌드 보고서〉.

'도움'의 가치, 쌓일수록 힘이 된다

Tip, 도움의 가치

유통업계에서 '도움'의 가치를 콘텐츠로 제작하고 이를 통해 커머스로 연결하려는 접근은 이미 오래 전부터 익숙한 모습이다. 대표적인 형태가 음식 레시피나 메이크업 하우투 콘텐츠다. 요리법을 알려주며 요리 재료나 주방 도구판매와 연결시키거나, 화장법을 알려주며 뷰티 제품을 연결하는 모습은 익숙하다. 잡지가 커머스 매체로서 호황이던 시절에는 잡지에서, 인터넷과 영상의 시대에는 유튜브에서, 모바일과 이커머스 시대에는 소셜미디어와 커머스 플랫폼에서 여전히 활발히 유통된다.

'도움의 가치'는 식품과 뷰티를 넘어 인테리어와 집안 정리(리빙), 코디와 스타일링(패션), 지역 명소와 숙박(여행) 등 카테고리를 막론하고 미디어커머스의 기본 콘텐츠로 자리 잡고 있다.

이 책 서두에서 미디어커머스를 '콘텐츠로 큐레이션하는 이커머스의 유통 방식'이라 정의했다. 이 관점에서 볼 때 '재미'나 '발견'의 콘텐츠는 그것이 개별적, 단편적으로 유통되더라도 이 정의에 부합하는 미디어커

▲ 무신사 에디터들이 고객의 스타일링 팁을 알려주는 유튜브 콘텐츠. 이 영상과 함께, 영상에 나온 상품들을 모아 놓은 기획전을 유통했다. (출처: 무신사TV)

▲ 패션 스타일링 노하우는 유튜브의 주류 콘텐츠로 자리 잡았다 (출처: 스타일리스트 서수경의 유튜브 '친절한 수경씨')

머스의 미션을 달성할 가능성이 높다. 티몬의 뉴발란스 웹드라마('재미'의 가치)나 미디어커머스에서 빠지지 않는 회사 블랭크코퍼레이션의 '퓨어썸 샤워기'('발견'의 가치)를 보자. 이 콘텐츠들이 시청자 개개인의 소셜미디어 피드에서 단편적으로 유통된다 해도, 미디어커머스로서의 목표는 대체로 달성될 수 있었다. 그 콘텐츠들은 페이스북 사용자의 피드에 불쑥 등장해 사람들의 시선과 관심을 사로잡았다. '재미'와 '발견'의 콘텐츠들은 그런 힘이 있다. 사람들의 개인화 된 소셜미디어 피드를 비집고 들어와도 보는 이의 눈을 동그랗게 만들며 '와! 재밌겠다!', '어? 이게 뭐지?' 하는 상황을 만든다. 이때 퍼포먼스 광고 소재로서 CPC_{Cost Per Click}나 ROAS_{Return on Ad Spend}의 높은 효율을 보여주며 상품 마진 폭 안에서 넉넉히 작동하면 더할 나위 없다. 그렇게 시청자를 상품 페이지로 안내하고 구매전환율을 높이면 미디어커머스 콘텐츠로서의 소임을 다하게 된다.

반면 '도움'의 가치를 겨냥한 콘텐츠는 시선강탈 자극이나 호기심 면에서 '재미'나 '발견'보다 독하긴 쉽지 않다. 미디어커머스 콘텐츠 상당량이 소셜미디어에서 유통되고 그럴수록 성공적이라 판단한다는 점을 감안하면, 도발적 요소가 적다는 건 개별적으로 승부하기엔 난이도가 높다는 의미이기도 하다. '도움의 가치'는 내가 도움이 필요한 상황에서 적절한 해결책_{Tip}으로서 마주해야 가치가 높다. 그러나 불특정 다수의 시청자가 처한 각기 다른 상황에 맞춰, 그에 들어맞는 도움_{Tip}의 가치를 제공하는 콘텐츠로 다가가긴 어렵다. 개별 콘텐츠로서 파편화되어 소셜미디어의 개인화 피드에서 느닷없이 '이런 팁이 필요했나요?'라며 시청자의 맥락에 비집고 들어가기에는 상당한 부담이 따른다. 반대로 시청자가 각자 팁이 필요할 때 스스로 방문해 콘텐츠를 볼 수 있도록 모아놓은 플랫폼이라면, 그리고 그것들이 커머스로 연결되어 있다면, '도움'의 콘텐츠는 더 힘을 발휘할 수 있다.

'도움'의 콘텐츠는 그것들을 모아놓고 체계화한 플랫폼의 꼴을 갖출수록 콘텐츠로서의 가치가 '재미'나 '발견'보다 더 높을 수 있다. 독립적인 하나의 비즈니스로 전환하기도 적합하다.

'도움'의 콘텐츠들이 플랫폼이 되는 선순환 조건들

'도움의 가치'를 지향하는 콘텐츠로 플랫폼을 구성하고 이로써 비즈니스가 돌아가려면 선순환의 세 가지 조건이 필요하다.

1 집합화(Archive)

위에서 서술한 대로 '도움'의 콘텐츠가 힘을 발휘하기에는 '집합화'가 좋다. 일단 쌓여 있어야 힘이 커진다. 시청자 입장에서 '도움'은 '재미'나 '발견'에 비해 휘발성이 덜하다. 또한 팁의 미덕은 유용하다는 점이다. 유용한 정보를 찾는 니즈는 관심사를 따른다. 그래서 카테고리별로 모아놓으면 시너지가 크다. 카테고리는 관심사와 분류가 비슷하다. 액세서리나 인테리어 소품 DIY에 관심이 높다면 해당 부류의 콘텐츠에 반응이 높을 것이다. 이를 소셜미디어 피드에서 우연히 만나도 반갑지만, 어딘가 아카이브로 모여 있다면 소비자는 스스로 찾아올 확률도, 콘텐츠를 끝까지 보거나 다시 볼 가능성도 높아진다(열독률). 그 아카이브에 유용한 팁이 많이 쌓일수록 더 많은 가치를 제공하고, 그러면 구매목적 없이도 찾아와 이리저리 둘러보다, 재방문과 구매로 이어질 수 있다.

2 대량화(Quantity)

아카이브의 미덕은 양(量)이다. 쌓인 양이 많을수록 유리하다. 플랫폼이 커지려면 많은 양의 콘텐츠가 필요하다. 즉, 생산량이 많아야 한다. 무신사는 스타일링 팁을 주는 콘텐츠로 '코디숍'과 '코디맵'을 생산하는데, 둘을 합쳐 매월 최대 2천여 개까지 생산하기도 한다. 다만 양과 비용은 비례한다. 직원들이 만들든 외주를 쓰든, 채산성이 문제다. 대개 이럴 때 플랫폼은 사용자들이 스스로 콘텐츠를 만들어 공급할 수 있도록 판을 깔기도 한다(사용자 참여형 콘텐츠). 이때는 사용자 참여로 인해 콘텐츠의 품질이나 완성도가 들쭉날쭉한데 커뮤니티 플랫폼이 아닌 커머스 플랫폼이라면 이 문제를 해결할 방안을 찾아야 한다. 바로 다음 조건인 '유형화'에서 이를 해결할 수 있다.

◀ 무신사의 코디맵(출처: 무신사 인스타그램)

3 유형화(Format)

이 '유형화(포맷)'의 필요성은 위 1과 2로부터 기인한다. '도움'의 콘텐츠는 많은 양의 콘텐츠가 쌓인 아카이브일수록 유리하고, 내부 직원이든 외주든 일반 사용자든 콘텐츠 제작에 드는 노력이 낮아야 생산성이 높아진다. 다만 커머스로서 가치가 있으려면 어느 정도 콘텐츠 품질이 일정 수준 이하로 내려가는 것은 좋지 않은데 이를 위해서 일정 수준의 품질로 누구나 쉽고 빠르게 콘텐츠를 제작하도록 환경을 만들어야 한다. 그러려면 콘텐츠의 포맷을 일정하게 잡아주어, 콘텐츠 제작자의 머릿속에 있는 노하우를 보기 좋은 콘텐츠로 손쉽게 뽑아내도록 해야 한다.

위의 선순환 조건 세 가지를 위의 번호 역순으로 이어 붙이면 이것을 구현하는 순서다.

- 1단계: Format - 포맷을 잘 세팅해서,
- 2단계: Quantity - 콘텐츠 제작이 쉽고 빨라져 생산량이 늘면,
- 3단계: Archive - 그것들이 쌓여 아카이브를 구성하고 카테고리 분류가 이뤄지면 플랫폼으로 진화한다.

그러면 소비자들이 능동적으로 찾아와 관심사별로, 즉 카테고리별로 흩어져 콘텐츠를 소비하면서 '탐색Browsing → 발견Discovery → 재방문 및 구매전환Retention & Conversion'의 선순환을 기대할 수 있다.

이런 흐름으로 콘텐츠를 쌓고 미디어커머스 플랫폼이 된 사례는 흥망성쇠를 거칠망정 시장에서는 꾸준히 존재한다. 현재 시점에서 이 모습으로 시장에서 활약하는 이들로는 국내 사례로 '무신사', '오늘의집', 해외 사례 'Food52', 'DayDayCook' 등이 있다.

이커머스로 맹위를 떨치는 무신사도 처음에는 커뮤니티에서 출발했다. 무신사 사용자들이 커뮤니티 활동을 통해 서로 패션 스타일 이미지를 공유했다. 무신사 스토어로 진화한 현재에는 '스냅'이라는 콘텐츠로 이 전통을 유지한다. '스냅' 역시 사용자들이 자신의 스타일을 공유하는 참여형 콘

2장. 이커머스의 콘텐츠 가치

◀ 무신사 앱의 스냅 화면

텐츠이자 커뮤니티다. 입점한 브랜드의 스태프와 모델이 스타일을 공유하는 '브랜드 스냅'도 있다. 무신사 내부에서 제작하는 콘텐츠가 아니라 사용자 참여형 콘텐츠여서, 플랫폼 입장에서는 채산성이 높은 동시에 고객 입장에서는 다양하고 현실적인 콘텐츠를 만날 수 있다는 장점이 있다.

'오늘의집'은 리빙, 인테리어, 하우스 관련 콘텐츠로 커뮤니티를 활성화하고, 이를 커머스로 연결한다. 사람들은 예쁘고 유용한 인테리어 팁을 얻거나 공유하기 위해 모이고, 이는 상품의 판매와 구매까지 이어진다. 국내에서는 앱 누적 다운로드만 1천만 이상을 기록하며 이미 대중적

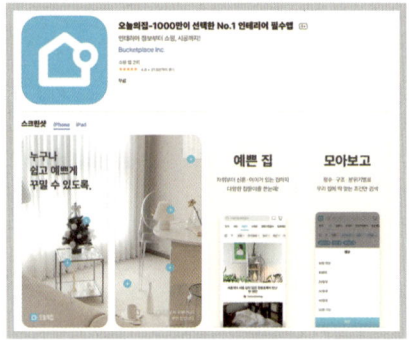

▲ '오늘의집' 앱스토어 콘텐츠 소개 부분 화면

인 인지도를 다졌고 성공적인 시장 안착을 이뤘다. '오늘의집'은 사용자들이 콘텐츠를 만들어 게시하는 플랫폼이다. 이런 구조면 커뮤니티 활성화의 효과도 있을 뿐 아니라, 미디어커머스 측면에서는 콘텐츠 생산의 물량과 비용을 효과적으로 운영할 수 있다. 채산성이 높은 구조다.

식품/요리 카테고리의 해외 미디어커머스 플랫폼 'Food52'도 이와 유사한 구조를 가졌다. 이 역시 요리 레시피에 관련해 도움이 될 만한 영상과 팟캐스트 정보들이 아카이브로 쌓여 있다. 스태프가 제작한 콘텐츠도 있지만 사용자들이 만들어 게시한 콘텐츠들도 함께 있다. 사용자들도 본인들의 레시피를 영상 등의 콘텐츠로 만들어 올리고 서로 질문하고 답변하며 도움을 주고받는다. 그렇게 커뮤니티 활성화가 이뤄지고 자연스럽게 커머스로도 이어진다. 현재 월 2천 4백만 명이 방문하는 플랫폼으로 성장해 기업 가치를 1억 달러로 평가받기도 했다.

'DayDayCook'은 '오늘의집'이나 'Food52'처럼 사용자 참여형 콘텐츠 중심의 플랫폼이 아니라 자체 제작한 동영상 중심의 레시피 콘텐츠로 시청자를 모으며 출발했다. 콘텐츠와 상품의 유통은 물론 직접 제품 제조까지 확장한 플랫폼으로 시작했다. 역시 콘텐츠로 커머스를 확실하게 연

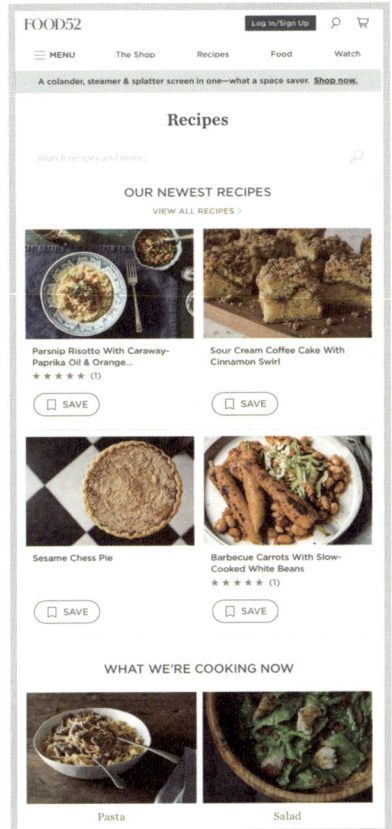

◀ 'Food52' 사이트. 메뉴에 커머스 관련 항목(The Shop)과 도움의 가치 관련 항목(Recipes)이 함께 있다.

결한 사례다. HSBC 은행에 다니던 창업자 노마 추 Norma Chu 는 글자만 빼곡하게 있고 설명도 어려운(재미없는!) 요리책을 보고 창업을 결심했다고 한다. 5분이 넘지 않는 포맷의 영상에 누구나 집에 있는 재료로 20분 안에 만들 수 있는 요리법 팁의 내용으로 콘텐츠를 제작해 업로드했고, 소셜미디어에서부터 좋은 반응을 얻어 커뮤니티와 커머스로 확장되었다. 월 평균 6천만 명의 이용자를 확보하고 나스닥 상장까지 노리고 있으며 기업 가치는 최대 4억 5천만 달러까지 이야기되고 있다.

이커머스 운영 공식과
콘텐츠

2014년, 나는 멀쩡히 대기업 잘 다니다가 스타트업 병에 걸려 지인들과 회사를 경영했다. 준비도 역량도 모자란 상태로 뛰어들었기에 회사를 알릴 수 있는 일이라면 내가 할 수 있는 건 다 했다. 당시 스타트업을 주로 다루는 미디어 〈플래텀〉(http://platum.kr/)에 기고한 글 중에 '이커머스 운영 공식'을 소재로 삼았던 칼럼이 있었다. 이커머스 사업을 기획할 때 매출(거래액)을 구성하는 요소들을 소개하며 '공식'이라는 말을 붙여본 것이긴 한데, 이것이 업계나 학계에서 정말로 공식 Official 적으로 공식 Formula 이라고 칭하는 바는 아니다. 그냥 내가 이름을 귀에 감기게 하고자 그렇게 붙였을 뿐인데 글이 퍼지며 언젠가부터 이커머스로 강연을 하거나 글을 쓰는 다른 사람들도 내가 아래 소개할 요소들을 조합해 '공식'이라 부르는 사례들을 발견했다. 나로 기인했다고 단정할 순 없지만 시기를 따져 볼 때 내 앞에 그러한 예가 없다 보니, 괜히 마음에 걸려 이 책을 쓰는 기회에 밝히고 넘어간다.

'공식 公式'의 사전적 정의는 '국가적이나 사회적으로 인정된 공적인 방식'이다. 당연히 내가 2014년에 쓴 '이커머스 운영 공식'은 국가나 사회가 정식으로 인정한 적이 없다. 내가 그냥 갖다붙인 단어이자 개념이다. 굳이 변명을 하자면 한국어로 '공식'이라는 단어에는 영어로 따지면 official ('공적으로 인정된'이라는 뜻)과 formula(수학에서 자주 쓰이는 단어로, '정해진 계산 방식'이라는 뜻)이 각각 있는데, 나는 후자로 비유해 표현하려고 선택한 단어와 개념이었다.

하여튼, 아래의 이커머스 운영 공식은 앞서 말한 '이커머스 밸류 서클'과 마찬가지로 학문적/공적 근거가 전혀 없는 개인적이고 주관적인 개념으로 이해해주시길 재차 당부한다.

이커머스 운영 공식

이것이 (내가 지극히 주관적으로 정리한) 이커머스의 운영 공식이다. UV_{Unique Visitor}는 고객(방문자), CR_{Conversion Ratio}은 구매전환율, CT_{Customer Transaction}는 객단가이다. 이들의 조합으로 형성되는 GMS_{Gross Merchandise Sales}는 매출 혹은 거래액이다. 이는 위에서 밝혔듯이 이커머스의 사업계획을 수립할 때 고려하는 인자因子들이다.

이커머스의 '운영 공식'이라고 했는데, 이때 운영이란 간단히 말해 '어떻게 목표 매출을 맞출 것이냐'이다. 어떤 요소들을 어떻게 운영해 각각 얼마나 수치를 거둬야 최종 거래액(목표 매출)을 원하는 수준으로 맞출 수 있는가 가늠하고 계획을 세우는 시뮬레이션이다.

월 거래액 목표가 1,000,000원일 때 월 방문 고객을 1만 명 모아 그중 1%인 100명을 구매자로 전환시켜 그들에게 평균 1만 원짜리를 팔아 목표를 맞출 수도 있지만(1,000,000원=10,000명×1%×10,000원), 양질의 고객 1,000명을 모아 그중 10%인 100명을 구매자로 전환시켜 각각 1만 원짜리를 팔아 목표를 맞출 수도 있다(1,000,000원=1,000명×10%×10,000원). 혹은 10명만 구매자로 전환시키되 인당 10만 원씩 팔아 목표 매출 100만 원을 달성할 수도 있다(1,000,000원=1,000명×1%×100,000원).

물론 매출을 발생시키는 요인과 요소는 여러 가지이지만 결국 근간이 되는 것은 이 세 가지의 숫자를 높이기 위한 것이다. 마케팅이든 브랜딩이든 기술 개발이든 물류 인프라이든, 이커머스 사업자가 행하는 모든 행위는 영업을 지원하는 데 의미가 있으며, 영업의 성과를 나타내는 지표 항목은 위의 세 가지로 귀결되기 때문이다. 결국 어떻게 계획을 세우든 어떤 행위를 하든, 손님이 얼마나 오느냐$_{UV}$, 온 손님 중에 얼마나 많은 사람이 지갑을 여느냐$_{CR}$, 지갑을 열되 돈을 얼마나 쓰느냐$_{CT}$가 매출의 규모를 정한다.

이 공식을 골조로 나머지 항목들이 따라 붙으며 사업계획이 완성된다. 영업이익은 어떻게 맞출지 마진 폭이나 기타 비용 항목을 설계하거나, 시장점유가 우선이냐 재무개선이 우선이냐에 따라 숫자를 조정하는 다른 변수와 상수들을 추가 요소로 이 계산 공식에 덧붙이는 식이다.

> **참고**
>
> 유통업에서 거래액은 곧 매출과 같은 개념이었으나, 2004년을 전후해 회계 기준이 변경되며 거래액과 매출은 서로 다른 개념이 되었다. 이 책은 재무회계 서적은 아니니 두 개념의 차이를 단순화해 설명하고 넘어가려 한다.
>
> 판매자가 제품이나 상품의 재고 부담을 책임지면 거래액이 곧 매출이고, 그렇지 않으면 판매 수수료가 매출이다. 쉬운 예로, 쿠팡이 상품을 매입해 물류창고에 두었다가 판매하는 로켓배송 상품은 재고부담을 쿠팡이 지므로 이는 판매가 1만 원짜리가 팔리면 거래액도 1만 원, 회계 매출도 1만 원이다. 그러나 그 1만 원짜리 상품을 쿠팡이 매입하지 않고, 판매자와 고객을 이어주고 결제 및 정산만 지원하는 쿠팡 오픈마켓에서 판매한다면? 거래액은 1만 원이지만 회계 매출은 1만 원이 아니다. 해당 판매자와 쿠팡 사이에 맺은 판매 수수료 금액만큼만 매출로 인식한다. 쿠팡의 수수료율이 10%라면, 1천원이 쿠팡의 매출인 셈이다.

매출을 올리기 위한 영업지원의 종류

위 공식에서 GMS를 올리기 위한 영업 지원 방법들을 크게 네 가지로 구분할 수 있다. 즉, 아래와 같은 지원으로서 UV나 CR이나 CT를 올리는 것이다.

1 재무적 지원

말 그대로 현금성인 재무적 지원으로 영업을 끌어올리는 방법이다. 할인이나 최저가, 사은품 등 직접적인 경제 가치를 제공해 고객을 끌어들이고 구매자로 전환시킨다. 이 지원은 UV, CR, CT 세 항목 모두에 의미가 있지만 대체로 CR → UV → CT 순으로 영향을 받는다.

2 기능적 지원

기술 개발이나 물류, 인프라 등 기술적/기능적 요소로 영업을 지원한다. 쿠폰의 금액은 재무적 영역이지만 쿠폰이라는 기능은 기술적 영역이다. 개인화된 상품 제안, CRM에 따른 할인과 혜택, 빠르고 정확하고 신선한 배송, 편리한 결제 등도 고도의 기술이 전제된 기능의 지원이다. UV, CR, CT 중 주로 CR에 영향을 준다.

3 모객 접점의 확장

방문 고객을 늘리기 위한 지원으로, 고객의 접점을 확보하는 방법이다. 1의 재무적 지원과 조합해 가격 비교 사이트에 입점하거나, 트래픽이 많은 플랫폼에 추가 입점하는 방법 등이다(예: 롯데백화점이 G마켓에 입점). 스마트폰 시대를 맞아 PC 사이트에 더해 모바일 사이트와 앱으로도 대응한다거나 O2O 전략을 취하는 것 역시 같은 의미로 해석이 가능하다. 당연히 UV를 높이기 위한 지원이다.

4 미디어커머스 콘텐츠

미디어커머스는 세 항목 모두에 다양하고 입체적으로 영향을 주는 영업 지원이다. 콘텐츠의 3요소로 설명하자면 '재미', 그리고 '발견' 중에서도 '새로운 상품의 발견'에 기반을 둔 콘텐츠는 주로 UV → CR의 순으로 영향을 준다. '발견' 중 '새로운 가치의 발견'과 '새로운 기회의 발견'을 겨냥한 콘텐츠는 대개 CR → UV 순으로 영향을 준다.

특히, '새로운 기회의 발견'을 공략하는 콘텐츠 중 대표적인 형태인 라이브커머스는 CR, CT, UV 모두에 직접적인 영향을 끼치는 지원 방식이다.

뒤에서도 다시 다루겠지만, 라이브커머스는 강력한 가격 경쟁력과 고객 혜택으로 무장할 수 있는 명분과 기회를 제공한다. 이는 CR을 높인다. 특히 '지금이 아니면 사라져 버리는 제한된 기회'라는 압박형 메시지로써 FOMO_{Fear of Missing Out} 심리를 공략하기에 최적화된 콘텐츠 유형이므로, 구매전환을 강하게 푸시한다(CR 제고).

위와 같은 MD의 설계는 구매자로 하여금 많은 구매를 유도하며 객단가를 높이는 효과도 거둔다. 고객 입장에서 '이런 조건은 다시 만나기 어려우니 이 기회에 많이 사서 쟁여두자'의 동기부여가 용이한 포맷이다(CT 제고).

TV홈쇼핑과 달리 모바일커머스의 라이브커머스는 고객들이 능동적으로 알림 설정을 통해 방문할 수 있도록 유도하는 사전 마케팅이 가능하다(UV 제고).

위의 네 가지 영업지원의 종류는, 적은 번호 순서대로 이커머스 시장에서 진화하고 있다. 앞선 번호에서 뒤의 번호로 이동한다는 게 아니라, 시장이 진화함에 따라 앞선 번호의 지원 위에 뒤의 번호에 해당하는 지원들이 더 구비해야 하는 지원책과 경쟁 접점으로서 누적되는 것이다.

간단히 말하자면, 이커머스 운영 공식의 요소들을 높이는 영업지원 방안들로서 전통적인 방법들인 재무적 지원, 기능적 지원, 모객 접점 확장 외에 콘텐츠가 필수적인 영업지원으로 자리 잡고 있다.

3장.

이커머스에서 콘텐츠의 전략과 활용

미디어커머스와 콘텐츠 마케팅은 무엇이 다른가?

위 제목대로, '미디어커머스와 콘텐츠 마케팅은 무엇이 다른가?'라는 질문을 가끔 받는다. 스스로도 자주 던진 질문이다. 이런 질문과 구분이 학자도 아닌 현업 종사자에게 중요할까 싶지만, 그래도 한번쯤은 곱씹어볼 만한 질문이라 생각한다. 특히 현업에서 미디어커머스를 맡았다면 한번쯤은 마주했어야 할 질문이다. 글을 펼치기 전에 요점부터 추리면 이렇다.

- '미디어커머스'와 '이커머스의 콘텐츠 마케팅'은 유사한 개념이다.
- 제조사/브랜드의 미디어커머스는 그들의 콘텐츠 마케팅과 동일한 개념이다.
- 그러나 이커머스 플랫폼의 미디어커머스는 그들의 콘텐츠 마케팅과 동일한 개념이 아니다.
- '이커머스 플랫폼의 미디어커머스'는 마케팅과 세일즈 사이의 개념이다.

이 내용을 좀 더 자세히 짚어보자.

콘텐츠 마케팅?

미디어커머스의 정의는 이 책에서 반복해서 언급하고 있으니 콘텐츠 마케팅만 무엇인지 살펴보자. 구글에서 'Content Marketing', 'What is Content Marketing?' 등을 검색해보면 결과가 하나의 출처로 모인다. 구글 최상위의 검색 결과, 위키피디아, 《포브스Forbes》지까지 모두 CMI Content Marketing Institute가 내린 정의를 가리킨다. 이 단체의 이름을 보건대 콘텐츠 마케팅이라는 주제가 그들의 사업과 이해관계로 얽힌 듯 보인다. 그들이 내린 정의를 얼마나 진지하게 받아들여야 할지는 이를 고려해 판단할 일이다. 아무튼 그들이 내린 정의는 이렇다.

> 콘텐츠 마케팅은 명확하게 정의된 고객을 유치하고 유지하며 궁극적으로 수익성 있는 고객 활동을 촉진하기 위해, 가치 있고 적절하며 일관된 콘텐츠를 만들고 배포하는 데 초점을 맞춘 전략적 마케팅 접근 방식이다.[4]

한마디로 타깃에 맞게 콘텐츠 잘 만들어 마케팅하는 게 콘텐츠 마케팅이라는 말이다. 시니컬하게 요약하면 '콘텐츠로 하는 마케팅이 콘텐츠 마케팅'이라는 건데, 그러면 콘텐츠 없이 하는 마케팅도 있나 싶었다. 생

---

4   원문은 이렇다. "Content marketing is a strategic marketing approach focused on creating and distributing valuable, relevant, and consistent content to attract and retain a clearly defined audience — and, ultimately, to drive profitable customer action." (출처: https://contentmarketinginstitute.com/what-is-content-marketing/)

각해보니 있는 것 같다. 이커머스로 보면 할인 행사를 꾸린다거나 회원등급제를 설계한다거나 데이터를 기반으로 고객을 세분화해 쿠폰을 운영하는 마케팅은 콘텐츠가 중심은 아니다. 예산, 기능, 데이터, 알고리즘으로써 수행하는 마케팅이다. 배너나 퍼포먼스 광고 등을 위해 수많은 영상과 이미지, 텍스트들이 광고 소재로 제작되는데, 이런 것들은 콘텐츠인가 아닌가 모호하지만 일단 넘어가자.

맨 처음의 질문으로 돌아가서, CMI의 정의를 덧씌워 '이커머스 업계의 콘텐츠 마케팅은 미디어커머스일까?'라는 질문을 해본다. 이커머스 사업자가 콘텐츠로 마케팅하면 그것은 곧 미디어커머스일까? 그렇기도 하고 아니기도 하다. 이 분야에서 구르는 내 기준으로 보면 '콘텐츠 마케팅=미디어커머스'는 부분적으로만 들어맞는 개념이다. 여타 공공의 기준이 없으므로 오로지 내 기준으로 보건대, 이커머스의 미디어커머스는 콘텐츠 마케팅과 같은 몸뚱아리지만 하나의 옷에 구겨 넣기엔 다 담기지 못하고 삐져나오는 부분이 존재한다. 이는 범주를 '마케팅' 전체로 넓혀도 마찬가지다. 미디어커머스는 마케팅에 다 담지 못하는 속성과 본질이 있다. 미디어커머스의 한 축이 영업이기 때문이다.

마케팅과 세일즈 사이, 미디어커머스

미디어커머스는 영업과 강하게 엮인 개념이다. 일반 구매자 대상의 상거래는 물론, 입점사와 플랫폼 사이에서 이뤄지는 기업 간 거래이기도 하다. 영업의 시선으로 미디어커머스는 B2B2C 영업이다. 그래서 나는 '마케팅과 세일즈 사이, '미디어커머스'로 접근한다.

미디어커머스와 콘텐츠 마케팅에 대해 살펴보면서 우선 '마케팅'의 뜻을 사전에서 찾아봤다.

- 마케팅 marketing : 제품을 생산자로부터 소비자에게 원활히 이전하기 위한 기획 활동. 시장 조사, 상품화 계획, 선전, 판매 촉진 등이 있다.

업계 종사자는 물론, 일반인도 대략 이렇게 인식하고 있을 법한 정의다. 오히려 저 문장에 있는 '판매 촉진'과 흔히 알고들 있는 '판매'의 차이가 뭘까 궁금하다.

- 판매 촉진 sales promotion : 소비자들의 소비 욕구를 불러일으키고 자극함으로써 판매가 늘어나도록 하는 모든 활동.
- 판매 sales : 상품 따위를 팖.

'판매가 늘어나도록 하는 모든 활동'과 '판매' 그 자체의 경계선은 어떻게 구분될까. 그런데 '판매'와 '영업'은 또 뭐가 다르지? 영업이 뭔지도 찾아보자.

- 영업 sales : 영리를 목적으로 하는 사업. 또는 그런 행위.

더 혼란스럽다. 저 뜻대로라면 영리 추구의 민간 기업이 하는 모든 행위가 영업이다. 그런데 일반적으로 우리가 일상과 업계에서 사용하는 '영업'의 뜻은 그렇지 않다. 보통 '영업=판매'로들 인식하고 있다.

그러고 보니 영업도 판매도 영어로는 'sales'다. 이쯤에서 궁극의 혼란을 부추길 팀이 등장한다.

"안녕하십니까! 영업마케팅 팀 ○○○입니다."

이 팀원은 마케터인가 세일즈맨인가? 이 팀에서는 영업을 해도, 마케팅을 해도, 판매를 해도, 이를 모두 다 해도 팀 이름과 어긋나지 않는다.

위의 단어 정의들은 모두 표준국어대사전에서 찾은 것들이다. 현실의 용례에 대입해보면 어디서부턴가 꼬여 있다.

이처럼 문자로는 대혼란이지만 막상 현실에서는 다들 업무 구분하고 잘 살아간다. 사전적 정의나 학문적 정의가 현장의 현실에 꼭 들어맞기는 어렵다는 방증이다. 대개 산업 현장에서 돌아가는 현실적 개념은 의미 규정만으로 깔끔하게 범주화할 수 없다. 현장에서 현실은 문자적 정의보다는 의사결정과 체감으로 작동한다. '이건 이렇게 하기로 한다.'는 의사결정이 직무 수행에 체감상 큰 지장이 없다면 그뿐이다. 예로 든 영업마케팅 팀도 '팀의 R&R은 무엇이다'라고 의사결정하고, 전社 조직이 체감하기에 혼란이나 괴리감만 없으면 될 일이다.

대부분의 산업 현장에서 '영업=판매'로 보면 무방하다. 반면 '마케팅≠영업'이다. 마케팅과 세일즈를 같은 직무 수행으로 보는 업계는 별로 없다. 업계 현실에서도 마케팅은 표준국어대사전의 뜻과 비슷하게 돌아간다. 이를 바탕으로 내 스스로 재정리한 마케팅의 개념은 이렇다.

> 마케팅은 판매의 맥락을 만드는 일
> Marketing is Context of Sales.

그래서 이커머스의 콘텐츠 마케팅 또한 이렇게 정리했다.

콘텐츠 마케팅은 콘텐츠로 판매의 맥락을 만드는 일
Content Marketing is Context of Sales using Content.

미디어커머스를 나는 '콘텐츠로 큐레이션하는 이커머스의 유통 방식'이라 정의했다. '콘텐츠로 판매의 맥락을 만드는 일'과 의미가 크게 다르지 않다. 여기까지는 내 인식에서도 이커머스에서 '미디어커머스=콘텐츠 마케팅'인 지점이다. 특히 제조사/브랜드에 있어서 미디어커머스는 그들의 콘텐츠 마케팅과 의미나 행위에서 거의 동일하다. 사업적 가치를 만들어내는 과정과 형태가 동일하다는 뜻이다. 반면 제조사/브랜드가 아니라, 그들을 입점시켜 판매해야 하는 유통 플랫폼은 콘텐츠 마케팅으로 다 담을 수 없는 미디어커머스의 영역이 있다.

이커머스가 하는 콘텐츠 마케팅 < 미디어커머스

콘텐츠 마케팅으로는 다 담지 못하는 미디어커머스의 영역은 '영업의 교환가치'라는 속성이다. 여러 입점사로부터 상품을 공급받는 이커머스 플랫폼에, 미디어커머스는 영업 조직MD과 입점사 사이에 주고받는 영업적인 거래 수단 역할을 한다. 예를 들어 29CM에 프라이탁의 시즌 신상품이나 온라인 단독 입점을 받는 조건으로 29CM의 MD는 29CM 자체의 콘텐츠 큐레이션 유통 방식을 프라이탁에 제안한다(이 방식에 대해서는 뒤에 자세히 다룰 것이다). 무신사의 MD는 뉴발란스를 단독 입점시키기 위해 쇼케이스, 화보, 매거진 등 콘텐츠 큐레이션 유통 방식을 연간 일정 물량 제공하기로 제안한다거나, 무신사에서 라이브커머스를 론칭하자 반스가 시즌 신상품을 무신사 한정으로 판매하도록 해줄 테니 라이브커머스를 해달라고 협의가 오가는 식이다.

이는 29CM이나 무신사가 일반 소비자와 하는 거래가 아니다. 일반 소비자에게 더 많이 팔기 위해 입점사와 하는 거래다. B2B2C이다. 그리고 그 교환가치로서 미디어커머스가 쓰이는 형태다. 판매의 맥락을 만드는 일이 아니라 판매의 조건을 형성하는 일이다. 미디어커머스의 이 모습과 속성은 마케팅 혹은 콘텐츠 마케팅에는 다 담기지 않는 영역이다.

새 술은 새 부대에 담자

나 역시 말의 향연을 좋아하지 않는다. 현업에서 박박 구르는 실무 경험자들일수록 나와 같을 것이다. 새로운 트렌드 신조어 하나 들고 와서 마치 이전엔 없던 것인 양 치장하는 일을 정신사나워 한다. 그러나 때로는 별도의 개념으로 떼어놓고 바라볼 일들이 생기곤 한다. 시장이 다양해지고 경쟁이 치열해질수록 그렇다. 다들 차별화에 몸부림치며 새로운 시도를 벌이고 그 와중에 의미 있는 것들이 종종 튀어나오기 때문이다. 이 모든 것들을 한 묶음으로 시니컬하게만 바라본다면 시장에서 뒤처질 수 있다. 때로는 그 이전에 존재하던 것들과 일부 닮은 모습이 섞여 있어도 다르게 바라보고 대응해야 할 것들이 있다.

미디어커머스를 '원래부터 있던 마케팅'과 같다고만 보면, 앞으로도 '원래부터 하던 마케팅처럼'만 하게 된다. 그것이 나타나기 전과 후의 차이, 그것을 잘하는 기업과 하지 않는 기업의 차이가 분명하다면, 쉽사리 차이점이 보이지 않더라도 찾아내야 한다. 나만 못 보는 것일지도 모른다. 미디어커머스는 마케팅과 세일즈 사이에 있다. '콘텐츠로 큐레이션하는 이커머스의 유통 방식'이다.

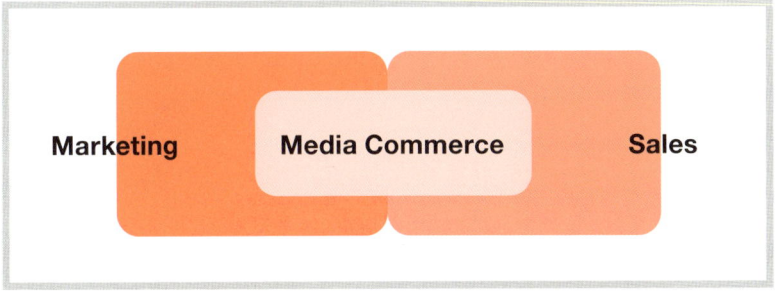

▲ 마케팅과 세일즈 사이, 미디어커머스

'새 술은 새 부대에 담으라.'라는 말은 성경에서 유래했다. 지금으로 치면 그 술은 와인이다. 고대 그 지역에서는 포도주를 가죽 부대에 담았다. 가죽 부대에 담은 포도주는 시간이 흐르며 발효하면서 가스가 발생해 부피가 커진다. 용기로 쓴 부드러운 가죽 부대는 신축성이 있어 변화한 부피에 맞게 늘어난다. 이렇게 한번 쓴 가죽 부대는 신축성을 다하고 딱딱해진다. 만약 새 술을 헌 가죽 부대에 다시 담으면, 발효 과정에서 터지고 만다. 헌 부대에 새 술을 담을 수 없다. 새 술에는 헌 부대가 담지 못하는 숨은 부피가 있다. 새 술은 새 부대에 담아야 한다. 시장에서 의미와 가치가 새로운 개념이라면 새롭게 이해하고 대응해야 한다.

제조사/브랜드의 이커머스 콘텐츠, 결핍을 기획하라!

이 책에서 제조사/브랜드, 유통사/플랫폼의 의미

앞서 간략히 설명했듯이, 미디어커머스의 사업적 가치와 의미는 주체에 따라 다르다. 주체의 기준은 제조냐 유통이냐다. 이는 생산 : 판매, 브랜드 : 플랫폼 등의 대응 관계와 유사하며 역할의 의미이기도 하다. D2C_{Direct-to-Customer}의 개념으로 제조, 브랜드, 유통이 하나의 주체로 움직이는 추세가 늘어나고 있지만, 이는 서로 달랐던 역할을 하나의 주체가 통합하는 모습으로 진화하는 것이라고 이해하자. 이 책에서는 제조 : 유통의 역할 대응쌍을 브랜드 : 플랫폼이라고 표현하기도 했다. 이 장에서도 브랜드 : 플랫폼의 의미는 그것이다. 아울러 '제품'과 '상품'의 차이는 이 책 서문에서 밝혔다. 위의 표현에 대입하자면 브랜드는 제품, 플랫폼은 상품에 엮이는 말이다. 용어의 혼란부터 정리하고자 이렇게 시작한다.

제조사/브랜드의 미디어커머스와 시장의 흐름

브랜드(제조사)가 자사의 제품을 위해 미디어커머스를 해야 할 필요성은 여러 가지로 설명할 수 있지만 그 모두가 명료하다. 이커머스 시대에 맞춰 제조사 스스로 브랜드를 만들고, 브랜딩을 하며, 온라인으로 소매점을 열어 B2C 유통을 해내고 있다. 이러한 D2C 시대의 흐름으로 나이키는 2019년 11월 아마존 입점조차 거부하고 자사몰에 집중했다. 1년 후 나이키 매출은 전년 대비 9% 늘어나 112억 달러(약 12조 원), 영업이익은 30% 증가한 15억 달러(약 1조 6300억 원)를 기록했다. D2C 매출은 43억 달러(약 4조 7000억 원)로 전년 대비 32% 신장했고, 온라인 판매는 84% 급증했다. 코로나19로 오프라인 매장 매출은 급격히 떨어진 반면 이커머스 중심의 D2C 전략으로써 시장의 위기 대응에 성공했다. 그 외 많은 브랜드들이 거대 유통 플랫폼에 입점하더라도 자사몰 중심의 직접 유통 또한 강화하고 있다. 브랜드 역시 '콘텐츠로 큐레이션하는 이커머스의 유통 방식'이라는 미디어커머스의

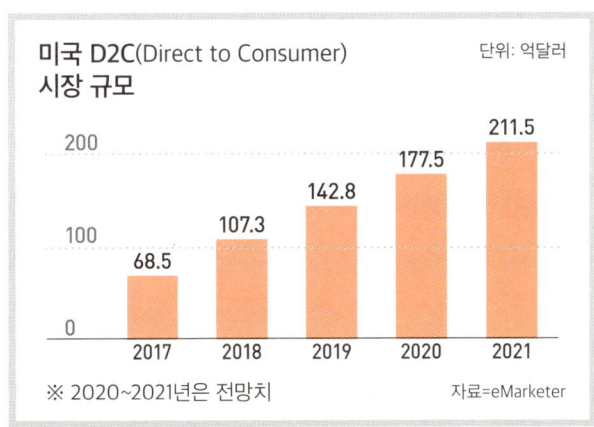

▲ 연도별 미국 D2C 시장규모

가치를 피해갈 수 없고 피해갈 이유도 없다. 앞 절에서 언급한 '미디어커머스와 콘텐츠 마케팅의 차이'가 있든 없든, 그 차이가 무엇이든 간에 미디어커머스는 이커머스와 D2C 시장에서 반드시 갖춰야 할 역량이 되었다.

자사몰 구축이 기술적으로 과거보다 수월한 시장 환경이 되기도 했다. 해외의 쇼피파이Shopify, 국내의 카페24 등을 기반으로 자사몰을 구축하면 많은 수수료를 내지도 않고, 자사의 브랜딩이 플랫폼의 브랜딩에 가려지는 일도 적다. 또한 인스타그램과 유튜브, 틱톡, 페이스북 등 소셜미디어는 브랜드가 자사의 콘텐츠를 직접 실어 나를 수 있는 매체 환경을 제공한다. 콘텐츠로 큐레이션하는 이커머스의 유통 방식을 브랜드 제조사가 스스로 해내기에 충분한 시장 환경이다. 브랜드의 미디어커머스는 곧 브랜드의 콘텐츠 마케팅이며 퍼포먼스 마케팅의 소재가 된다. 고객과 관계를 이어가는 소셜미디어 운영의 요체이기도 하며, 구매전환의 직접적 수단인 매장의 역할도 한다. 이커머스와 D2C 시대에 브랜드에게 있어서 미디어커머스는 그 정의나 의미가 어떻든 사업적 가치로 볼 때 안 할 이유가 없다. 아니, 꼭 해야 할 일이고 갖춰야 할 역량이다.

제조사/브랜드의 이커머스 콘텐츠 - 결핍을 기획하라

제품의 브랜드가 콘텐츠로 시장에 접근할 때 사업으로서 정석을 보여준 기업이 있다. 블랭크코퍼레이션(http://blankcorp.kr, 대표이사 남대광)이다. 이커머스나 온라인 마케팅 분야에서 유명한 성공 사례로 언급되는 남성 그루밍 뷰티 제품 '블랙몬스터', 발의 피로를 풀어주는 제품으로 유명했던

'악어발팩', 마약베개라는 별명의 '바디럽BODYLUV 베개', 일명 필터 샤워기로도 익숙한 '퓨어썸 샤워기' 등으로 잘 알려진 회사다. 미디어커머스라는 용어의 기원이 어떻든, 세간에 그 말을 각인시키는 데 결정적 역할을 한 기업이기도 하다. 페이스북을 비롯한 소셜미디어 기반의 퍼포먼스 광고 마케팅으로 놀라운 ROAS 성과를 거두며, 거대 플랫폼 입점보다는 자사몰 직접 유입과 구매전환으로 좋은 실적을 거두었다. 그간의 투자 유치를 기준으로 2020년 현재 블랭크코퍼레이션의 기업 가치는 6천억~7천억 원으로 투자 업계에서 추정하고 있다. 2022년 현재 기업가치와 성장세가 예전에 비해 주춤하기는 해도, 초기에 보여준 미디어커머스 역량은 이후 이커머스에 직접 진출하려는 제조 브랜드 기업에 많은 영향을 주었다.

내가 보는 그들의 가장 탁월한 역량은 '결핍의 기획'이다. 그들이 찾아낸 혹은 만들어낸 '일상의 결핍'이 곧 탄탄한 기획의 산물이다. 블랭크코퍼레이션은 소비자들이 기존에 가진 페인 포인트pain point였던 결핍을 해결하는 제품을 기획하기도 하지만, 결핍 그 자체를 창조하기도 한다. 그리고 그 결핍을 깨우쳐 주고, 그 결핍을 해결하지 않으면 삶의 질이 떨어지고 일상의 불편함을 안고 살아야 하는 것처럼 느끼게 하는 콘텐츠를 만든다. 이 말을 뒤집으면 블랭크코퍼레이션의 제품은 소비자들에게 삶의 질을 높이고 일상의 불편함을 해소하는 제품을 제공하는 회사라는 말이다. 그래서 그들은 스스로를 '라이프스타일 니즈 솔루션'이라 부른다.

그들이 만든 마약베개 없이도 우리는 잠 잘 잤고, 퓨어썸 샤워기 없이도 샤워 잘 했다. 마약베개가 없어 미친 듯이 잠을 설치지 않았고, 퓨어썸 샤워기가 아니어서 샤워할 때마다 더러운 물로 씻어서 괴로워하지 않았다. 그러나 소셜미디어에서 그들이 설득력 있게 만든 미디어커머스 콘텐츠를 통해 내가 숙면을 취하지 못한 건 베개 때문일지 모른다는 생각을, 매일 밤 샤워할 때마다 물이 더러울지도 모른다는 생각을 하게 됐다. 예전엔 없던 일상의 불편이 생긴 것이다. 그러나 뒤집으면 예전엔 몰랐거나 알았더라도 어쩔 수 없이 감수해야 했던 일상의 결핍을 그들의 제품이 해결해주는 콘셉트다. 결핍을 해결하는 것과 창조하는 것은 어차피 종이 한 장 차이다. 애플이 아이팟을 만들기 전 MP3로 음악을 못 들은 것은 아니었다. 아이팟을 만나고 나서 사람들은 아이리버로 돌아가지 않았다. 애플이 에어팟을 만들기 전 유선 이어폰으로 음악을 못 들은 것은 아니었다. 에어팟을 만난 뒤 사람들은 귀에 꽂힌 콩나물을 잊지 못할 것이다. 다만 블랭크코퍼레이션과 애플의 차이 역시 이 지점에 있다. 기획한 결핍이 본질적인가 휘발성인가, 그 결핍을 해결하는 것이 콘텐츠에서 멈췄는가 기술로 이어져 인류의 삶에 진화를 가져왔는가의 차이다.

1장에서 나는 결핍이 이끄는 목적형 쇼핑과 욕망이 이끄는 발견형 쇼핑을 구분했다. 그러면서 미디어커머스가 힘을 발휘하는 영역으로 발견형 쇼핑, 즉 욕망의 영역을 지목했다. 블랭크코퍼레이션이 탁월한 점은 욕망을 결핍으로 느끼게끔 설득한 것이다. 이는 '없어도 사는 데 지장 없지만 갖고 싶어!'라는 인식을, '없으면 사는 데 상당한 지장이 생길 것만 같아!'라는 인식으로 바꿔버리는 역량이다. 일종의 최면과도 같다. 결핍을 기획해 그를 바탕으로 제품을 만들고 콘텐츠를 제작해 소비자가 '안 사고는 못 배기도록' 한다. '명의는 약이 아니라 병을 판다'는 옛말이 있다. "이 약 드세요. 몸에 좋아요."보다 "혈색이 안 좋다, 심각한 병으로 보인다."가 약을 팔기에 더 좋다는 말이다. 제조사/브랜드가 미디어커머스로 성과를 거두기에 가장 효과적인 접근 방식 역시 '결핍의 기획'이다.

유통사/플랫폼의 이커머스 콘텐츠, B2B2C 사업으로 접근하라!

유통사/플랫폼의 미디어커머스 딜레마

앞에서도 살펴봤듯이 제조사/브랜드는 미디어커머스의 딜레마가 없다. 그들에게 미디어커머스는 하면 되는 것이고, 하면 좋은 것이며, 해야 하는 것이다. 자사 제품으로 콘텐츠를 제작해 큐레이션하며, 마케팅으로 활용하거나(콘텐츠 마케팅), 이커머스에 적용하면(미디어커머스) 된다. 그렇게 제작한 콘텐츠는 자사몰에서든 입점한 플랫폼에서든 소셜미디어에서든 많이 보일수록, 많이 유통될수록 좋다.

그러나 여러 입점사들의 브랜드와 제품을 들여와 상품 구색을 갖춰야 하는 온라인 매장, 즉 이커머스 플랫폼은 이와 사정이 다르다. 입점된 상품으로 플랫폼이 미디어커머스 콘텐츠를 제작해 활용할 경우 자칫 남 좋은 일만 하는 결과가 될 수 있다. A라는 이커머스 플랫폼이 그들에게 입점한 B사의 '맛있다 만두'를 큐레이션하는 콘텐츠를 만들어 그것이 널리 퍼진다고 가정해보자. 물론 그 콘텐츠를 마주친 사람들이 그것을 통해 곧바로 A라는 이커머스 플랫폼의 구매자가 되기도 한다. 그러나 다들 알

다시피 '콘텐츠를 보자마자 유입과 구매로 전환'되는 즉시적 결과가 항상 벌어지진 않는다. 심지어 그 콘텐츠로 인해 A플랫폼의 구매자가 되었다 하더라도 구매자의 머릿속에 A라는 플랫폼보다 B라는 브랜드와 '맛있다 만두'라는 상품만 남아 궁극적으로 B사의 '맛있다 만두'의 고객으로 만들어주는 역할에 머물 수 있다. A가 자사의 자원을 들여 B사를 위한 마케팅만 해주는 셈이다.

플랫폼의 미디어커머스 - 1. 숙제 바꿔 하기

플랫폼에게 미디어커머스의 사업적 가치는 입점사와 함께 '서로의 숙제를 해결하기'로 접근해야 한다. 입점사인 브랜드를 위해 유통 플랫폼이 미디어커머스를 진행한다면, 이는 플랫폼의 자원을 들여 입점사 상품의 마케팅과 세일즈 효과를 높이는 그림이다. 입점사 입장에서는 플랫폼의 대고객 접점과 트래픽, 콘텐츠 지원을 얻는 모습이다.

반면 플랫폼은 입점사 브랜드로부터 자사 플랫폼의 세일즈 경쟁력을 높일 수 있는 거래 조건을 성사시킨다. 해당 브랜드나 상품의 단독 입점, 특정 신상품을 타사 플랫폼보다 먼저 론칭할 수 있는 기회, 경쟁력 있는 특별한 가격, 충분히 매출을 올릴 수 있도록 타사 플랫폼 대비 우월한 재고 확보 등이다. 입점사 브랜드의 마케팅 숙제를 대신 해주고, 플랫폼의 세일즈 숙제를 해결하는 구조다. 이 구조의 선순환이라면, 미디어커머스를 잘하는 플랫폼일수록 경쟁력 있는 브랜드와 상품의 마케팅 채널이 되는 동시에 구색과 가격 면에서도 경쟁력이 쌓여 고객에게 플랫폼으로서 좋은 경험을 누적시킨다.

플랫폼의 미디어커머스 - 2. 매장을 미디어로 만들기

위에서 말한 플랫폼의 미디어커머스와 고객 경험의 선순환이 쌓이면 플랫폼은 커머스 스토어에서 커머스 미디어로 그 가치가 확장된다. 고객에게 그 플랫폼에 대한 인식은 상품을 사러 오는 곳(목적형 쇼핑)에서, 상품을 보러 오는 곳(발견형 쇼핑)으로 바뀐다. 플랫폼이 이러한 미디어커머스의 사업적 가치까지 노린다면 미디어커머스의 의미는 위의 '숙제 바꿔 하기'라는 거래 조건의 수단을 넘어선다. 꼭 그러한 거래 조건이 담보되지 않더라도 플랫폼은 입점한 브랜드와 상품들을 토대로 플랫폼 스스로 커머스 미디어로서 가치를 쌓기 위해 미디어커머스에 투자한다.

나의 경험과 사례들

위와 같은 플랫폼의 미디어커머스 사업 가치를 내가 몸 담았던 티몬, 29CM, 무신사의 실제 사례에서 들여다보면 다음과 같다.

1 티몬(2017년)

① 티몬 웹드라마

티몬이 국내 이커머스와 미디어커머스 역사에서 최초인 것이 몇 가지 있다. 이커머스 웹드라마를 최초로 시도했고, 모바일 라이브커머스를 처음으로 시작했다. 그리고 구매자가 지정한 시간 대역에 맞춰 신선식품을 배송하는 최초의 모바일커머스의 마트 매장이었다.

티몬이 2017년 8월 최초로 시작한 이커머스 웹드라마 〈신선한 사랑〉은 약 5개월 동안 1천만 조회 수 이상을 올리며 흥행했고 이를 통해 티몬 신선식품 모바일 매장 '슈퍼마트'를 알리고 고객을 유입시켰다. 그러나 여기서 그치지 않고 이 웹드라마를 미디어커머스 포맷으로 만들어 여러 입점 브랜드를 대상으로 MD 영업의 거래 조건으로 활용했다. 뉴발란스의 스니커즈 신제품을 소재로 한 웹드라마 〈전설의 사랑〉을 만들어 해당 상품의 단독 론칭 프로모션과 롱패딩 기획 특가전을 유치했다. P&G와는 섬유 유연제 다우니를 소재로 한 웹드라마 〈향긋한 사랑〉을 제작해 영업지원과 다우니 단독 프로모션을 얻어냈다. 그 외에도 웹드라마라는 콘텐츠 포맷으로 존슨앤존슨과 발뮤다를 비롯해 여러 대형 브랜드 입점사들과 MD 영업의 거래수단으로 활용했다. 그 과정에서 티몬 매장과 티몬의 소셜미디어는 직설적인 상거래이지만 흥미로운 콘텐츠로 제안하는 '커머스 미디어'로 고객 접점을 쌓아갔다. 이렇게 2017년 8월 첫 웹드라마를 선보인 후 약 6개월 동안 5개의 브랜드와 웹드라마를 진행하며 티몬은 포털의 카페, 유튜브, 페이스북 등에서 해당 이커머스 콘텐츠들로 약 2천 2백만 조회 수를 거뒀다. 매출 실적 역시 좋았다.

② 티몬 스낵 비디오

웹드라마 같은 대형 스케일의 콘텐츠 외에도 리뷰, 콩트 정도의 비교적 소규모로 진행한 스낵 비디오 콘텐츠도 티몬 MD와 입점사 브랜드 사이의 거래 수단으로 많이 활용했다. 예를 들어 〈후기의 발견〉이라는 리뷰 콘텐츠는 뉴발란스 백팩을 소재로 해당 상품의 타깃 고객인 중고등학생들과 함께 진정성 있는 영상을 만들어 약 80만 회 이상의 조회 수와 나쁘지 않은 매출 실적을 얻었다. 또한 미국 아마존에서 인기 상품으로 자리 잡은 후 국내에 진출한 여성 유기농 생리대 라엘 역시 100만 회가 넘는 조회 수를 거뒀다.

③ 티몬 라이브커머스

내가 재직하는 동안 라이브커머스를 론칭해 700회를 넘게 방송했으니 사례를 일일이 들 수는 없지만, 대표적인 사례로 정형돈의 도니도니 돈까스 시즌 2, 대명리조트, 버거킹 등을 들 수 있겠다.

정형돈의 도니도니 돈까스는 시즌 1에서 TV홈쇼핑을 중심으로 크게 흥행한 상품이었다. 이후 몇 년이 흘러 시즌 2가 나왔는데 시장에 좀 더 신선하게 선보이고픈 브랜드의 바람이 있었다. 이때 국내 최초의 라이브커머스라는 매대를 활용하고 싶다는 해당 브랜드의 마케팅 니즈와 티몬 MD의 영업적 니즈가 맞아 떨어져 도니도니 돈까스 시즌 2의 론칭을 티몬의 라이브커머스 '티비온'에서 시작했다. 오전 11시 라이브커머스 방송 후 당일 오후 2시에 티몬에 배정한 재고는 모두 소진되었다. 해당 방송의 하이라이트를 편집해 소셜미디어에 올린 클립 영상은 300만 회가 넘는 조회 수를 기록했다.

대명리조트의 경우 라이브커머스 방송 중 매출 1억 원을 돌파한 실적을 거두자, 이후 이해관계가 서로 일치해 여러 차례 진행했다. 대명 리조트 입장에서는 TV홈쇼핑보다 낮은 수수료와 자원 투입으로 더 큰 효과를 거두는 실적을 경험하고 주기적으로 티몬 MD와 거래 조건을 주고받으며 라이브커머스를 요청했다. 결국 방송 시간 중 최대 매출인 4억 원과 방송 당일 해당 상품 최고 매출 16억 원을 기록하는 실적을 거두기도 했다.

버거킹 역시 새로운 신제품 홍보 및 오프라인 매장 방문을 유도하는 마케팅 겸 세일즈의 수단으로 티몬의 라이브커머스를 활용했고 이를 통해 티몬 MD 역시 우수한 매출 실적을 거뒀다.

2 29CM(2019년)

① 29CM PT

29CM의 PT는 마치 프리젠테이션을 하듯 특정 브랜드를 감성적으로 풀어내는 비주얼 스토리텔링 형태의 콘텐츠다. 프라이탁은 29CM PT를 전제로 국내에서 자사몰 외에 유일하게 29CM에만 단독 입점하는 조건으로 거래했다. 그 외에도 휘슬러, 질레트, 리스테린, 이스트팩 등 29CM의 PT는 MD의 거래 수단으로도 당연히 잘 쓰였다. 그러나 무엇보다 29CM이 커머스 미디어라는 가치를 갖도록 하는 데 크게 기여했다. 29CM에게 PT는 입점사 브랜드보다 플랫폼 자체에 더 의미 있는 미디어커머스였던 셈이다.

심지어 29CM에 입점하지 않거나 입점할 수 없는 브랜드와 상품이 29CM PT에 실리는 경우도 자주 있었다. 금융상품(보험)인 삼성화재, 자사몰에서만 판매하는 테슬라, 코스, 오프라인 영업망으로만 세일즈하는 볼보, 렉서스, 맥주 브랜드인 스텔라 아르투아, 29CM과 같은 커머스 플랫폼이라 할 수 있는 매치스패션닷컴, 커머스조차 아닌 플랫폼 넷플릭

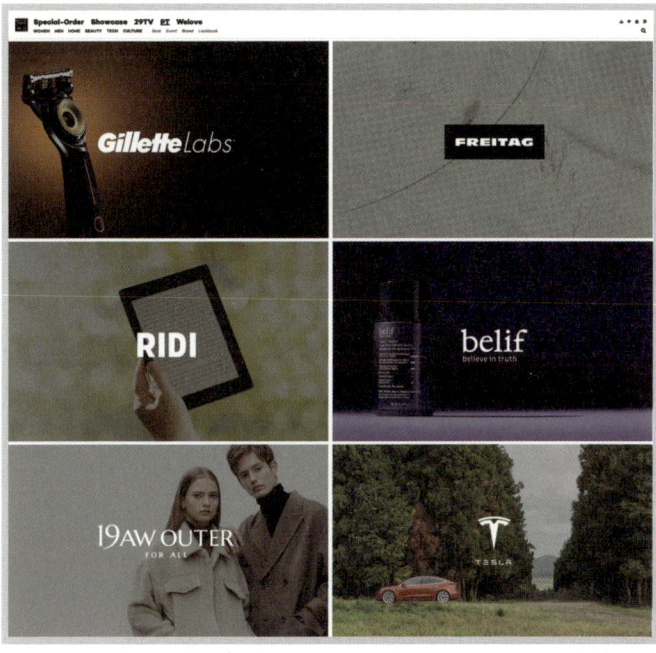

▲ 29CM PT

스 등등이 29CM PT에 실렸다.

이렇게 29CM PT는 이커머스 매장의 가치를 넘어 온전히 커머스 미디어로서의 가치를 가지게 됐다. 과거 종이의 시대에 매거진(잡지)이 점했던 영역을 차지한 것이다.

② 브랜드 소셜 클럽

코로나19가 닥치며 적극적인 운영은 못하게 됐지만, 29CM은 그 전까지 강남역 사거리에서 29CM의 결을 살려 편의점 콘셉트로 오프라인 매장을 운영했다. 그러면서 정기적으로 〈브랜드 소셜 클럽〉이라는 일종의 브랜드 프리젠테이션 파티를 열어 브랜드나 신상품 론칭 등을 소재로 고

▲ 브랜드 소셜 클럽

객과 직접 소통하는 클럽을 운영했다. 단순히 오프라인 소셜 파티의 성격을 넘어 인스타그램을 중심으로 참여 인원을 모으고, 모임 후에는 다시 해당 행사와 모임 자체를 콘텐츠로 만들어 29CM 매장과 인스타그램을 비롯한 소셜미디어에 유통했다. 이를 통해 MD들은 새로운 브랜드 입점 유치나 신상품 론칭을 영업해 들여왔고 29CM은 'Guide to Better Choice', 즉 '더 나은 선택을 제안한다'라는 커머스 미디어로서의 가치를 고객에게 쌓을 수 있었다. 이렇게 브랜드 소셜 클럽을 통해 29CM에 데뷔한 대표적인 브랜드로 라이프 아카이브가 있다.

3 무신사(2020년~)

① 쇼케이스

무신사의 쇼케이스는 29CM로 치자면 PT에 해당한다. 그 플랫폼에서 가장 대표적인 매대 겸 미디어커머스 콘텐츠다. 가장 많은 자원과 매장 내 노출이 보장된다. 그러다 보니 콘텐츠의 제작 공수도 많이 들지만 영향

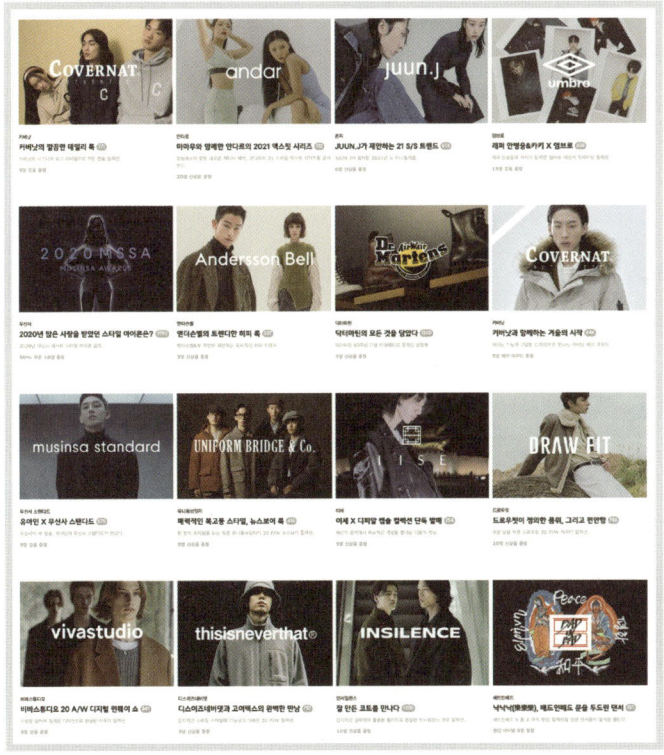

▲ 무신사 쇼케이스

력 역시 다른 자원에 비해 가장 크다. 플랫폼에서 최고의 자원을 투자하는 만큼, 입점사 브랜드도 그에 걸맞은 거래 수단을 플랫폼에게 많이 투자하며 임한다. 단독 입점, 특별한 혜택의 행사와 기획전, 신상품 최초 론칭 등의 전략적 접점을 무신사로 택하는 방식이다. 무신사와 함께 온라인 패션의 성지를 만들어온 커버낫, 디스이즈네버댓, 닥터마틴, 앤더슨벨, 인사일런스 등 묵직한 브랜드들 역시 온라인 프로모션의 주요 축으로 무신사 쇼케이스를 선택하곤 한다.

② 패션 화보, 매거진 아티클, 뉴스, 각종 스냅 콘텐츠 등

입점사 대부분이 쇼케이스를 원하지만 이 역시 한정된 자원이다. 그래서 그보다 더 원활하게 입점사 브랜드를 지원하고 그 거래에 상응하는 조건을 MD가 얻어내기 위한 미디어커머스 자원도 필요하게 됐다. 그래서 운영하는 포맷이 무신사의 다양한 패션 화보다. 특정 브랜드를 단독으로 설정해 제작하기도 하지만 여러 브랜드를 섞어 제작하기도 한다. 무신사가 제작하는 화보는 MD의 영업적 거래 수단으로도 사용되고, 고객에게 콘텐츠로 큐레이션하는 미디어커머스의 역할도 한다. 비주얼 화보로 다 담지 못하는 경우를 위해 매거진 기사, 패션 뉴스, 거리 스냅과 브랜드 스냅, 무신사 크루 스냅, 코디숍, 코디맵 등 투입 자원의 규모별로 최대한 다양하게 미디어커머스 포맷을 마련해 입점사 브랜드와 내부 영업 MD를 지원하고 있다.

③ 유튜브와 소셜미디어

이 역시 마찬가지다. 무신사는 여러 외부 채널을 운영한다. 유튜브, 인스

타그램, 페이스북, 틱톡, 네이버 포스트, 카카오 콘텐츠뷰 등에서 무신사나 우신사의 타이틀로, 혹은 콘텐츠의 이름으로 여러 계정과 채널을 열어 운영한다. 이를 통해 각 입점사 브랜드의 마케팅을 지원하고, 이를 통해 다시 무신사의 영업력을 강화한다. 이들 운영 채널과 콘텐츠들은 무신사의 입점 브랜드와 내부 MD를 지원하는 역할도 하지만, 그와 동시에 무신사 자체의 플랫폼 브랜딩 역할도 함께 수행한다.

이렇듯 커머스 플랫폼에게 미디어커머스는 B2B2C 사업이다. 기업 고객이라 할 수 있는 입점사 브랜드 대상으로는 B2B 영업이고, 개인 고객이라 할 수 있는 구매자 대상으로는 상품과 브랜드를 제안하는 매대의 역할이며 콘텐츠를 실어나르는 미디어의 역할이기도 하다.

그리고 재론하건대 이것이 일반적인 마케팅과 미디어커머스의 차이점이기도 하며, 제조사/브랜드의 미디어커머스와 유통사/플랫폼의 미디어커머스가 다른 점이기도 하다.

커머스 플랫폼의
브랜딩과 이커머스 콘텐츠

이 책은 학문적 정의를 논하는 내용이 아니라 나의 주관적인 경험과 관점으로 풀어내는 책이다. 이 절에서 말하는 세일즈, 마케팅, 브랜딩도 같은 시각으로 접근하려 한다.

세일즈, 마케팅, 브랜딩

세일즈Sales, 마케팅Marketing, 브랜딩Branding은 익숙한 단어요 개념 같지만, 따지고 들자면 영역의 구분이 모호하다. 유통업자로서 이커머스 플랫폼 사업자라면 더욱 그렇다. 이커머스 현업에서 세일즈와 마케팅은 입점과 판매에 관한 일련의 행위를 통해 이커머스 운영 공식의 3개 항목 UV, CR, CT을 끌어올리는 일들을 통칭한다.

  다만 브랜딩은 달리 봐야 한다. 브랜딩도 그 미션에서 빠질 순 없지만, 모객UV이나 판매CR나 단가CT의 제고는 브랜딩의 결과이지 브랜딩의 목표는 아니다. 강력한 화제성을 일으키며 바이럴이 된다거나 유명 셀럽의 출연, 대규모 물량을 업은 광고 마케팅을 브랜딩으로 갈음할 수 없다. 폭발적 판매량과 영업 성과가 곧 브랜딩의 성공이라 해석하기도 어렵다.

브랜딩이 무엇인지 규정하는 여러 정의와 시각이 있지만, 나는 현대카드 대표이사 정태영 님이 내린 브랜딩의 정의가 가장 적절하다고 믿는다. 그보다 단단한 정의와 적나라한 해석을 본 적이 없다. 그는 브랜딩을 '페르소나 매니지먼트Persona Management'라고 말한다. 마케팅만으로 브랜딩을 담아낼 수 없고, 브랜딩은 곧 '페르소나 매니지먼트'라고 본다면, 잘 된 브랜딩은 남과 구별되며 고객을 얻고 지키는 데 효과적인 페르소나의 창조와 운영이어야 할 것이다.

페르소나의 정체성과 캐릭터를 구분 짓고 잡아주는 건 '콘텐츠'를 통해서 가능하다. '싸다', '많다', '빠르다' 같은, 규모의 경제에서 비롯된 현금성 이득이나 물리적 체험을 강조하는 플랫폼 브랜딩은 그래서 브랜딩이라기보다 세일즈나 마케팅에 가깝다.

커머스 플랫폼의 브랜딩은 결국 미디어커머스와 닿는다

현금성 가치나 인프라보다 큐레이션으로 고객을 잡아야 할 플랫폼은 결국 콘텐츠로 승부해야 한다. 심지어 규모의 경제로 맞붙는 자이언트 플랫폼들 사이에서도, 브랜딩으로 경쟁한다면 최저가와 속도만 외쳐서 될 일은 아니다. 그때도 콘텐츠가 필요하다. 구색과 가격과 속도 그 자체만으로는 큐레이션으로서 높은 가치를 제공하기 어렵거니와, 매니지먼트 할 페르소나도 형성되지 않기에 플랫폼의 브랜딩은 제대로 돌아가지 않는다. 남과 나, 타사와 자사를 상업적으로 의미 있게 구분 짓는 정체성이 생기지 않기 때문이다. 하물며 규모의 경제로 승부할 게 아니라면 커머스 플랫폼의 브랜딩은 콘텐츠로 풀어가야 한다.

그래서 커머스 플랫폼의 브랜딩을 위해 상품과 콘텐츠를 기반으로 최적의 큐레이션을 제공하려 한다면? 이는 미디어커머스의 정의에 가까워진다. 앞에서 언급한 미디어커머스의 정의를 다시 소환해보자. 책의 초입에서 정의한 미디어커머스는 '콘텐츠로 큐레이션하는 이커머스의 유통 방식'이었다. 이커머스의 콘텐츠 마케팅에서 껍질을 벗기면 그 안에 미디어커머스가 씨앗으로 자리 잡고 있다.

매장이 미디어, 상품이 콘텐츠

통신 수단으로 출발한 휴대전화가 고성능 디스플레이와 네트워크 기능을 탑재한 컴퓨터이자 주류 미디어기기가 되었다. 이 위에서도 맹활약하는 소셜미디어는 마케팅과 브랜딩의 주도권을 기업으로부터 소비자에게로 이동시키기까지 했다. 올드 미디어 시대에 대규모 광고 물량으로 밀어붙이던 '세뇌에 가까운 브랜딩' 방식은 '페르소나 매니지먼트'라 볼 수도 없지만, 그렇다 해도 그것만으론 모자라게 된 것이다.

이제 스마트폰이 모바일 미디어뿐 아니라 모바일 매장이기도 하고, 그래서 매장은 미디어가 되었으며, 상품과 콘텐츠는 서로 유통 경로와 형태가 다르지 않게 되었다. 모바일에서 유통업을 하는 이커머스는 이 상황이 더욱 도드라졌다.

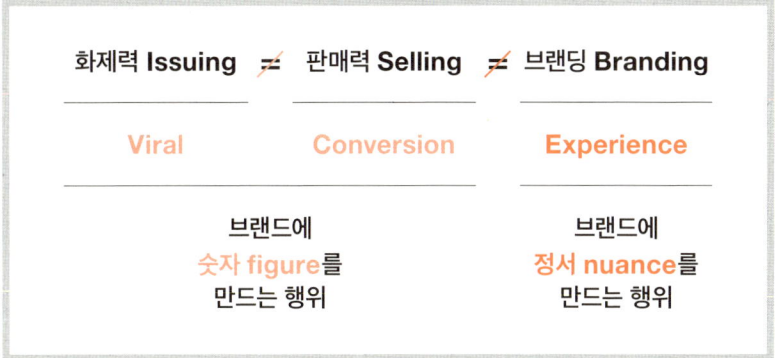

▲ 브랜딩의 딜레마

그렇기 때문에 이커머스 플랫폼은 매장과 상품이 콘텐츠와 유기적으로 어우러져야 브랜딩으로서 온전한 꼴을 갖출 수 있다. 조회 수 치솟는 강력한 콘텐츠 한방, 혹은 매장과 상품과 따로 노는 콘텐츠들의 각개 전투로는 플랫폼의 페르소나를 유기적으로 관리할 수 없다. 브랜딩은 퍼포먼스와 다르다. 숫자figure가 아니라 정서nuance를 만드는 행위다. 시간과 밀도의 누적이 필요하다. 모바일과 미디어커머스의 시장환경에서는 상품+콘텐츠+매장의 결합이, 브랜드가 의도하는 뉘앙스를 고객에게 명료히 남길 수 있다. 모바일이 장악한 소매 유통시장은 매장이 미디어고 상품이 콘텐츠다.

이 책에서 이야기하는 '유통'은 독자들도 이미 알다시피 B2C, 다른 말로 리테일 사업(소매업)이다. 이를 사전에서 찾으면 다음과 같다.

> **소매업**小賣業, retail business:
> 최종 소비를 목적으로 구매하는 개인이나 가계를 대상으로 상품이나 용역(서비스)을 판매하는 유통업의 한 형태.

과거의 소매업은 이렇듯 유통의 대상물이 상품(서비스)에 머물러도 시장과 고객에 충분히 부합했다. 그러나 이커머스와 모바일커머스, 소셜미디어의 시대에 들어서며 더 이상 예전의 사전적 정의에 갇힐 수 없게 됐다. 기존에는 유통업자가 최종 소비자에게 상품과 서비스만 전달해도 살아남을 수 있었다. 하지만 이제는 소매업의 유통업자는 콘텐츠도 제공하고 이를 어떻게 기획해 고객에게 제안하고 설득하느냐가 중요해졌다. 그리고 앞으로는 이 흐름이 더 공고해질 것이다.

4장.

이커머스에서 콘텐츠의 전략적 선택지들과 적용 사례

이커머스의 콘텐츠
전략에 앞서

제작, 기획, 생산의 개념 정리

본격적인 이야기에 들어가기 전에, 독자의 이해를 위해 이 책에서 '콘텐츠'라는 단어와 더불어 사용하는 '제작', '기획', '생산'이라는 단어의 개념을 명료히 하고자 한다. 사전적 의미와는 좀 다르게 사용했다. 이 책에서 콘텐츠의 '제작'은 '기획'과 '생산'을 합친 개념으로 쓰인다. '제작 = 기획 + 생산'이다.

쉬운 설명을 위해 광고의 제작 과정을 예로 들어 비교해 보려 한다. SSG의 '쓱' 광고 영상을 떠올려보자. 이 책에서 나름대로 규정한 기준으로 나누면 해당 광고 영상의 제작은 SSG.com, 기획은 HS애드, 생산은 617스튜디오겠다.

1 제작

콘텐츠를 만들기로 결정하기부터 최종 결과물이 나오기까지의 모든 과정을 포괄한 상위 개념이다. 그래서 제작은 기획과 생산을 모두 포괄하는 개념이다. 당연히 돈은 제작자가 댄다. '제작자=발주자=소유자'의 개념이다. 제작자가 기획과 생산을 통째로 외주에 맡길 수도 있고, 반대로 제작자가 모두 자체 진행하기도 한다. 물론 기획은 제작자가 하되 생산만 외주로 넘길 수도 있고 제작, 기획, 생산의 주체가 각기 다른 경우도 많다.

2 기획

어떤 방향성으로 콘텐츠를 생산할지, 생산한 콘텐츠를 어디에 얼만큼 유통시킬지 계획하는 행위의 개념이다. 위의 설명대로 제작자가 기획을 직접 수행하기도 한다. '제작자=기획자'인 경우, '제작자≠기획자'인 경우가 모두 흔하다. 마찬가지로 '기획자=생산자'인 경우, '기획자≠생산자'인 경우도 둘 다 흔하다. '제작자=기획자=생산자'로 세 주체가 동일한 올인원all-in-one 체제는 흔치 않지만 있긴 하다. 나는 티몬에서 미디어커머스를 맡았을 때 웹드라마는 초기 몇 회분의 물량을, 그리고 라이브커머스는 전체 방송 물량을 올인원으로 진행했다.

3 생산

콘텐츠를 최종 산출물로 직접 구현하는 행위다. 영상 콘텐츠를 예로 들면 콘티, 대본, 촬영, 편집, 보정, 섭외, 진행 등으로 이루어지는 과정, 즉 콘텐츠를 실체화하는 물리적 작업을 일컫는다. 물론, 위에서 예로 든 쓱닷컴 광고 사례에서 617스튜디오가 TV에 방영된 광고 영상을 만들어 '생산'의 단계를 맡았지만, 그 단계 안에서 또다시 쪼개어 '기획' 개념의 작업이 있었을 것이다. 다만 이 책에서는 콘텐츠 전반의 과정을 기준으로 각 단어의 개념과 쓰임새를 규정했다.

실제 사례를 들자면, 내가 미디어커머스를 맡았던 티몬은 웹드라마와 라이브커머스를 둘 다 '제작'한 셈이다. 웹드라마와 라이브커머스를 하겠다고 결정했고, 비용을 투자했으며, 콘텐츠 최종 산출물의 소유자였다. 이게 제작과 제작자의 개념이다.

다만 웹드라마는 제작 중에서 기획은 전부, 생산은 일부를 내부 소화했다. 라이브커머스는 제작의 전 과정, 즉 기획과 생산까지 모두 내부 직원들과 직접 진행했다.

여기서 웹드라마 생산의 일부란 촬영(카메라 감독), 음향(오디오 감독), 믹싱과 종편 등의 후반작업만 전문 업체에 맡겼다는 말이다. 생산 과정 중에 앞 단계인 대본, 연출, 가편(1차 편집), 자막, 배경음악의 가사 작사, 주조연 출연진 결정 등은 내부 직원들이 소화했다. 물론 시간이 지날수록 웹드라마 제작 물량이 늘면서 기획만 내부 진행하고, 생산은 전부 외주로 맡기는 일도 점차 늘어났다.

반면 라이브커머스는 첫 회부터 내가 퇴사하는 날까지 제작의 전 범위를 내부 소화했다. 어떤 방송을 할지 정하고, 편성하고, 출연진을 섭외하고, 스튜디오를 짓고 운영하였으며, 콘티를 구성하고, 라이브로 실시간 송출하고, 라이브 방송 중에 들어가는 인서트 비디오도 촬영 및 자체 편집을 하고 방송 종료 후 해당 60분짜리 생방송 녹화분을 3분 내외로 재편집해 클립 영상으로 만드는 것까지 모두 내부 생산했다. 이러면 제작의 전 과정인 것이다.

이커머스의 콘텐츠 전략을 실행할 때 만나는
3가지 선택지와 그에 따른 고민들

전全사 차원에서 미디어커머스가 주요 전략으로 채택된다면, 뒤이어 실무 추진 방안을 짜야 한다. 이를 위해 당장 결정할 사안은 미디어커머스의 무엇을, 혹은 무엇부터 '만들' 것이냐의 문제다. 그래야 예산도, 인력도, 조직도 짤 수 있고 비로소 전략이 현실로 실행된다. 그러려면 만들어 낼 실체와 방법, 그리고 그것들 사이의 차이점부터 알아야 하겠다.

이커머스 콘텐츠 실행 단계에서 접근하는 분류는 다음과 같은 세 가지로 나눌 수 있다. 제작 방식, 투입 자원, 기대 효과 등에 따라 나누었다.

- 비디오커머스 Video Commerce
- 인플루언서 커머스 Influencer Commerce
- 라이브커머스 Live Commerce

이 셋의 분기점은 제작의 주체와 콘텐츠의 포맷이다. 비디오커머스와 라이브커머스는 콘텐츠 포맷으로 갈라진다. 인플루언서 커머스와 나머지 두 가지는 제작의 주체에 따라 갈린다. 비디오커머스는 VOD Video on demand를 활용한 미디어커머스 콘텐츠 포맷이다. 생방송이 아니라 녹화 및 편집을 거친 영상이다. 라이브커머스는 라이브 스트리밍을 활용한 미디어커머스 콘텐츠 포맷이다. 비디오커머스나 라이브커머스는 주체가 브랜드일 수도, 플랫폼일수도, 인플루언서일수도 있다. 심지어 사용자 참여형으로도 구현이 가능하다. 인플루언서 커머스는 그 포맷이 비디오든 라이브든 인플루언서가 제작의 주체인 이커머스 콘텐츠를 가리킨다.

위의 선택지를 두고 의사 결정을 할 때 마주치는 고민들은 대략 이런 것들이다.

- 위의 세 가지는 각각 어떤 의미와 가치가 있으며, 그 특징은 무엇인가?
- 위의 세 가지는 콘텐츠 제작의 비용 요소가 서로 어떻게 다른가?
- 위의 세 가지는 자원 투입 시 고려할 핵심 사항이 무엇인가?

이 고민들을 차례대로 짚어가면서, 이커머스 콘텐츠의 세 가지 형태(비디오커머스, 인플루언서 커머스, 라이브커머스)가 각각 어떻게 다른지 자세히 살펴보자.

각각 어떤 의미와 가치가 있으며, 그 특징은 무엇인가?

1 비디오커머스

제작 의도를 구현하는 데 있어서 제작자의 제어가 용이하다. 라이브커머스는 생방송이라는 포맷의 한계와 그로 인해 실시간으로 발생하는 변수가 부담이 될 수 있다. 이미 생방송으로 송출되어 세상에 선보인 라이브 스트리밍은 되돌릴 수 없다. 일단 방송 나가면 끝이다. 녹화물처럼 가공이나 편집으로 세상에 선보이기 전에 영상의 모든 순간을 사전에 제작자 의도대로 제어할 수 없다. 다만 완성도 높은 비디오커머스를 지향할수록 채산성이 나빠질 확률이 높다.

2 인플루언서 커머스

고객 접점과 설득력의 성과를 기대할 수 있다. 인플루언서들은 기본적으로 자신들의 팬과 구독자가 있고, 그들에게 도달하는 고객 접점을 확보하고 있다. 그리고 해당 인플루언서가 그간 쌓아놓은 맥락과 신뢰가 있기에 설득력의 출발선이 더 유리한 위치에 있다. 예를 들어 유명 셀럽들의 스타일리스트이자 인플루언서로 활동하는 서수경이 패션 브랜드나 뷰티 상품을 추천하면 해당 상품의 다른 일반 판매자보다 더 좋은 구매전환 효과를 기대할 수 있다.

3 라이브커머스

시청자를 구매자로 전환시키기 좋은 방식이다. 직접적인 매출을 유발하기에 좋은 콘텐츠 포맷이다. 그에 반해 콘텐츠의 활용 기간은 휘발성에 가까워 한정적이다. 콘텐츠 포맷과 구현의 특징으로 인해 콘텐츠 제작 역량뿐 아니라 플랫폼 조건도 제한이 따른다. 플랫폼의 기술적 역량도 갖춰야 하고 집객 규모도 일정 수준 이상 되어야 의미가 있다. 이런 조건이 모자라 자사 플랫폼에서 라이브커머스를 진행할 수 없다면 어쩔 수 없이 타사 플랫폼에서 진행해야 한다.

콘텐츠 제작의 비용 요소가 어떻게 다른가?

1 비디오커머스

비디오커머스의 비용 요소는 시작할 때 방향성을 어떻게 잡느냐에 따라 영향을 받는다. 방향성이 정해지면 그에 따라 어떤 포맷이냐(웹드라마, 예능 프로그램, 인터뷰 등), 촬영 방식은 무엇이냐(실사, 3D, 모션그래픽 등), 생산 과정에 투입되는 장비는 무엇이냐(카메라, 조명, 무대, 소품 등), 출연진은 누구이며 얼마나 많이 등장시키느냐, 로케이션(촬영 장소)은 어디서 얼마의 기간 동안 쓰느냐 등의 세부 계획이 나온다. 비디오커머스의 방향성에 대해서는 다음 장에서 다룬다.

2 인플루언서 커머스

인플루언서 커머스 비용 요소의 대부분은 인플루언서에 달려 있다. 구독자 수 규모는 얼마인가, 그에 따른 섭외비나 콘텐츠 제작 의뢰비가 얼마인가, 콘텐츠의 소유와 사용 범위가 인플루언서뿐 아니라 제작자(발주자)에게도 있느냐 여부 등이 비용에 영향을 준다.

3 라이브커머스

진행자(쇼호스트), 초대 손님(게스트), 방송 현장, 무대 소품, 시청자 대상 이벤트 경품 등에 따라 달라진다. 그러나 비용에서 가장 영향을 주는 건 판매 상품의 할인 폭과 사은품 구성이다. 라이브커머스는 판매 상품별로 일회적으로 소모되고 휘발성이 강한 포맷이므로, 라이브커머스 방송 당일을 기준으로 사전 마케팅 시점이나, 방송 시점에서 각종 고객 유입 비용(카카오톡 플러스 친구 메시지 비용 등)이 들어갈 수 있다. 이때 이 행위들을 어느 정도 규모로 할지에 따라서도 비용이 달라진다.

자원 투입 시 고려할 핵심 사항이 무엇인가?

1 비디오커머스

① 목표 항목

비디오커머스를 통해 목표하는 것이 무엇인가이다. 도달 수, 조회 수, 고객 참여(좋아요, 댓글, 공유 등), 유입, 구매전환, 인지도 상승 및 호감도 제고 등, 비용을 투입해 얻으려는 지표가 무엇인지 합의되어야 한다.

② 비용 규모

예산을 얼마나 쓸 수 있는가이다. 이에 따라 스케일이나 출연자가 달라진다. 비디오커머스의 제작에 앞서 방향성을 어떻게 잡느냐에 따른 의사결정의 대상이다.

③ 제작 인력

외주를 맡긴다 해도 사내 제작 담당자가 콘텐츠 제작의 감각과 역량이 뛰어나야 한다. 내부 제작이라면 말이 필요 없겠다. 누가 제작하느냐에 따라 결과가 천지차이다. 이 변동폭이 인플루언서 커머스나 라이브커머스보다 심하다.

2 인플루언서 커머스

① 적합도

인플루언서가 판매할 상품과 브랜드에 적합한가이다. 예를 들어 여러 브랜드를 입점시켜 판매하는 패션 커머스 플랫폼이 인플루언서들에게, 입점 브랜드와 상품들로 콘텐츠를 만들어달라고 의뢰할 수 있다. 그런데 그 중 어느 브랜드가, 해당 인플루언서는 자사 브랜드나 상품과 '결'이 맞지 않는다며 자사 브랜드는 빼달라고 플랫폼에 요구하는 일도 종종 생긴다. 이러한 경우를 사전에 방지하려면 대상 상품 및 브랜드와 인플루언서 간의 적합도를 충분히 따져봐야 한다.

② 리스크 검토

MCN[5] 회사들이나 인플루언서 매니지먼트 회사가 많이 생기긴 했지만, 그들은 기존의 연예 기획사만큼 소속사와 인플루언서 사이의 관계가 밀접하지 않고 느슨한 경우가 많다. 그러다 보니 인플루언서 리스크 관리가 엄격하지 않고, 간혹 인플루언서가 물의를 일으킨 사례도 있다. 인플루언서에게 콘텐츠 제작을 협업하거나 의뢰하기 전에 반드시 이를 면밀히 검토해봐야 한다.

③ 구독자 특성

구독자가 많다고 다 좋을 수는 없다. 인플루언서 커머스를 통해 판매하려는 상품은 국내 고객 타깃인데 정작 해당 인플루언서의 구독자는 해외에 치중되어 있을 수도 있고, 해당 인플루언서의 구독자들과 판매하려는 상품의 타깃이 어울리지 않을 수도 있다. 이를 방지하려면 성별, 연령대 등 인구통계학적인 면만 볼 게 아니라, 해당 인플루언서가 그간 쌓아온

---

5   Multi-Channel Network. 페이스북, 유튜브, 트위치TV, 아프리카TV 등 인터넷 스트리밍 플랫폼에서 활동하는 인플루언서를 운용하는 기획사를 말하며, 유튜브 생태계에서 생겨났다.

콘텐츠를 살펴서 그 구독자들 취향이 대상 상품 구매자와 얼마나 일치할지 추정해봐야 한다.

④ 비용 대비 효과

인플루언서 커머스를 주제로 한 챕터에서 다시 자세히 다루겠지만, 인플루언서 커머스는 비용 대비 효과를 특히 더 잘 살펴야 한다. 대체로 정해진 금액이나 판매 실적의 일정 비율을 주는 방식 중 하나로 비용을 지불하게 되는데, 효과가 확실하면 비용도 확실히 높고 비용이 만만하면 효과도 미미할 확률이 높다.

3 라이브커머스

① 기능 개발과 방송 접점

자체 개발로 자사 플랫폼에 라이브커머스를 구현할 것인지, 외부 솔루션을 사용할 것인지 여부를 결정해야 한다. 내가 티몬에 재직하던 2017년에는 라이브커머스가 국내에 없었기 때문에 자체 개발을 통해 티몬에 라이브커머스 기능을 구현했다. 모바일 앱에 붙일 때는 SDK[6]를 기반으로 네이티브로 구현했다. 그러나 2021년 상반기 현재 라이브커머스 시장이 활발히 성장하며 여러 커머스 플랫폼에서 뛰어들자, 기술력을 기반으로 한 개발사나 라이브 방송 관련 사업자들이 라이브커머스 솔루션을 개발해 판매하고 있다. 플랫폼 환경마다 차이는 있지만, 대략 한 달 내외

---

6   Software Development Kit. 소프트웨어 개발자가 응용 프로그램을 만들 수 있게 해주는 소스Source와 도구 패키지.

의 기간으로 자사 플랫폼에 월 사용료 기반의 라이브커머스 기능을 탑재할 수 있도록 지원하는 솔루션들이 여럿 생겼다. 라이브커머스를 자사의 사업으로 하고 있는 그립은 물론, CJ올리브네트웍스, 중동에서 영상 기반의 소셜미디어로 큰 성공을 거둔 하이퍼커넥트, 라이브커머스 솔루션 전문 회사 샵라이브 등이 있다. SDK가 아니더라도 웹 기반으로 구현 가능해 웬만한 커머스 플랫폼에 비교적 짧은 기간 안에 구현할 수 있다. 이는 비용과 기간의 문제와 깊이 연결되어 있으므로, 라이브커머스를 추진하고자 전략을 세울 때 가장 먼저 의사결정해야 할 사항으로 맞닥뜨리게 된다.

또한 이와 함께, 어디서 방송할 것이냐도 함께 고민하게 된다. 자사 플랫폼에서 (기능을 갖춘 후) 방송을 송출할지, 아니면 기능이 이미 완비되어 있고 고객 트래픽도 높은, 네이버 같은 타사 플랫폼에서 방송할지 결정해야 한다. 타사에서 방송할 경우 수수료를 내야 하는 점 외에도, 거기서 만난 고객이 우리 고객이 될지에 대해서도 고려해야 한다. 물론 공격적으로 생각하면, 거기서 만난 고객을 우리 고객으로 만들어 오는 긍정적인 태세를 갖출 수도 있다.

② 구현 모델과 담당 조직

이는 여러 판매자(브랜드)를 입점시키는 유통사업자로서 커머스 플랫폼을 운영하는 경우를 두고 적은 항목이다. 플랫폼 입장에서 라이브커머스를 구현할 때 크게 두 가지 모델이 있다. TV홈쇼핑과 같은 중앙 방송 모델인 'Central Streaming'과 중국 왕홍(중국에서 소셜미디어 인플루언서를 일컫는 말)의 라이브커머스처럼 개별 방송 모델인 'Phone-to-Phone

Streaming' 모델이다. 이 두 용어 역시 학문적인 용어나 업계 공식 용어가 없어서 내가 임의로 만든 말이다.

전략적으로 전자를 택할 경우, 방송을 제작할 조직과 인력을 어떻게 해야 할지 결정해야 한다. 이는 뒤의 라이브커머스 관련 챕터에서 더 자세히 다루기로 한다.

분류의 변은 이 정도로 하고, 형태별로 자세히 들여다보자. 다음 절부터는 비디오커머스, 인플루언서 커머스, 라이브커머스 각각의 설명에 덧붙여, 각각을 현업에서 실제로 어떻게 진행했는지 적었다. 이 책은 현업 종사자의 경험을 듣고픈 독자를 위해서 펴냈기 때문이다.

비디오커머스: 비디오 콘텐츠에서 반드시 고려해야 할 포인트

앞 절의 설명대로, 여기서 '비디오'는 '라이브(생방송)'와 반대되는 개념이다. 녹화된 영상의 VOD를 뜻한다. 형태로서 개념은 간단한데 전략의 실행으로 고민할 때는 범위가 넓다. 당연히 모범 답안은 없을 테고 개인의 경험과 업계의 사례로 복기해 본다. 이커머스 콘텐츠 전략을 실행으로 옮길 때 비디오커머스는 다음과 같은 판단에 따라 추진했다.

(1) 방향을 정한다.
(2) 결을 정한다.
(3) 대상을 정한다.

나는 비디오커머스 콘텐츠를 제작할 때 이 셋을 먼저 정하며 시작했다. 이번 제작은, 혹은 몇 개의 제작을 세트로 묶어 진행하는 이번 프로젝트는, 이 셋의 기준점에서 각각 어떤 결정으로 추진할 것인가를 먼저 정해야 한다. 그래야 실무진들도 시행착오를 하지 않고 예산도 제대로 사용할 수 있다.

방향을 정한다

흥행성 아니면 효율성, 둘 중 하나를 잡고 가야 한다. 흥행성 지향은 조회 수, 유입 수, 구매전환, 호감이나 인지도 상승 등 고객이 발생시키는 지표를 높이는 방향이다. 효율성 지향은 투입 자원 대비 생산량과 같은 내부의 채산성을 높이는 방향이다.

인플루언서 커머스의 경우, 해당 인플루언서가 보유한 구독자 수나 그간 쌓인 결과 지표들을 보면 적정 비용이나 콘텐츠 제작 협업 시 결과를 어느 정도 가늠할 수 있다. 라이브커머스도 마찬가지다. 대체로 라이브커머스의 포맷은 틀이 갖춰져 있다. 특히 생방송이라는 선명한 포맷은 강력하고 좁은 틀이다. 이에 더해 판매할 제품과 브랜드에 달린 상품 경쟁력, 할인이나 구성에 의한 가격 경쟁력, 방송이 송출될 플랫폼의 특성과 집객력 등 그간 쌓인 히스토리와 데이터가 있다. 이를 바탕으로 결과의 예상 범위가 어느 정도 계산된다.

반면 비디오커머스는 예상 범위가 넓다. 무엇을 어떻게 기획하느냐에 따라 투입 비용과 생산 기간도 천차만별이다. 예산 수억 원을 들여 대형 웹드라마로 커머스 콘텐츠를 만들 수도 있고, 편당 몇만 원으로 간결한 클립 영상을 시리즈로 양껏 찍어낼 수도 있다. 투입 리소스와 양적 결과가 반드시 일치하진 않지만, 선택의 폭이 넓은 만큼 흥행성이냐 효율성이냐의 방향을 애초에 정하고 들어가야 한다.

블랭크코퍼레이션의 예를 들어 보자. '블랙몬스터'라는 남성 헤어 스타일링 제품의 출시 초기에 웹드라마로 제작했던 사례나, '고간지'(고등학생 간지 대회)라는 대형 프로젝트를 제작해 자사의 패션 브랜드 론칭 및 유통과 연결시킨 사례는 흥행성에 방점을 둔 것이다.

그러나 같은 회사의 다른 제품인 '퓨어썸 샤워기'는 편당 제작비가 상대적으로 낮은 여러 편의 비디오 콘텐츠를 다량으로 유통시켰다. 주로 제품의 기능적 특장점을 강조하며, 콘텐츠 생산 비용을 낮추고 시연이나 사용 후기를 주제로 한 비디오 콘텐츠들을 생산했다. 이는 흥행성보다는 효율성에 중심을 둔 비디오 콘텐츠 전략으로 볼 수 있다.

▲ 퓨어썸 샤워기 비디오 콘텐츠. 생산의 효율성에 중심을 두었다.

흥행성은 양보다는 질로 승부하는 방향성이다. 당연히 콘텐츠의 3요소인 재미, 발견, 도움 중에서 재미가 가장 중요하다. 웹드라마나 컴피티션 프로젝트가 대표적인 접근법이다. 단순 PPL과 다른 점은 커머스의 주제가 직설적이라는 점과 콘텐츠가 영업적 교환가치를 갖는다는 점이다(영업적 교환가치는 이 책에서 B2B2C라는 개념으로 설명했다. 자세한 내용은 3장에서 다뤘다). 그래서 고객의 구매전환과 유입을 노골적으로 유도한다. 사실 이는 일반적인 기존의 마케팅 광고와 미디어커머스의 차이이기도 하다. 흥행성을 지향하는 접근법은 자원의 부담이 크다. 그래서 대개 미디어커머스의 비디오 콘텐츠 접근은 흥행성보다 효율성 기반으로 시작하는 경우가 일반적이다. 보통 몇 분 내외의 스낵 비디오로 제작한다. 대표적으로 CJ ENM의 다다스튜디오가 있었다. 그러나 최근 틱톡과 인스타그램 릴스의 급부상으로 비디오 편당 러닝 타임과 제작비, 제작 기간의 부담이 적으면서도 시도해 볼 만한 시장 환경이 마련되었다. 틱톡은 몇 초에서 1분 사이의 영상으로 승부한다. 기획이라 부를 단계까지 가기도 전에, 아이디어와 센스의 수준만으로도 훌륭한 영상을 만들 수 있다. 이를 숏폼 비디오 혹은 숏폼 콘텐츠라 부른다. 틱톡은 자사의 숏폼 비디오를 커머스와 연결하는 틱톡 커머스를 본격화하겠다고 발표했다. 제작과 채산성 측면에서는 이러한 숏폼 비디오가 몇 분짜리 스낵 비디오보다 유리하다. 효율성이 극대화된 비디오 콘텐츠 포맷이라 볼 수 있다. 틱톡은 이미 본격적인 커머스 연동을 내놓았고, 인스타그램도 릴스를 시장에 내놓으며 경쟁에 뛰어들었다. 무신사 역시 숏폼 콘텐츠 전용 매대로 '숏TV'를 운영하고 있다.

▲ 무신사의 숏폼 콘텐츠 매대, '숏TV'

결을 정한다

흥행성이냐 효율성이냐 사이에서 방향을 정했다면, 그 다음은 콘텐츠의 '결'을 정해야 한다. 여기서 '결'은 콘텐츠의 무드mood, 뉘앙스nuance, 톤앤매너tone & manner 등을 뜻한다. 음악으로 치자면 장르나 멜로디, 음색과 같다고나 할까. 나와 내 주변에서 같이 일하는 사람들이 실무 현장에서 자주 쓰던 말인지라 딱히 적확한 쓰임새나 공식적인 용어를 찾지 못하겠다. 말 그대로 '느낌적인 느낌'의 말인데, 신기하게도 현장에서는 모두들 잘 알아듣고 넘어간다. 왠지 이 책을 읽는 독자분들도 '대충 정확히' 무슨 말인지 아실 것만 같아서 더 이상의 설명은 생략하겠다. 더 표현할 방법이 딱히 없기도 하다.

인플루언서 커머스나 라이브커머스에 비해 비디오커머스에서 콘텐츠의 결은 특히 더 중요하다. 인플루언서 커머스의 콘텐츠는 이미 그 인플루언서의 결이 있으니 따라갈 수밖에 없다. 라이브커머스는 어차피 생방송이라는 포맷에 갇혀 있다. 이는 한정된 시간 안에 판매를 극대화해야 하므로 결이라고 해봐야 거기서 거기다. 라이브커머스에서 PD가 결의 자유를 마음껏 펼치려 한다면 해당 방송에서 판매 실적이 어떻든 초연할 만큼의 모험심이 필요하다.

반면 비디오의 결은 정하기 나름이다. 세련되고 멋진 웰메이드로 갈지 아니면 날것의 느낌으로 갈지, 고급스런 분위기를 유지할지 시쳇말로 '병맛'을 낼지, 탄탄한 짜임새로 연출할지 출연자와 상황의 자연스런 흐름과 변수에 맡기며 리얼 버라이어티처럼 만들지 등등이 결을 가른다.

무신사에서 진행했던 사례 두 가지를 들어보면 이해가 쉬울 듯하다. 결이 극단적으로 갈리는 예시들이다. '브랜뉴토크'와 '무신옷사'다.

4장. 이커머스에서 콘텐츠의 전략적 선택지들과 적용 사례

▲ 브랜뉴토크

'브랜뉴토크'는 영상미를 극단적으로 끌어올리고 구성도 짜임새 있게 가져간다. 스타일리시한 미니 다큐멘터리의 성격으로, 새로 주목받는 디자이너 브랜드와 그것을 만든 주인공들의 면면을 살핀다. 시쳇말로 '간지'가 철철 흐르는 패션 콘텐츠다.

'무신옷사'는 화면 구성과 그래픽, 진행자의 멘트, 영상과 연출, 편집 등 모든 것이 날것 그대로 드러나는 에디터 토크쇼다. 진행자들이 유쾌하고 '병맛'스런 케미를 마음껏 표출한다. 시나리오 없이 촬영하고 후반 편집으로 재구성하는 방식이다.

◀▲ 무신옷사

각각의 결 자체가 제작 의도와 쓰임새를 잘 드러낸다. 결에 따라서 시청자의 반응은 완전히 다르기 때문에 해당 콘텐츠로 시청자와 고객에게 어떤 뉘앙스를 심어줄 것인지, 어떤 행동을 유도할 것인지에 따라 결을 정하면 된다.

대상을 정한다

여기서 대상이란, 제작하려는 비디오 콘텐츠로 만족시켜야 하는 대상을 말한다. 나는 이 대상으로서 세 주체가 있다고 생각한다. 시청자, 입점사, 알고리즘이다.

1 시청자

일반 대다수 시청자가 좋아할 보편타당한 것을 타깃 삼을 수도 있지만, 특정한 취향을 타깃으로 해서 팬층이 형성되도록 기획한 비디오 콘텐츠를 만들 수도 있다.

실제로 조회 수는 낮지만 고객 참여(좋아요, 댓글, 공유)가 높거나 특정 커뮤니티에서 바이럴 확산이 일어나 매출 반향이 일어나기도 한다. 반대로 조회 수는 높고 시청자의 호평이 이어졌지만 매출이나 유입은 높지 않은 경우도 있다. 만족시키려는 대상의 실체는 인구통계학적인 타깃뿐 아니라 취향을 고려해야 한다. 콘텐츠는 취향이 더 중요하다.

2 입점사

여러 입점사와 협업하는 유통 플랫폼이 이커머스 콘텐츠를 제작할 때는 시청자보다 입점사를 만족시켜야 할 때가 종종 발생한다. 안 그럴 것 같지만 현업의 현장에서 보면, 일반 시청자가 선호하는 콘텐츠 스타일과 입점사 브랜드가 선호하는 콘텐츠 스타일이 서로 다를 때가 있다.

다른 장에서도 다뤘듯, 유통 플랫폼의 경우 미디어커머스의 사업적 가치는 입점사와 함께 푸는 숙제이기도 하다. 따라서 시청자가 아니라 입점사에게 필요한 마케팅 콘텐츠를 제작해 지원하고 그 반대급부로 독점 상품이나 단독 행사를 유치하여 커머스 밸류를 확보하는 상황도 있다. 콘텐츠를 수단으로 삼아 커머스 가치를 만들어내는 구도다. 유통 플랫폼에서는 미디어커머스의 주요한 역할이기도 하다.

3 알고리즘

소셜미디어의 퍼포먼스 광고 소재로 미디어커머스 콘텐츠를 활용하는 경우가 있다. 이때 노출 알고리즘에 최적화한 콘텐츠를 기획하기도 한다. 알고리즘도 결국 시청자들의 피드백을 기반으로 생기는 것 아니냐고 생각할 수 있는데, 현업의 현실에서는 다르게 체감될 때가 있다. 시간이 흐르면 결국 알고리즘을 만족시키는 것이 시청자를 만족시키는 것과 등치가 되는 시점이 있겠지만, 그 사이에 갭이 존재하는 시기가 있다. 유입CTR이나 구매전환ROAS을 높이는 콘텐츠와, 도달 및 조회 수가 높은 콘텐츠가 갈릴 수 있다는 말이다. 그래서 특정한 숫자를 실적으로 거둬야 한다면 이는 만족시켜야 할 대상이 알고리즘이라고 생각하는 게 현실적이다. 이럴 땐 비디오커머스 콘텐츠를 현 시점에서 사람이 좋아할 법한 취향을 고려한다기보다, 알고리즘의 패턴을 파악해 최적의 공식으로 쌓아올린 모양새의 콘텐츠를 제작해야 한다.

비디오커머스:
어떻게 현업에 적용했나?

나는 CJ, 티몬, 29CM, 무신사에서 미디어커머스를 진행했는데, 콘텐츠 포맷을 다양하게 실행했던 것은 티몬과 무신사에서였다. 그러나 웹드라마는 티몬에서 가장 활발히 진행했던 데다, 티몬에서의 웹드라마가 규모도 크고 당시에 업계에서 주목받던 사례였기에 티몬의 경험을 중심으로 복기해 보려 한다. 그리하여 2017년~2018년 티몬에서의 진행 사례를 앞서 분류한 형태별로 복기했다. 먼저 비디오커머스를 적용한 사례부터 보자. 흥행성과 효율성 둘 중 어느 것을 우선할 것이냐에 따라 사례가 다르다.

흥행성이 효율성보다 중요할 때

1 콘텐츠 포맷

흥행성을 추구해야 할 때는 주로 웹드라마 포맷을 활용했다. 대개 글로벌 브랜드나 대형 국내 브랜드와 협업할 때였으나 이후 국내 중소형 브랜드도 있었다. 대상 브랜드는 P&G(다우니), 이랜드(뉴발란스), 존슨앤존슨(뉴트로지나, 아큐브렌즈), 발뮤다 등이었다.

당시 콘텐츠의 주 유통 플랫폼은 페이스북 중심이었으나, 점차 유튜브로 주류 채널의 주도권이 넘어가게 되면서 중심축도 유튜브로 옮겨갔다. 그러나 미디어커머스로서 웹드라마가 한창 인기를 끌던 시기는 2017년 3분기에서 2018년 1분기까지였다. 소셜미디어의 영상 소비 트렌드가 페이스북에서 유트브로 주류가 넘어가는 시기에 즈음해 이커머스의 콘텐츠로서 웹드라마 열기는 식어갔다. 이런 사례에서 보듯, 흥행성을 추구할 때는 콘텐츠 자체의 완성도도 중요하지만 이를 유통시킬 미디어 채널의 특성도 민감하게 파악해야 한다.

2 기간과 비용

편당 제작 기간은 대략 6주~8주였다. 어떤 브랜드와 제품을 대상으로 할지 정한 시점으로부터 콘텐츠가 방영될 때까지의 기간이다. 이 기간 동안 기획, 시나리오, 캐스팅, 촬영, 편집, 보정 등 전 과정을 마친다. 제작 원가를 적게 쓰면서도 최소한의 콘텐츠 완성도를 확보하려면 이 정도의 일정은 필요했다. 비용은 콘텐츠 제작 원가가 대략 5천만 원 내외, 이를 소셜미디어에서 퍼포먼스 광고로 운영하는 비용 1천만 원 정도였다.

만약 브랜드 입점사가 이를 종합 광고대행사를 통해 진행한다면, 비용은 그 배 이상 필요했다. 브랜드 입점사 입장에서 온라인 마케팅을 펼치기엔 티몬과 웹드라마 형태로 미디어커머스를 협업하는 게 여러 면에서 편하고 유리했다. 비용뿐 아니라 프로젝트 전반에서 시너지가 있었기 때문이다. 광고 집행은 결국 판매 실적으로 연결되어야 하는데 티몬과 웹드라마 포맷으로 미디어커머스를 진행하면 광고의 제작과 운영, 그리고 판매 실적까지 한번에 챙길 수 있었다.

티몬 입장에서는 이러한 미디어커머스 프로젝트로써 대형 브랜드 입점사의 마케팅 숙제를 함께 해결해주는 행위가 MD의 숙제를 해결하는 것과 동일하다. 이를 통해 경쟁사보다 유리하고 독점적인 판매 조건을 MD가 설계할 수 있어서다. 그 과정에서 티몬 자체가 고객 유입과 브랜딩 효과를 거두는 것은 덤이지만 큰 가치였다.

다만 여기서 주의할 점은, 위에 적은 제작 원가나 퍼포먼스 광고 비용은 각자의 사정에 따른다는 점이다. 나는 편당 제작 원가를 3천만 원~5천만 원으로 맞춰 진행하겠다는 의사결정을 했고, 퍼포먼스 광고로는 대개 웹드라마 편당 1천만원을 투입하겠다는 의사결정을 했을 뿐이다. 나 역시 그때그때마다 달랐다. 위에 적은 금액과 다른 규모로 했을 때도 종종 있었다. 위에 적은 예산 규모는 당시 내가 내리던 웹드라마 제작의 의사결정들 중에서 빈도가 잦았던 구간을 예시로 적은 것일 뿐이다(부디 이 책을 보고 '제작비 3천만 원에 기간 6주면 조회 수 터지는 웹드라마 하나 만들 수 있다던데?'라며 팀원들을 다그치는 일이 없기를…).

3 제작 과정

웹드라마 제작을 영업에 도입한 초기에는 제작의 거의 모든 과정을 내부에서 소화했다. 7명 내외의 팀원으로 구성된 소셜미디어 운영팀에서 이를 맡았다. 기존의 소셜미디어 운영 업무에 더해 6주에 한 편씩 웹드라마 제작을 소화했다. 그러나 이는 반년 만에 한계를 맞았다. 창의력이 소진되고 기존 업무와 병행하기엔 업무량이 많았다. 이후 호흡을 맞출 외주 프로덕션을 몇 군데 발굴해 제작 과정 중 기획 일부와 생산을 외주화했다('제작=기획+생산'의 개념을 환기해주시기 바란다).

　제한된 비용과 기간 내에 콘텐츠를 제작하려면 몇 가지 원칙이 필요했다. 첫째, 촬영은 하루 혹은 이틀 안에 끝낼 수 있는 시나리오여야 한다. 촬영 기간이 길어지면 제작비가 오르고 6주 안에 소화하기 어렵기 때문이었다. 둘째, 브랜드의 간섭은 없어야 한다. 입점사 브랜드가 이 조건을 수용하지 않으면 아예 시작하지 않았다. 브랜드에서 해당 콘텐츠로 꼭 담아야 할 메시지가 있다면 단 한 개만 제안하도록 했다. 이후 시나리오 완성본과 가편집 영상이 나올 때 각각 한 번씩 공유하며 반드시 빼야 할 사항(브랜드에서 도저히 납득할 수 없는 금기사항)이 있다면 빼달라고 요구할 수 있는 기회를 한 번씩만 열어두었다.

　두 번째 조건을 내세운 이유는 이렇다. 대개 간섭이 많으면 수정이 많이 생기고, 그러면 제작 기간이 길어지며 그로 인해 비용이 올라간다. 그리고 더 큰 문제는, 간섭과 수정을 허용하면 재미가 없어진다는 것이다. 애초에 간섭을 허용하지 않고 브랜드도 이를 이해한 상태에서 작업을 시작하면, 그들도 포기한다. 그러나 여지를 열어두면 그들 내부에서 층층이 쌓인 결재 라인을 따라 컨펌을 내리고 받는 과정이 발생한다. 그 과정에서 필연적으로 '아무 말 대잔치'가 벌어지거나, 너무 많은 메시지를 담으려는 욕심을 부리거나, 작은 리스크라도 있을 듯하면 모조리 빼려고 하게 된다. 그러면 결국 아무도 낳지 않은 자식처럼 가치도 재미도 없는 콘텐츠가 탄생한다. 당시 나와 내 조직은 티몬의 미디어커머스 신사업 조직이었지 입점사 광고대행사가 아니었으므로, 광고 대행이 수익 모델인 회사처럼 움직일 필요가 없었다. 그래서 반드시 컨펌할 것을 고집하는 브랜드와는 일하지 않아도 별다른 부담이 없었다.

▲ 티몬과 P&G가 협업한 이커머스 웹드라마 프로젝트 '향긋한 사랑'. 티몬의 담당 카테고리 MD는 이를 기반으로 단독 행사를 P&G로부터 받아냈다. 페이스북, 유튜브, 각종 커뮤니티 등을 합쳐 누적 조회 수 300만 회 이상이 나왔다.

그 지점은 미디어커머스와 광고의 차이점이기도 하다. 흥행성 있는 상업용 비디오 콘텐츠를 만들되 그것 자체를 납품(판매)하는 것이면 광고산업과 다를 바 없었었을 것이다. 그러나 티몬은 해당 비디오 콘텐츠를 이커머스의 MD와 엮어 매출 전환으로 잇는 미디어커머스로서 웹드라마 제작을 진행했다. 광고와 미디어커머스의 차이가 또 있다면, 해당 결과물의 제작자(발주자이자 소유자)가 누구인가 하는 점이다. 광고는 해당 광고물의 제작자가 브랜드다. 그래서 콘텐츠 소유자도 광고주인 브랜드가 된다. 그러나 티몬의 프로젝트는 미디어커머스였기에 제작자는 티몬의 미디어커머스를 담당한 사업기획실이고, 해당 콘텐츠의 소유자 역시 티몬이었다.

효율성이 흥행성보다 중요할 때

1 콘텐츠 포맷

효율성을 추구해야 할 때는 콩트, 리뷰, 인터뷰, 모션그래픽 등 다양한 포맷의 스낵 비디오를 제작했다. 러닝 타임은 1분에서 3분 사이였다. 낮은 비용과 짧은 제작 기간이 전제였다. 소셜미디어에서 끝까지 시청하는 비율을 높여 도달과 조회 수를 높이기 위해 애썼다. 날것의 느낌과, 당시 주류 미디어의 비디오 콘텐츠보다 반 박자 빠른 템포의 편집 텐션을 기조로 했다. 콘텐츠의 리듬을 이어갈 때 TV에서 보던 템포보다 0.5초에서 1초 정도 빠르게 편집점을 끊어내는 것이라 이해하면 쉽다.

2 기간과 비용

천차만별이다. 다만 효율성을 추구하려 만든 포맷이었으므로 웹드라마보다는 적은 비용과 기간을 들여야 했다. 정말 빠르게 뽑아낼 때는 사흘, 길게는 5주까지도 걸렸으나 대개 1, 2주 내에 뽑아냈다. 3주 이상 걸리는 경우는 실제 고객들을 섭외해 날것의 인터뷰를 리얼하게 뽑아내는 인터뷰 형식일 경우였다. 비용은 크게 들지 않는다. 직원 인건비 외에는 비용이 들지 않는 '0원'부터, 장소 섭외비나 인터뷰이 출연료 정도가 드는 게 전부였다.

  다만, 이 또한 수요가 넘치면 내부 직원만으로는 제작의 한계가 있다. 그러면 역시 우리의 코드에 맞는 외주 프로덕션을 찾아야 했는데, 당연히 외주사를 통한 콘텐츠 생산은 비용이 높아진다. 그래서 아예 가이드라인을 잡고 그 안에서 생산성을 찾는 게 현실적이다. 나는 제작과 퍼포먼스 광고 운영을 포함한 비용 가이드라인으로서 편당 350만 원~500만 원 내외로 기준을 잡았고, 사유가 있을 경우 그 이상의 금액도 집행하도록 융통성을 열어 두었다(2017년~2018년의 물가였다는 점을 고려하기 바란다). 해당 비디오 콘텐츠로 다뤄주는 상품의 입점사와 티몬 MD가 서로 협의해 제작 원가 이상의 가치를 뽑을 수 있는 딜 컨디션을 마련하여 매출을 올렸다. 필요할 경우 그 콘텐츠를 입점사도 활용할 수 있도록 제공하기도 했으나 소유권을 넘기진 않았고, 입점사가 콘텐츠를 외부 채널이나 자사 채널에서 활용하되 해당 콘텐츠에 연결하는 상품의 판매처 링크는 반드시 티몬이 되도록 하는 조건으로 풀었다.

3 제작 과정

효율성이 중요할 때는 콘텐츠의 3요소인 재미, 발견, 도움 중에서 주로 발견과 도움에 해당하는 것들이 많았다. 완성도보다는 기간과 비용의 효율성을 우선으로 하기에 재미를 핵심 가치로 놓기엔 제약이 따랐다. 그러나 마냥 효율성으로만 간다 해서 시청자의 관심을 끌지 못한다면 이는 결국 효율이 전혀 안 나오는 것과 마찬가지이므로, 발견의 가치든 도움의 가치든 볼 만하게는 만들어야 한다. 앞에서도 말했지만, 재미의 요소는 발견과 도움의 가치에도 바탕이 되는 미덕이다. 콘텐츠는 그것이 품은 핵심 가치가 무엇이든 무조건 일단 재밌어야 한다.

짧은 기간 적은 비용으로 쏟아내는 콘텐츠가 구성의 완성도를 통해 재미를 창출하기는 현실적으로 매우 어렵다. 그래서 해결책으로 삼은 것이 '날것의 묘미'다. 나는 팀원들에게 이를 '진맛'이라는 용어로 심어주곤 했다. 콘텐츠 제작 시 부서장인 나조차도 웬만하면 디테일까지 간섭하진

▲ 당시 티몬의 미디어커머스 주관 부서였던 사업기획실 구성원들은 자유롭게 콘텐츠를 기획하고 서로 타 부서의 콘텐츠에 기꺼이 함께 참여하며 만들어갔다.

않았다. 큰 기조만 강조했다. '진맛을 찾아라'가 조직에 늘 강조하던 제언이었다.

시청자들은 이미 온갖 콘텐츠의 맛을 다 보고 눈이 높을 대로 높아졌다. 짧은 기간 적은 비용으로 많이 생산해내는 비디오 콘텐츠가 내용의 밀도나 구성의 완성도를 통해 이런 대중의 눈길을 잡을 방법은 요원하다. 이때는 진정성 외에는 달리 승부할 길이 없다. 그래서 있는 그대로의 느낌, 진짜의 상황, 우러나오는 반응과 표정, 짜이지 않은 흐름, 시켜서 나오는 것이 아닌 진정성을 담은 콘텐츠로 승부하는 게 중요했다. 이런 기조를 실무로 구현하려면 조직 문화만이 답이었다. 직원들이 콘텐츠를 만들

4장. 이커머스에서 콘텐츠의 전략적 선택지들과 적용 사례

▲ 고객의 진짜 모습을 담아내기 위해 제품의 의도와 가장 부합하는 이들을 찾아 공감대를 형성하고 콘텐츠를 제작해 '진맛을 찾는' 과정을 완성한다. 티몬×뉴발란스 3D 멀티백팩 영상은 페이스북, 유튜브, 각종 커뮤니티를 합쳐 조회 수 85만을 상회하였다.

때 리더의 눈치를 전혀 보지 않도록 했다. 당시 본부장인 내 의견이라 해도 적절하지 않다고 판단할 경우 PD들이 부담없이 반대할 수 있는 분위기를 만들었다. 물론 조직 문화가 콩가루가 되지 않도록 균형을 잡는 미세한 조정은 티 나지 않게 뒤에서 할 일이다. 이와 같은 기조로써, 구성원들이 콘텐츠를 제작하며 '진맛을 찾는 역량'을 한번 경험하게끔 하면 이후부터는 효율성에 맞추면서도 시청자의 관심도 얻는 콘텐츠의 수율을 맞출 수 있다.

인플루언서 커머스:
인플루언서와 이커머스 시장의 이해관계

이 장의 내용 역시 현업에서 유튜브(MCN)나 인스타그램 기반의 인플루언서들과 협업하며 누적된 경험이다. 인플루언서 커머스 자체가 낯설진 않은 시대가 되었으니, 이 장에서는 주로 커머스 플랫폼 사업자 입장에서 인플루언서들과 사업 구조의 이격이 무엇이었는지, 그것이 어떤 어려움으로 발현되었는지를 다루었다.

인플루언서 커머스의 정의

성격 탓인지, 나는 틀리더라도 나름의 정의와 개념 정립을 하고 일에 손을 대는 습성이 있다. 그래서 또 근본 없이 인플루언서 커머스를 이렇게 정의해 보았다.

> 인플루언서 커머스란, 인플루언서→콘텐츠→상품→구매전환의 과정으로 구매 흐름을 설계해 마케팅과 매출 증대를 꾀하는 이커머스 유통 방식이다.

인플루언서 커머스가 '그냥 커머스'와 의미 있게 구분되는 변별점은, 시청자를 구매자로 전환시키는 구매 흐름의 중심축을 인플루언서 기준으로 설계한다는 점이다. 인플루언서가 자기 채널의 구독자를 통해 구매 흐름의 시작을 트든, 잠재 구매자가 검색을 통해 어쩌다 특정 인플루언서를 접하고 구매까지 이어지든, 인플루언서가 콘텐츠 제작의 주체이자 구매전환의 축이 되는 유통 방식이다. 기존의 전통적인 유통 관점에 끼워 맞춰 보자면, 인플루언서 커머스의 인플루언서는 광고판이기도 하고, 매장이기도 하며, MD이기도 하고, 방문판매원이기도 한 것이다.

그래서 인플루언서 커머스는 '쇼핑몰 → 상품 → 콘텐츠 → 구매전환'이 아니라, '인플루언서 → 콘텐츠 → 상품 → 구매전환'의 흐름을 유도해 마케팅과 매출 증대를 꾀한다.

이커머스와 MCN 시장의 이해관계 차이

위에서 내가 정의한 인플루언서 커머스의 흐름과 달리 현실에서 만나는 모습은 흔한 일반 광고 대행이나(앞광고든 뒷광고든 PPL이든), 혹은 인플루언서 본인이 쇼핑몰 사장이 돼버리는 밋밋한 형태로 수렴되곤 했다. 언론 등 업계 외부의 시각에서 기대하는 것처럼 인플루언서 커머스가 고유의 영역으로 자리 잡히는 시기는 아직 아니었다. 내 과거 경험도 그러했고, 이 책의 이 장을 이렇게 쓰고 있는 2021년 상반기 현재까지도 크게 달라지진 않았다.

흔히 한국 MCN의 발전을 말하며 이커머스 연계 가능성을 들추곤 한다. 중국 왕홍의 활약상을 전해 듣다보면 기대는 더욱 높아져간다. 그러나 국내 현실에서 직접 맞닥뜨리면 언론 기사와 업계 상상으로 내다본 전망과 다르다. 현실에서는 이커머스와 MCN의 이해관계 구조가 어긋나 있다. 그래서 대부분의 파워 인플루언서는 기존 MCN 시장에 머문다. 간혹 이커머스로 넘어와도 평범한 개인 쇼핑몰이나, 대형 쇼핑몰에 단순 입점한 판매자로 수렴한다. 기존의 틀을 넘지 못하는 모습이다. 이 이해관계의 차이가 무엇인지 살펴보면 이하와 같다.

인플루언서가 돈 버는 방식 세 가지

인플루언서가 돈 버는 방식은 크게 세 가지로 보인다. 자신을 팔거나, 광고를 팔거나, 상품을 팔거나.

1 자신을 팔거나

인플루언서 자신이 곧 콘텐츠이자 상품이며 판매자인 케이스다. 시청자로부터 현금(혹은 그에 준하는 교환 수단)을 직접 받는다. 아프리카TV의 별풍선, 유튜브의 슈퍼챗 같은 수단을 활용한다.

2 광고를 팔거나

1은 인플루언서에게 돈을 주는 주체가 시청자라면, 2는 광고주 혹은 플랫폼(예: 유튜브)이다. 돈을 주는 주체가 광고주이면 일반적인 광고 모델, 플랫폼이면 수익 배분 Revenue Share Affiliate(이하 RS) 모델이다. 시청자가 인플루언서에게 지불하는 것은 돈이 아닌 시간이다. 인플루언서는 좋은 콘텐츠를 시청자에게 제공하고 그 대가로 시간과 시선을 받아와 광고주나 플랫폼에게 넘겨주고 돈을 받는다.

3 상품을 팔거나

이 케이스 역시 두 가지로 나뉜다. 인플루언서가 본인의 제품을 팔거나, 외부로부터 위탁받은 상품을 대신 팔아주거나. 뭐가 됐든 팔려면 상품 등록-전시-결제의 프로세스를 제공해야 하므로 '이커머스로 돈 벌기'로 자연스레 이어진다.

인플루언서가 이커머스로 돈 벌기

위 3 을 이어가보자.

3 - 1 본인의 제품을 직접 팔기: 일반적인 자사몰 오픈으로 수렴

인플루언서가 직접 자신의 제품을 팔면 이는 일반적인 이커머스의 판매자Seller, Vendor로 수렴하는 형태다. 판매자인데 많이 유명한 것이다. 예를 들어 '임지현'이라는 사람은 유명한 패션 인플루언서이고, 그의 상품을 파는 '임블리'는 일반적인 하나의 쇼핑몰이자 판매자다. 이럴 때 쇼핑몰 '임블리'와 그 대표이사이자 인플루언시인 '임지현'의 수익 모델도 일반 이커머스 유통과 같다. 자사 쇼핑몰 임블리에서는 제조원가를 제외한 마진을, 만약 타 쇼핑몰에 입점도 한다면 판매수수료를 제외한 마진을 남긴다.

이커머스, 콘텐츠로 팔아라

▲ 임블리 앱

▲ 인플루언서 임지현 임블리 대표이사의 인스타그램

3 - ② 남의 상품을 대신 팔아주기: 새롭게 이커머스 모델로 확장

　인플루언서가 남의 상품을 팔아주고 수익을 배분받는 방식(RS)은 나름 새롭다. 중국에서 왕홍을 기반으로 라이브커머스를 선보인 모구지에 蘑菇街(mogujie.com)가 이런 모습이다. 모구지에가 열어놓은 왕홍 기반의 라이브커머스는 이후 중국 이커머스 1위 사업자인 타오바오 淘宝网(world.taobao.com)가 뛰어들어 곧 시장을 평정했고 이후 다른 사업자들도 들어왔다.

4장. 이커머스에서 콘텐츠의 전략적 선택지들과 적용 사례

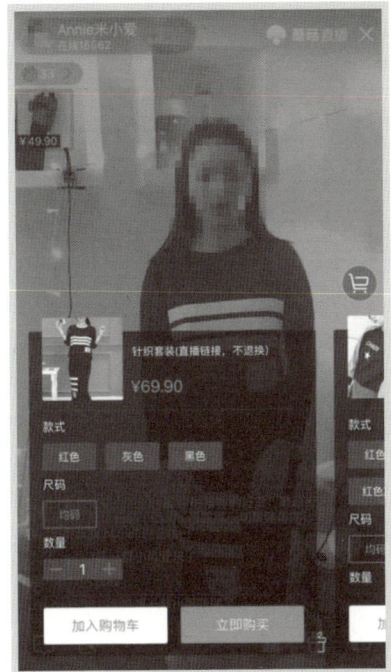

◀ 중국 왕홍의 라이브커머스 방송 장면

이들 플랫폼은 인플루언서와 판매자를 연결해주고, 인플루언서 커머스에 최적화된 전문 매장과 미디어 환경, 프로모션 기능들을 제공한다. 하지만 인플루언서와 상품 판매 수익을 배분하는 주체는 대부분 개별 판매자(입점사)다. 플랫폼은 직접 뛰어들지 않고 한발 물러서 있다. 이 점이 아마존을 비롯해 기존 이커머스 시장에 익숙한 RS Affiliate 모델과 다르다.

그래서 이제부터 말할 인플루언서 커머스는 위 ❸-❷로 좁혀보려 한다.

국내 인플루언서 커머스의 한계

모구지에나 타오바오에서 눈여겨볼 부분은 수익 배분의 주체가 누구냐다. 주로 입점사들이다. 모구지에나 타오바오 같은 플랫폼은 트래픽, 매장, 각종 판촉 기능 등 소위 판을 깔아주는 역할에 방점을 둔다. 한국은 아직 이런 플랫폼이 없어서인지, 이 수익 배분 주체로서 입점사가 활발히 나서는 시장 분위기는 아니다. 오히려 주로 이런 모델로 사업해보려는 신생 플랫폼들이 나서서 인플루언서와 입점사를 꾸역꾸역 이어주며 수수료 배분도 플랫폼이 감당하려는 모습을 보이곤 한다.

수익 배분 주체로서 커머스 플랫폼 입장의 걸림돌

내가 인플루언서 커머스를 시도하려던 몇 년 전에는 국내의 인플루언서 커머스 사례가 많지 않았지만, 있다 해도 수익 배분 주체가 대개 플랫폼이었다. 그곳에 입점한 판매자는 인플루언서와 수익을 배분하는 데 그다지 적극적이지 않았다. 그럴 거라면 차라리 입점사가 플랫폼을 거치지 않고 직접 인플루언서와 네고를 할망정, 굳이 플랫폼을 중간에 끼울 필요가 없었기 때문이다. 플랫폼이 인플루언서 수익 배분에서 입점사에게 금전적 지원을 해준다면 모를까.

반면 알려진 대로 국내 이커머스 플랫폼은 대개 마진이 박하다. 이커머스 시장 규모나 성장세는 좋아도 대형 이커머스는 eBay(G마켓+옥션)를 제외하면 대부분 적자다. 성장이 큰 만큼 경쟁도 치열해서다. 오히려 무신사처럼 버티컬 커머스나, 소호 기반의 개인 쇼핑몰에서 출발해 기업으로 발전한 스타일난다 같은 곳이 영업이익을 챙긴다. 그래서 국내 시장에서는 대형 커머스 플랫폼의 경우 인플루언서와 나눌 수수료의 여분이 오히려 더 박하다. 그러나 한편으로 생각해보면 스타일난다, 임블리 같은 쇼핑몰은 수수료 체력이 좋지만, 그들 스스로가 이미 인플루언서의 가치를 내재화했으니 이 지점에서는 다시 위의 ❸-①로 돌아간다.

대형 이커머스 플랫폼은 수많은 상품과 다양한 카테고리를 아우른다. 그중에는 인플루언서와 수익을 나눌 만큼 판매수수료가 높은 상품도 있다. 그러나 그런 상품은 대개 상품 경쟁력이 상대적으로 낮아서 덜 팔린다. 그래서 인플루언서에게 돌아가는 수익도 적다. 그러면 이 협업이 제대로 굴러가기 어렵다. 인플루언서도 수익을 배분해주는 플랫폼도 서로 이해관계가 느슨해진다. 패턴이 대체로 아래와 같은 순환의 반복이다.

패턴 A: 인기 상품 → 잘 팔린다 → 시장지배력 높다 → 플랫폼이 가져가는 판매수수료 낮다 → 인플루언서에게 배분할 수익이 적다 → 인플루언서가 안 한다

패턴 B: 플랫폼이 가져가는 판매수수료 높다 → 인플루언서에게 배분할 수익률에 여유가 있다 → 그러나 비인기 상품 → 그래서 시장지배력 낮다 → 잘 안 팔린다 → 인플루언서와 나눌 수익이 적다 → 인플루언서가 안 한다

패턴 C: 패턴 B와 같지만 하겠다는 인플루언서 등장 → 그러나 비인기 인플루언서 → 플랫폼이 안 한다

패턴 D: 패턴 B와 같지만 하겠다는 인플루언서 등장 → 다행히 파워 인플루언서 → 높은 수익 배분율 요구 → 아까 말했다. 수익 배분 많이 해줄 만큼 플랫폼 수수료 마진이 높은 건 비인기 상품이라고 → 파워 인플루언서도 비인기 상품을 많이 파는 건 어렵다 → 그래서 인플루언서와 나눌 수익이 적다 → 인플루언서는 명분도 실리도 잃는다 → 인플루언서가 안 한다

패턴 E: 결국 배분 수익이 적으니 인플루언서는 RS가 아니라 미니멈 개런티나 정액의 광고 모델료 같은 보장 수익을 원한다 → 플랫폼이 안 한다(혹은 그냥 그 요구를 들어주며 흔한 광고료 지급 모델로 전환)

사업을 같이 하려면 서로 win-win이 돼야 한다. 위에서는 win-win의 패턴이 보이지 않는다. 게다가 '한번 뜨면 투입 비용 이상으로 실적을 거두는 판매량'이 보장되는 인플루언서도 시장에 그리 많지 않다. 그런 인플루언서들은 이미 많은 러브콜을 받기에 섭외료가 올라간다. 수익배분 비율이 높거나, 높은 금액의 광고 모델료를 정액으로 지급해야 한다. 인플루언서 커머스로 가치를 낼 인플루언서가 시장에 많지 않아 수요와 공급이 불균형하다. 그래서 인플루언서 커머스 모델 자체가 광고 모델로 흘러버리기 일쑤다. 더군다나 인플루언서의 구독자가 많은 것과 그 인플루언서가 커머스를 잘하는 것이 꼭 일치하진 않았다.

인플루언서 입장의 걸림돌

커머스를 잘하고 못하고는 뒤로하고, 인플루언서들이 이 판에 적극적으로 뛰어들기 부담스러운 지점이 있었다. 파워 인플루언서일수록 팬들의 거부감을 우려해 자신의 채널을 판매 접점으로 활용하는 데 부담을 느끼곤 했다. 인플루언서를 믿고 상품을 구매한 팬들이 상품에 불만을 느끼면, 그 여파가 고스란히 그 인플루언서에게 되돌아오기도 한다. 그래서 인플루언서가 자신의 공간에서조차 판매를 독려하지 못했다. 때로는 인플루언서가 뭘 사라고 권하는 것 자체에 거부감을 느끼는 구독자들도 적지 않다. 그러다 보니 인플루언서가 판매 목적으로 만든 콘텐츠임을 밝히지 않고 진행하는 일이 많았고, 이는 결국엔 '뒷광고' 이슈로 불거져 큰 문제가 되기도 했다. 그러니 웬만한 자신감이 없다면 인플루언서들이 정액의 광고료를 받는 것을 선택했다. 수익 배분 형태의 인플루언서 커머스에는 적극적으로 나서지 않았다.

게다가 인플루언서가 적극적으로 직설적인 판매에 나서도 효과가 적은 경우가 많았다. 인플루언서의 추천으로 상품에 호감을 느낀 사람들이 있어도 판매까지 잘 이어지지 않았다. 인플루언서가 사란다고 사람들이 "네" 하고 사지는 않더라. 가격 비교하고 최저가로 찾아간다. 플랫폼은 수익 배분도 하고, 최저가도 맞춰야 할 판이다. 그렇다면 인플루언서의 기여도는 어느 정도인지 가늠하기 어려워진다. 물론 종종 파워 인플루언서가 상품을 소개해 대박 난 사례가 등장하지만, 시장 전체로 보면 미미하고 해당 인플루언서 입장에서도 수요가 있다고 마냥 받아내기 어렵다. 구독자들로부터 '적당히 하라'는 소리 듣지 않도록 가끔가다 해야 하는 한정된 '자원'이다. 그러다 보니 그 한정된 자원은 수익 배분 형으로 소비하기보다 정액이 보장되는 전통적인 광고 모델료로 수렴되곤 한다. 인플루언서 개인 입장에서는, 그렇게 해서 꽤 큰돈을 벌 수 있는 수준이라면 더 무리할 이유도 없다. 그러나 이런 구조는 일반적인 광고 용역이지 인플루언서 커머스로서 별다른 의미를 부여할 지점은 딱히 없다.

이 또한 내가 겪은 개인의 협소한 경험이고 격변하는 시장인지라 앞으로는 어떻게 변할지 모르겠다. 내 경험으로만 보자면, MCN 회사로 명성이 높은 CJ ENM(다이아TV), 트레저헌터, 샌드박스 등은 물론 크고 작은 각양각색의 브로커 회사들, 심지어 인플루언서 개개인과도 직접 협업해 봤지만 구조와 상황은 비슷했다.

이 어려움은 한국만의 문제는 아니다. 왕홍 라이브커머스의 원조 격인 중국에서도 안고 가는 이슈다. 중국 현지에서도 왕홍 마케팅은 조심스럽다. 기대 이상으로 매출을 올린 성공 사례가 있기도 하지만 비싼 왕홍 수수료 대비 매출 성과가 저조한 예도 많다. 무역협회 베이징지부도 그에 대해 "왕홍 계약 체결 전에 효과적인 마케팅 수단인지 면밀한 검토가 필요하다."라고 권고한다. 관련 분야의 국내 매체 〈CNC News〉(http://cncnews.co.kr/) 역시 이런 기사를 전하기도 했다.

5월 리자치 李佳琦 는 한국 유자차 판매 생방송에서 1분 20초 만에 5만 2,173개 판매해 한화 6억 원 매출 달성. 솽스이 기간 신바 辛巴 는 콰이서우에서 LG생활건강 '후'를 3.4억 위안어치 판매. 이는 왕홍 마케팅의 성공사례로 인용된다.

반면 한국 A사는 3~4선 왕홍을 통해 라이브커머스를 시도했으나 판매실적 저조. 품목 당 수수료가 1만 위안인데 평균 매출실적은 5천 위안에 불과. 결국 수수료 외에 20%의 왕홍 커미션까지 지급해야 했다. 한국 B사는 왕홍 생방송 당시 약 30개 상품 판매했으나 그 후 추가 판매 이뤄지지 않아 일시적 판매에 그쳤다. 왕홍 마케팅 실패 사례다.[7]

인플루언서 커머스 시장의 개화와 구조적 진화를 기대하며

한국과 중국의 인플루언서 커머스는 다르다. 아직 한국은 중국만큼 인플루언서 커머스가 성장하진 않았다. 적어도 지금까지는 그랬다. 시장 크기의 차이인지 진화 단계의 차이인지 이유는 확실치 않다. 확실한 건, 현재는 수익 배분의 주체로 누가 적극적으로 나서는가를 관찰해보면 이커머스와 MCN, 인플루언서의 이해관계를 맞추긴 어렵다는 사실이다. 그러나 언젠간 국내에서도 모구지에나 타오바오 같은 대형 전문 플랫폼이 인플루언서 커머스로서 등장하리라 예상한다. 그래서 인플루언서 커머스가 일반적인 광고 모델과 별 차이 없는 현재의 한계를 극복하길 기대한다.

2021년 들어서 쿠팡에서 적극적으로 나서 라이브 기반의 수익 배분형 인플루언서 커머스에 나선다는 소식이 있다. 쿠팡이 업계의 선두 대열이니 시장에도 많은 영향을 주고 그간 해결이 어려웠던 시장의 구조도 변화시킬 수 있을지 궁금하다.

---

7 "中 온라인 마케팅에 '거품' … 어떻게 풀까?", 〈CNC News〉, 2020년 12월 14일 자 보도.

인플루언서 커머스:
어떻게 현업에 적용했나?

이 장에서는 인플루언서 기획사나 MCN 회사가 아니라 이커머스 플랫폼(티몬)에서 인플루언서 커머스를 추진해본 경험을 쓴다. 대형 쇼핑몰에서 신규 사업으로 인플루언서 커머스를 하려고 발버둥 친 이야기다.

광고 구좌인가 유통 채널인가?

인플루언서 커머스를 대할 때 내 기준은 그 거래 형태가 '광고 구좌인가 유통 채널인가'였다. 인플루언서나 그의 소속사에게 약속된 금액을 지불하고 '우리 상품과 매장 잘 소개해달라'고 하면 일반적인 광고 구좌 의뢰다. 목 좋은 자리 대형 옥외광고나 트래픽 많은 사이트 메인 배너와 거래 형태가 같다. 굳이 새로운 사업 모델이나 유통 채널로 보긴 어렵다. '~커머스'라는 말을 붙여 부를 일은 더더욱 아니다.

 '~커머스'라 할 만한 이커머스 유통 채널이려면, 그 채널을 활용하는 비용이 매출과 연동되어 있어야 한다. 직접적이 아니면 간접적으로라도 말이다. 유통은 상품을 여기서 받아와 저기에 파는 업이다. 매출과 연동된 유통 비용을 차감해 이익을 남긴다. 그래서 특정 콘텐츠를 제공하는 접점이 광고 구좌가 아니라 유통 채널이려면, 그것에 드는 비용이 그것을 통해 발생하는 매출과 어떤 식으로든 연동되어 있어야 한다.

각 개별 거래마다 건별 정산하는 직접적 연동도 있고, 비용을 들여 콘텐츠를 제작하고 그 대가로 좋은 조건의 상품을 입점사로부터 조달해 매출을 일으키는 간접적 연동도 있다. 뭐가 됐든 콘텐츠를 제작하고 운영하는 비용이 그를 통한 매출과 직간접적으로 연동되어 있어야 '~커머스'다. 옥외전광판 광고나 전단지 광고를 '전광판 커머스'나 '전단지 커머스'라고 부르지는 않는다. 그런 접점은 유통 채널이 아니라 광고 구좌다(물론 이는 철저히 내 주관에 따른 규정이다).

그 때문에 나 역시 대형 이커머스에서 '인플루언서 커머스'를 새로운 유통 채널이나 신규 사업으로서 추진하려면, 그를 통해 발생하는 매출과 비용이 어떤 식으로든 서로 연동되는 모델이어야 의미가 있었다. 인플루언서에게 정해진 광고료를 지급하며 노출을 의뢰하는 건 기존의 광고 담당자가 진행하면 되는 일이니까.

수수료는 누가 내는가?

옆의 그림은 입점형 이커머스 플랫폼이 인플루언서 커머스를 추진하는 형태를 간단히 표현한 그림이다. 번호와 화살표는 상품이 고객에 이르는 유통의 흐름이다. 이 흐름에서 1과 2-1은 수수료의 흐름이기도 하다. 상

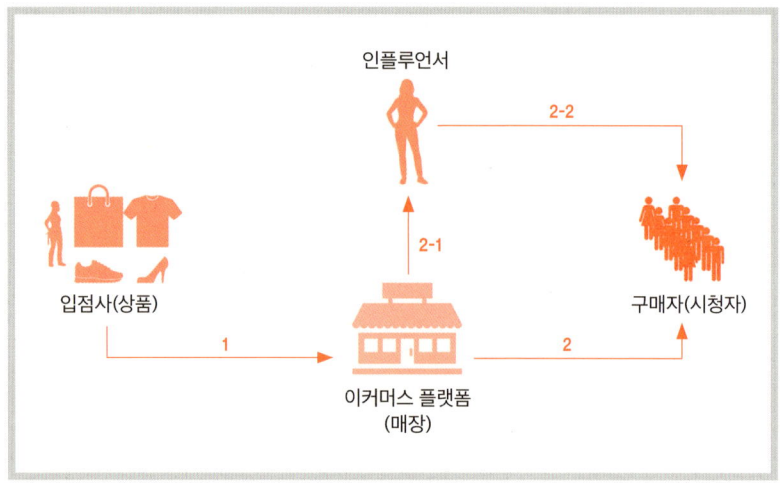

▲ 입점형 이커머스 플랫폼의 인플루언서 커머스 형태

품을 잘 팔아주는 대가로 상품 제공자가 유통 채널에 지불하는 돈이 수수료(판매수수료)이기 때문이다. 제조업이 원가 장사라면 유통은 수수료 장사다. 그래서 제조업은 잘 만들어야 하고 유통업은 잘 받아와야 한다. 잘 팔아야 하는 건 둘 다 마찬가지다.

반면 화살표들의 역방향은 구매자가 지불한 돈이 흘러가는 경로다. 다만 이커머스 플랫폼이 제품을 직접 매입해 파는 상품이라면 구매자가 지불한 돈이 1의 역방향을 타진 않는다. 매입 상품의 판매액은 재고 소유자(=매입 주체)인 플랫폼에 닿으면 일단락된다.

플랫폼은 2의 흐름만으로는 부족하다 판단해 판매를 더욱 활성화하기 위해 2-1, 2-2의 유통 채널을 더 개척한다. 이것이 내가 이커머스 플랫폼에서 인플루언서 커머스를 추진한 이유였다. 이 그림에서 인플루언서는 플랫폼에서 팔아야 하는 상품을 받아와 콘텐츠를 만들고 자신의 구독자 및 그 외 시청자들에게 구매를 제안한다. 이 인플루언서의 채널과 콘텐츠로 구매가 발생하면(2-1, 2-2) 플랫폼은 인플루언서에게 수수료를 지급한다(2-1).

내가 인플루언서 커머스를 추진할 때 이 2-1의 수수료를 누가 내는가가 관건이었다. 당시 벤치마킹했던 중국의 인플루언서 커머스는 모구지에였다. '왕훙'이라 불리는 중국의 인플루언서들에게 라이브커머스 판을 깔아주고 모구지에의 상품을 판매하도록 지원하는 이커머스 플랫폼이었다(아직 타오바오는 라이브커머스까지는 하지 않던 때였다. 앞서 말했듯, 왕훙 라이브커머스의 원조는 타오바오가 아니라 모구지에다).

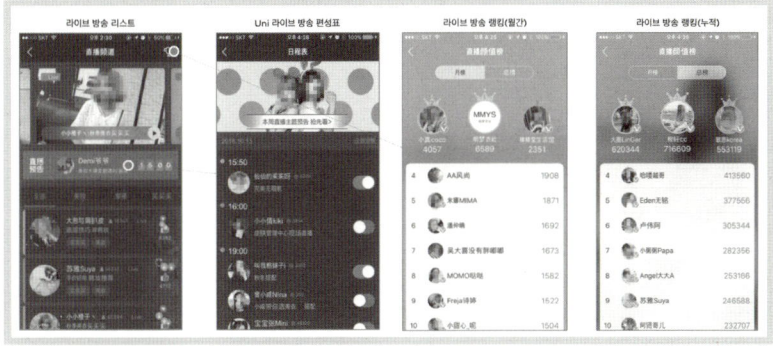

▲ 당시 모구지에 앱 화면 구성

▲ 모구지에의 라이브커머스

모구지에는 라이브커머스로 상품을 판매할 인플루언서를 선별해 관리했고 그들을 유니(Uni)라고 불렀다. 유니만이 사용할 수 있는 전용 앱을 통해 라이브커머스는 물론 입점사(브랜드, 판매자)와 유니들이 서로 판매 대행 계약을 맺도록 매칭하기도 했다. 한국에 비유하자면 유니에게 판매수수료를 지불한 세금계산서야 누가 끊든, 수수료 지불의 실질적 주체는 모구지에 플랫폼이 아니라 입점사였다는 의미다.

나는 이 구조가 탐났다. 인플루언서 커머스를 활성화하는 과정에서 플랫폼의 재정적 부담이 적어 보였다. 인플루언서에게 지불할 수수료는 입점사가 자신들의 수준에 맞게 설계할 수 있었다. 플랫폼이 굳이 그 사이에 뛰어들어 플랫폼의 수익을 깎아내 인플루언서를 섭외할 필요도 없고, 그 비용을 입점사에게 부담시키기 위해 고심할 필요도 없다. 인플루언서와 입점사 둘이 서로 알아서 할 일이다.

그러나 한국의 대형 이커머스 플랫폼에서 그런 구조를 짜려니 작동하지 않았다. 한국에는 당시 라이브커머스도 없었지만(그래서 결국 라이브커머스를 국내 최초로 추진하게 된 배경이 되었다), 있다 한들 라이브 방송으로 상품을 잘 팔 수 있는 인플루언서들도 드물었다. 아쉬운 대로 스낵 비디오나 숏폼 비디오 콘텐츠를 기반으로 인플루언서 커머스를 진행했으나, 인플루언서에게 주는 수수료는 플랫폼이 감당해야 했다. 입점사가 반응하지 않았고, 입점사가 반응할 만큼 인플루언서들이 파급력이 없었다. 높은 파급력을 지닌 인플루언서들은 지불해야 할 금액이나 수수료율을 매우 높게 요구했다. 반면 플랫폼도 입점사로부터 취하는 수수료가 그다지 높지 않았다. 오프라인 백화점이 전성기 시절에 수수료 30%를 취했다지만 경쟁이 치열한 이커머스에서 대형 플랫폼이 받는 수수료는 그렇게 높지 않다. 대형 이커머스 플랫폼이 대부분 적자인 이유는 인프라 투자나 과열된 마케팅 경쟁도 있겠지만 그에 비해 수수료 폭은 전통적인 오프라인 플랫폼보다 크지 않다는 이유도 있다.

결국 앞 장의 내용처럼 플랫폼-입점사-인플루언서 사이의 이해관계가 만나지 못해 제대로 돌아가지 못했고, 나는 이후 (어쩔 수 없이) 국내 최초로 라이브커머스를 추진하게 되었다. 라이브커머스를 진행하자, 방송 편성을 받고자 하는 입점사들이 스스로 유명 셀러브리티나 인플루언서들을 자체로 섭외해 방송에 출연시켰다. 때로는 인플루언서가 라이브 방송 편성을 전제로 티몬에 입점을 요청하기도 했다. 그 무렵 라이브커머스 기능 개발도 고도화되어, 입점사나 인플루언서가 꼭 티몬 스튜디오에 방문하지 않고 각자 본인의 스마트폰으로 방송할 수 있는 구조도 거의 갖췄다. 이제 위의 예로 든 모구지에의 유니 전용 앱처럼 입점사와 인플루언서 매칭 관리 시스템 개발만 남겨 두었다. 그러나 그 즈음해서 티몬의 경영진이 교체되고 나를 포함해 사업 조직의 주요 직무자가 퇴사하고, 라이브커머스 개발 조직도 대부분 퇴사하며 그간 계획하던 일들은 티몬에서는 큰 반향으로 이어지진 못했다. 이후 결국 라이브커머스의 주도권은 후발주자인 네이버 쇼핑 라이브와 배달의민족의 배민 라이브가 틀어쥐었다.

중국의 구조를 닮아가는 국내 시장 변화

티몬 퇴사 후 2019~2020년 국내 시장이 어떻게 흘러갔는지 더듬어보았다. 인플루언서와 이커머스에서는 세 가지 큰 이슈가 있었다. 코로나19로

▲ 라이브 기반의 국내 인플루언서 커머스 플랫폼 그립(Grip)

▲ 그립에서 활동하는 인플루언서를 그리퍼(Gripper)라 부른다. 인기 그리퍼로 활동하는 개그맨 유상무의 프로필

인한 비대면 온라인 유통의 폭발적 성장, 여기에 네이버의 공격적 투자가 더해져 라이브커머스 역시 폭발적 성장, 그 와중에 터진 인플루언서들의 '뒷광고' 이슈다. 이쯤 되니 국내 시장도 중국처럼 라이브커머스를 기반으로 인플루언서 커머스가 활성화할 수 있는 환경은 어느 정도 마련된 셈이다. 그에 맞춰 모구지에나 타오바오와 유사한 구조를 갖춘 사업자들이 국내에서도 등장하기 시작했다.

이윽고 2021년 1월, 드디어 대형 이커머스 플랫폼들도 뛰어들기 시작

4장. 이커머스에서 콘텐츠의 전략적 선택지과 적용 사례

▲ 쿠팡 앱 메인 화면에 '쿠팡 라이브'가 전진 배치되어 있다.

▲ 오픈 초기라 아직인 쇼호스트 느낌의 크리에이터들이 많다.

했다. 쿠팡도 입점사와 인플루언서를 연결하는 라이브커머스 플랫폼을 열었다. 쿠팡에 입점한 상품들과, 이를 쿠팡에서 라이브커머스로 판매할 인플루언서들을 연결하는 본격적인 시스템도 갖췄다. 쿠팡도 중국 인플루언서 커머스와 흡사한 구조를 갖추기 시작한 것이다. 쿠팡은 인플루언서에게 대체로 판매 금액의 5%를 수수료로 지급하기로 했다. 쿠팡은 이들에게 인플루언서라는 명칭 대신 '크리에이터Creator'라는 이름을 붙였다. 쿠팡 외에도 여러 이커머스 플랫폼에서 이와 같은 역할의 주체들에게 크

리에이터라는 이름을 이미 사용하고 있다. '인플루언서'라는 단어는 주로 많은 구독자를 보유한 유튜버나 인스타그래머라는 어감이 형성되어 있기에 이와 차별화도 필요하고 생태계 참여의 허들도 낮추기 위해서로 추정된다.

  2021년 상반기 현재까지는 아직 쿠팡이 라이브커머스를 기반으로 한 인플루언서 커머스로서 반향을 불러일으키진 못하고 있다. 그러나 쿠팡이 국내 이커머스 시장에 끼치는 영향이 매우 큰 만큼, 이후 인플루언서 커머스의 국내 시장 활성화가 어떻게 변화할지 두고 볼 대목이다.

라이브커머스 :
라이브커머스의 본질과 미래

라이브커머스는 미디어커머스 중에서도 가장 빠르게 변화하고 있는 영역이다. 그러니 책 서문부터 시작해 여러 번 강조했던 바를 이쯤에서 재차 언급해야겠다. 이 글은 좁은 글이다. 개인의 직무 경험이 근거의 전부다. 학문적 근거를 찾을 수 없고, 거대 자본의 경험과 데이터로 부정될 수 있다. 그게 아니어도 세월과 시장의 변화로 이가 맞지 않는 주장이 될 날이 언젠가 올 것이다. 불변의 논리보다 가변의 흥미로 읽히길 바란다.

'명분'과 '기회'는 라이브커머스의 본질

제목 그대로, 라이브커머스의 본질은 '명분'과 '기회'다. 판매자와 구매자 양쪽 모두에게 그렇다. 양쪽 중 어느 한쪽이라도 이 본질을 만족시키지 못하면 라이브커머스는 제대로 작동하지 않는다. 판매자에게는 '기회의 제공'이라는 명분이다. 이로써 가격을 낮춰도 원래 가격은 그보다 높다고 주장할 수 있다. 고객에게 귀찮은 광고가 아니라 유익한 정보라며 다가갈 수도 있다. 한편, 구매자에게는 '기회의 발견'이라는 명분이다. 이로써 본인이 계획하지 않던 소비를 현명한 소비라고 스스로 치환할 수 있다. 나중에 하거나 혹은 미루다 하지 않을 소비를 지금 단행하기도 한다. 모바일의 라이브커머스 본질이 명분과 기회라는 점은 TV홈쇼핑에서도 낯익은 모습이다. 그들의 비용 구조를 보면 확연하다.

'기회'는 '어떠한 일을 하는 데 적절한 시기나 경우' 혹은 '겨를이나 짬'이다. 표준국어대사전은 이 정의 아래 예문으로 '기회를 엿보다'를 적어놓았다. TV홈쇼핑은 고객에게 명분을 전달할 '기회를 엿볼' 자리가 절실히 필요하다. 고객의 말로 표현하면 '놓칠 수 없는 우연한 기회'를 자주 만날 수 있는 명당자리 접점이다. 그 자리가 TV 채널 번호이고 그것을 위해 치르는 자릿세가 송출 수수료. 고객의 손이 더 많이 갈수록 더 좋은 채널이고, 그럴수록 채널 재핑 Channel Zapping 에 더 유리하며, 덕분에 송출 수수료는 그 이상으로 더 비싸다. 이 골든 넘버에 가까울수록 매출이 갈리고 비용과 수익성이 다르다. 그래서 홈쇼핑의 손익계산서에서 송출 수수료가 차지하는 비중은 매출의 절반을 훌쩍 넘는다. 이처럼 라이브커머스라는 형태는 TV든 모바일이든 판매자와 구매자 사이에서 '기회'와 '명분'으로서 가치를 마련하는 게 본질이다.

자주 듣던 질문들

살다 보면 잘한다기보다 먼저 했다는 이유로 질문의 대상이 되기도 한다. 내게는 라이브커머스가 그랬다. 아래는 종종 받던 질문들이다.

- 라이브커머스에서 커머스와 콘텐츠(상품과 가격 vs 내용과 출연자) 중 무엇이 더 중요한가?
- 라이브커머스에서 잘 팔리는 상품군은 무엇인가?
- 자사 쇼핑몰에서 라이브커머스 기능을 자체 개발해 진행할 때 고려할 것은 무엇인가?

본질은 '기회'와 '명분'이라는 관점으로, 주관적인 답을 해보도록 하겠다. 자문자답에 앞서 그 바탕이 되는 내 경험들은 이러하다.

2016년 당시 나는 티몬에서 신규 사업으로 미디어커머스를 추진했다. 개인적으로는 내게 미디어커머스의 두 번째 시도였다. 첫 번째 시도는 CJ㈜ 재직 시절인 2009년 무렵이었다. 미디어커머스는 CJ에서 그룹 차원의 미션으로 추진했던 테마였다. 그러나 여차여차하여 나는 티몬으로 이직했고, CJ와 티몬을 오가는 사이 시장 환경은 또다시 격변했다. '미디어커머스'라는 키워드는 같지만 2009년의 CJ 재직 시절과 전혀 다른 전개로 펼쳐야 할 거라 판단했다. 고맙게도 당시 회사에서는 흔쾌히 허락했고 성실히 지원해주었다(다만 몇 년 후 대주주에 의해 경영진이 교체되자…).

앞에서도 몇 번 말했지만, 지금은 중국의 왕홍이 펼치는 라이브커머스라면 타오바오가 대표적이나 2016년에는 모구지에가 그 자리에 있었다. 타오바오는 당시 라이브커머스가 없었다(내가 못 발견했는지 몰라도). 그 외에는 국내외 어느 곳에서도 모바일 기반의 라이브커머스를 찾지 못했다.

기업에서 신규 사업이나 전략 업무를 수행한 사람은 안다. 신사업의 딜레마가 있다. 남들이 다 하면 고유한 경쟁력이 없다고 승인이 나지 않고, 남들이 아무도 안 하면 레퍼런스가 없다고 승인이 나지 않는다. 승인 잘 받는 레퍼런스는 주로 글로벌에, 시장이 크고, 사례가 한두 개일 때다. 팀원들이 모구지에를 찾아내 그나마 아이디어를 추진할 수 있었다.

이듬해인 2017년 나는 티몬에서 '티비온 라이브'라는 이름으로 한국에서는 최초로 모바일 라이브커머스를 시작했다. 이는 국내 모바일커머스 네이티브 앱으로서도 최초였다. 퇴사할 때까지 진행한 방송은 700회 남짓이었다. 첫 회 방송 때에는 전용 스튜디오가 없어 사내 한구석 탕비실에서 방송했다. 이후 700회 동안 방송 매출로 거뒀던 최고액은 약 4억 원, 그 방송 상품이 그날 하루 판매된 금액은 약 16억 원이었다. 가장 빠르게 완판시킨 상품은 방송 시작 후 9분 만에 완판했고, 방송 후 편집 영상으로 가장 많은 조회 수를 얻은 건 약 350만 회였다.

비록 티몬에서 국내 최초로 라이브커머스를 시작했지만 그때는 시장에서 아직 반응이 없었다. 심지어 모 홈쇼핑 오너 및 경영진과 함께한 자리에서 현황과 사례를 나눴지만 별다른 반응이 없었다. 그러나 이후 불과 3년이 채 되지 않은 지금 이커머스 시장에서는 라이브커머스에 이미 가속도가 붙어버렸다.

'최초'라는 타이틀이나 '내가 예전에 많이 해봐서 아는데…' 정도가 주장의 근거로서 단단하진 않음을 잘 알고 있다. 게다가 폭발한 시장 덕에 내 경험과 숫자는 빠르게 과거로 묻혀간다. 이런 한계를 감안하고 위의 자문에 자답하면 아래와 같다.

커머스와 콘텐츠 중 뭐가 더 중요한가?

커머스다. 상품, 가격, 구성이 우선이다. 출연자가 제아무리 유명한 셀럽이든, 엄청난 구독자를 보유한 인플루언서든 커머스적 요인 앞에서는 무색하다. 이게 뒤집힌 적은 없었다. 내용이 재밌고 시청자가 많은 건 후순위다. 재밌어서 오래 보고 많이 볼망정, 구매는 다른 얘기다.

700회 동안의 통계를 보면 95%의 시청자가 2분 미만의 시청 시간을 기록했다. 안 살 사람은 안 사니까 오래 안 보고, 산 사람은 샀으니까 더 안 본다. 그나마 보는 사람은 살까 말까 하는 사람이다. 물론 고민하는 시청자의 시청 시간은 상대적으로 길다. 구매 결정에 필요한 고민의 시간이다. '무신사 라이브' 구매자의 시청 시간은 20분~40분이었다. 이는 타사의 라이브커머스보다 더 긴 시간인데, 지루하지 않은 콘텐츠라는 이유 외에도 판매하는 상품의 스타일링 코디 팁을 주는 내용이어서 가능했다. 대개 라이브커머스 시청자에게 방송의 재미는 부차적인 요소다. 그보다는 구매 결정에 도움 받기를 더 원한다. 딴소리를 하면 화냈다. 잠재구매자로서 시청자들은 방송의 재미보다는 얼마나 파격적 혜택인지를 이해하기 쉽게 알려주길 바라거나 어떤 가치와 기능이 있는지 등 상품 정보를 보기 원했다.

생각해보면 당연하다. 재미있는 콘텐츠가 세상에 얼마나 많은가? TV도 이제 재미없다는 요즘이다. 재미를 원하면 TV로도 만족하지 못해 유튜브나 넷플릭스, 혹은 영상을 벗어나 웹툰이나 게임도 있는데, 일편단심 나에게 물건 파는 게 목적인 생방송이 재미있다고 한 시간 남짓 앉아서 보면서 심지어 '너무 재밌어서 물건 사고 돈도 냅니다.'를 마냥 기대하는 건 비현실적인 희망이다. 물론 그것조차도 재밌어서 굳이 찾아와 보는 이들도

있겠지만, 주류는 아니다. 우연히 걸려서 봤는데 의외로 재미를 느껴 주
저앉아 보거나, 출연한 인플루언서의 구독자로서 팬심에 시청하는 사람
들은 있었지만, 매출을 좌지우지할 정도는 아니었다. 구독자와 팬들이 쏴
주는 매출 기여는 대개 해당 인플루언서 채널에서 더 원활하다.

　네이버를 보자. 사람들이 재밌어서 보는 VOD 영화는 네이버가 시청자
로부터 돈을 받아야 보여준다. 반면 네이버 쇼핑 라이브는 반대로 네이버
가 시청자에게 돈(현금성 혜택)을 준다. 네이버 쇼핑 라이브를 제시한 기
준에 맞게 시청하거나 댓글을 달면 네이버 포인트를 적립해준다.

라이브커머스에서 잘 팔리는 상품군은 무엇인가?

서두의 언급과 닿아 있다. 구매자 입장에서 기회와 명분이 노골적으로
작용하는 상품군이 잘 팔린다. 타깃이 넓고, 용도가 보편적이며, 낮은 가
격이란 걸 첫눈에 가늠할 수 있는 품목이다. 이에 더해 '쟁여놓을 수 있
는' 아이템이라면 더 좋다. 남녀노소, 취향과 상황, 유통기한의 영향을 덜
받는 상품군으로서 파괴적인 가격과 구성일 때 좋은 성적을 거뒀다.

앞서 말한 내 경험 중에서 방송 시간 4억 원, 일 매출 16억 원을 팔았던
상품은 '90일 유효기간의 대명리조트 숙박권'이었다. 9분 만에 완판한
상품은 한눈에도 알 수 있을 정도로 파격적인 가격과 구성의 자동차 블
랙박스 세트였다. '무신사 라이브'에서 5분 만에 1억 원의 판매를 넘겼던
옷은 가격 비교가 수월한 명품 티셔츠였다.

이에 반하는 품목은 고전을 겪었다. 인지도 낮은 브랜드의 신제품, 시

각적인 차이를 보여주기 어려운 제품(낯선 브랜드의 기초 화장품/건강 보조 식품), 특정한 취향이 강하게 묻어나는 패션(의류, 잡화, 보석, 색조 화장품, 액세서리 등), 쟁여놓기에는 부담스러운 구성(양이 많든, 유통기한이 짧든) 등이 매출 성과 면에서 어려움을 겪었다.

라이브커머스를 방송하는 플랫폼의 특성에 따라 이와는 또 다른 경향을 보일 수도 있다. 예를 들어 종합몰과 전문몰만 봐도 성격이 다르다. 티몬은 전 국민 대상의 종합몰이다. 그러나 패션 카테고리 킬러인 무신사에서는 시청 형태와 판매 양상이 다르다. 수백만 명의 구독자를 가진 뷰티 인플루언서가 자신의 인스타그램에서 화장품을 판매한다면 어떤 결과를 거둘지 모를 일이다.

현재 나는 무신사에서 콘텐츠를 총괄하는 역할로 입사하여 무신사에서도 역시 라이브커머스를 만들어 운영하고 있다. 여기서 얻는 경험은 티몬과 많이 다르다. 30대 주부가 주류 고객이었던 종합쇼핑몰 티몬에서는 패션으로 라이브커머스 매출 1천만 원을 넘기는 게 어려운 일이었다. 패션 전문 커머스 무신사에서는 전혀 다른 세상이 펼쳐졌다. 스니커즈로 라이브커머스 1시간 동안 5억 원이 넘는 판매액에 누적 시청자 6만 명이 넘는 실적이 발생하거나, 2만 원대의 여름 티셔츠가 주요 상품인 라이브커머스 1시간 동안 판매액이 3억 원이 넘기도 했다. 15만 원 가까운 명품 티셔츠로 방송할 때에는 라이브커머스 시작 5분 만에 판매액 1억 원을 돌파했다. 결국 재고가 모두 소진되어 정해진 방송 시간 60분을 채우지 못하고 40여 분이 지난 시점에 양해를 구하며 방송을 종료해야 했다. 그러나 엄청난 인지도의 유명 연예인이나 셀럽이 나와도, 제아무리 무신사라 해도, 상품력이 모자란 방송은 매출이 크지 않았다.

결국 라이브커머스는 콘텐츠로서 재밌느냐, 출연자가 누구냐보다는 무엇을 파느냐, 누구에게 파느냐, 어디서 파느냐가 관건이다. 없어서 못 판다는 그 유명한 뉴발란스의 992 모델이나 327 모델, 그 구하기 어렵다는 나이키 사카이 시리즈나, 지드래곤 콜라보의 피스 마이너스 원 같은 스니커즈를 라이브커머스로 판매한다면 화면이 거꾸로 출력돼도 완판될 것이다. 완판이 문제겠나. 사이트 다운이다.

자사 쇼핑몰에서 자체 개발해 진행할 때 가장 고려할 것은 무엇인가?

'라이브커머스를 꼭 자사 쇼핑몰에서 개발하는 게 좋을까?'가 먼저 나올 질문이지만, 여차저차해서 그런다 할 때 제일 중요한 것은 송출(방송 노출) 위치다.

이 역시 서두와 이어지는 말이다. TV홈쇼핑이 시청자의 눈과 손이 빈번한 곳에 가장 많은 비용을 투입하는 것과 같다. 라이브커머스 역시 많은 시청자들에게 제일 잘 보이는 곳에서 클릭 없이 자동 재생되어야 한다. 우리 플랫폼에 접속한 사람들은 안 볼 수 없도록 해야 한다는 의미다. 그만한 투자는 해야 이 서비스를 지속할지 말지 판단할 수 있다. 알람 설정이나 인스타그램 광고를 돌려도 라이브커머스 노출 구좌를 외진 곳에 배치한다면 저조한 성과로 이어질 확률이 높다.

물론 판매할 상품이 슈프림 인기 제품이나 희귀 콜라보 제품이라면 라이브커머스 노출 위치를 어디에 둬도 괜찮다. 구매자는 반드시 그 라이브를 찾아낼 것이다. 그리고 사이트와 앱을 다운시킬 것이다. 그 정도가 아니면 라이브커머스의 노출 위치를 한두 클릭 뒤로 배치해놓고 '구독/알림/인스타 공지 기대해요' 만으로는 효과를 기대하기 어렵다.

'관계'와 '제안'이 라이브커머스를 TV홈쇼핑과 다르게 만든다

라이브커머스의 본질은 '명분과 기회'라는 내 주장이 향후에도 그리 퇴색하진 않을 거라 생각한다. 다만 이 시장이 더 커지거나 이커머스 사업자들에게 보편화된다면, 덧붙을 본질은 '관계와 제안 Relationship & Curation'이 될 것이다.

역으로 말하면 모바일의 라이브커머스가 '관계와 제안'까지 본질을 확장하지 않으면, 더 이상 진화할 수 없다는 말이기도 하다. 그 수준에 미치지 못하면 라이브커머스는 기존 쇼핑몰의 타임세일이나 할인쿠폰 정도의 기능적 가치로 머물 것이다.

이는 TV홈쇼핑과 차이를 만드는 요소이기도 하다. 현재의 모바일 라이브커머스는 송출 방식만 다를 뿐 TV홈쇼핑과 본질적 차이는 크지 않다. '관계와 제안'의 가치로 진화하지 못하면 인스타그램, 유튜브, 틱톡 등 거대 소셜미디어의 라이브커머스 앞에서 존재감이 점점 옅어질 것이다.

앞서도 잠깐 설명했지만, TV는 소파에 등 대고 앉아 수동적으로 채널을 돌리는 린백 미디어다. 반면 모바일은 소비자가 능동적으로 소통하고 관계 맺고 서로 제안을 주고받는 린포워드 미디어다. 이리저리 채널 돌리다 우연히 만나는 접점에 명분과 기회를 의존하는 게 1세대 라이브커머스(TV홈쇼핑)였다. 모바일의 라이브커머스가 진정한 2세대 라이브커머스

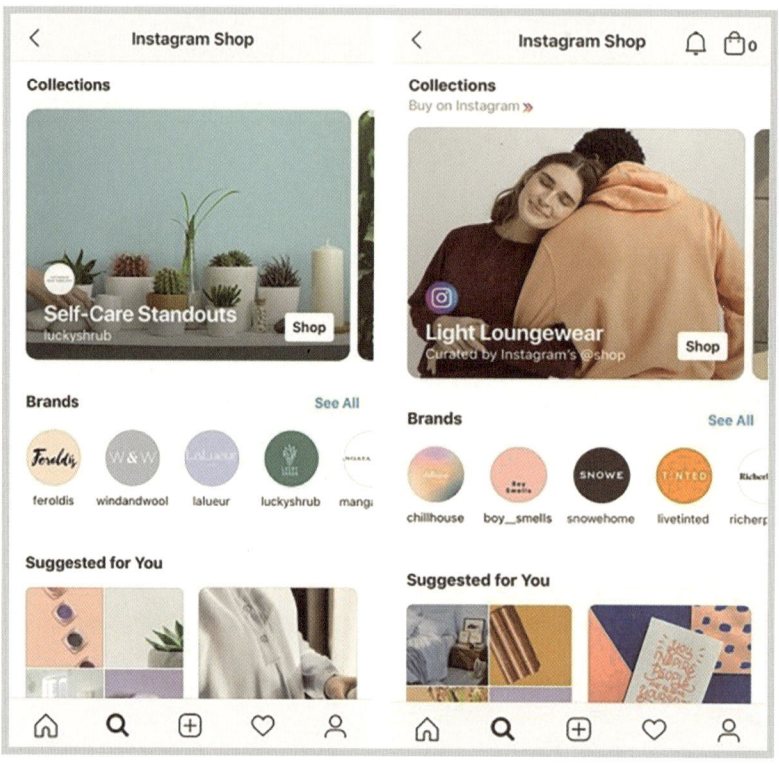

▲ 인스타그램, 페이스북, 유튜브, 틱톡 모두 라이브 스트리밍과 커머스를 전략으로 삼고 있다.

가 되려면 모바일이라는 본질적 가치에서 1세대보다 우월해야 한다. 1세대의 한계를 넘어서야 하고, 그럴 수밖에 없는 시기가 오리라 생각한다.

2세대 라이브커머스는 판매자와 구매자, 브랜드와 소비자가 서로 적극적으로 관계 맺고 제안할 것이며, 그래야 한다. 그리고 그 바탕과 에너지의 근원은 취향과 라이프스타일이 될 것이다. 그것이 곧 새로운 명분이고 또 다른 기회로 이어져 선순환이 이뤄질 것이다. 라이브커머스를 하려는 모바일커머스 사업자들이 주저하거나 적절하게 대응하지 못하면 인스타그램과 페이스북, 유튜브와 틱톡에게 명분도 기회도 모두 잃게 될 것이다.

라이브커머스 :
어떻게 현업에 적용했나?

시장, '언제'만큼 '누구'도 중요하다

티몬에서 라이브커머스 플랫폼 '티비온 라이브TVON Live'를 론칭한 시점은 2017년 9월이었으나, 그에 앞서 '티비온 비디오TVON Video'라는 플랫폼을 이미 3월부터 론칭해 운영 중이었다. 그때는 VOD 자체 제작 영상 콘텐츠를 기반으로 했다. 이후 인플루언서들과도 협업하며 그들의 VOD 콘텐츠로써 인플루언서 커머스를 구현했다. 일정 기간 동안 판매된 금액을 집계해 인플루언서와 계약한 비율로 나누는 수익 배분Revenue Share형 인플루언서 커머스였다.

그러나 앞 장들에서 자세히 썼듯, 이해관계와 시장구조 그리고 내부적으로는 채산성의 문제를 해결하고자 라이브커머스 플랫폼도 만든 것이다. 주주들로부터 투자 승인을 받으려 해외 선진 사례를 뒤적였는데 다행히 중국에서 모구지에가 있었기에 근거 없는 상상력으로 치부되진 않았다.

나는 티몬을 퇴사하고 29CM로 이적했다. 아래는 그 무렵 지인의 부탁으로 참여했던 포럼 내용이다.

티몬의 라이브커머스 플랫폼인 '티비온(TVON)'은 '정형돈 도니도니 돈까스'를 티몬 모바일 앱을 통해 생방송으로 판매했다. 방송인 정형돈이 직접 출연해 라이브커머스 진행자와 편하게 입담을 풀어내며 방송이 진행됐고, 시청자들은 뜨거운 반응을 보였다. 해당 상품은 당일 매진됐고, 방송 영상은 여러 커뮤니티와 소셜미디어에서 게시 일주일만에 조회수 200만을 넘겼다.

조선비즈가 개최한 '2019 유통산업포럼'의 첫 세션 '콘텐츠와 플랫폼이 주도하는 디지털커머스의 미래'에서 발제를 맡은 김현수 29CM 부사장은 위에서 사례로 든 '도니도니 돈까스' 방송을 '미디어커머스'의 성공 사례로 꼽았다. 미디어커머스는 콘텐츠를 판매 채널로 활용하는 것을 의미한다. 김 부사장은 "과거에는 상품을 보는 곳, 파는 곳, 말하는 곳이 서로 나뉘었다면, 지금은 이 모두가 모바일에서 이뤄진다. 마케팅과 세일즈, 미디어와 커머스가 다 모바일로 대동단결이 되었다"고 말했다.

세션에 참가한 패널들은 TVON과 같은 미디어커머스가 TV홈쇼핑을 뛰어넘는 주요 판매채널로 성장할 것으로 내다봤다. 김 부사장은 "모바일 플랫폼은 홈쇼핑 채널만큼 높은 수수료를 내거나, TV방송국 수준의 인프라 투자를 필요로 하지 않는다"며 "진입장벽이 낮기 때문에 TV 이상의 미디어로 부상하고 있다"고 했다.[8]

---

8   "[2019 유통포럼] 콘텐츠가 판매 채널되는 '미디어커머스', 홈쇼핑 뛰어넘을 것"《조선비즈》 2019년 3월 22일 자 보도를 일부 재가공했다.

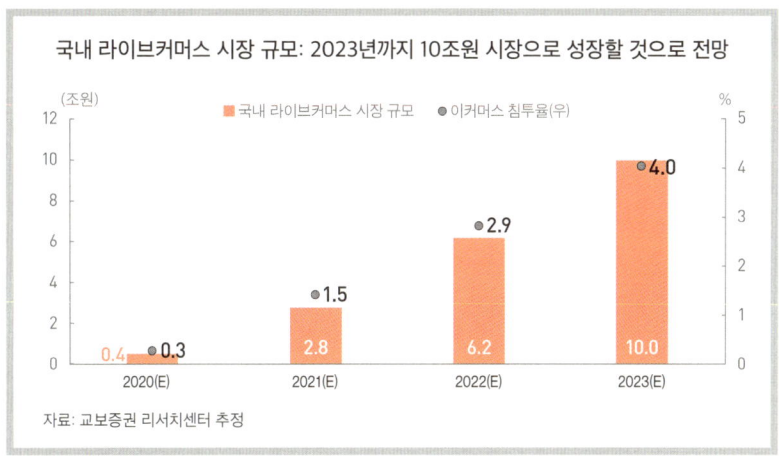

▲ 국내 라이브커머스 성장 추정치. 누가 나서든 시장이 일단 열리면, 내가 애써 주장할 필요가 없다는 장점이 있다.

저 포럼에서 내가 한 말인데 막상 기사로 펼쳐진 글로 보니 남의 말처럼 느껴졌다. '진짜 그렇게 될까?'도 싶었다. 저 당시에는 티몬 외엔 어디에서도 라이브커머스를 하지 않았기 때문이다. 그러나 그건 곧 쓸데없는 걱정이 되었다. 위 기사가 나간 이듬해인 2020년 국내 이커머스 시장을 삼킨 이슈는 라이브커머스였다. 국내 최초였던 티몬 라이브커머스가 2017년이었으니 그로부터는 3년이 지나서다.

한편으론 여전히 미심쩍다. 라이브커머스 시장이 이제야 불붙은 배경이 시기나 환경에 있을까? 2020년을 두고 팬데믹이 세상의 모든 것을 바꾼 해라고들 말한다. 그래서인지 이 시기의 파격적인 변화들은 대개 바이러스의 파생물로 해석되곤 한다. 그러나 티몬이 아니라 네이버가 먼저 지금처럼 나섰다면 그때 이미 시장이 왔을지도 모른다. 시장은 시기나 환경이 아니라 주체의 문제일 수도 있다. 올 시장이라면 오고야 말겠지만, 주체에 따라 시장이 열리는 시기와 강도가 달라질 수 있다.

현장의 의사결정과 진행사항

이렇게, 시장이 짧은 기간 동안 갑자기 커졌다. 네이버 덕분에 라이브커머스 시장이 일어선 것은 팬데믹 시기였으니 말이다. 이제 이커머스 시장에서 라이브커머스는 물류만큼 주요 화두다. 그럴 만하다. 물류는 인프라 싸움이라 소수 거인들의 전장인데, 라이브커머스는 1인 소호몰은 물론이고 어느 플랫폼에서든 해볼 만하다.

그러다 보니 현장에 뛰어드는 주체마다 역량과 시행착오가 제각각이다. 각자의 경험, 목적, 자원, 규모에 따라 라이브커머스에 필요한 의사결정과 진행사항의 요인들이 다르다. 이 장에서는 그러한 제각각의 사정들이지만 그나마 그 사이에 겹치는 의사결정 사항들을 정리해 보았다. 그리고 그 항목들에 대해 나는 현장에서 어떤 결정을, 어떤 이유로 내렸는지 적었다. 이 책은, 서문에서 밝혔듯 지극히 개인적인 현장기록이다.

1 중앙방송 vs 개별방송

여러 입점사를 들여와 운영하는 이커머스 플랫폼이라면 라이브커머스를 추진할 때 우선 이 결정부터 해야 한다. 이로부터 갈림길들이 생긴다. 개발, 조직, 예산, 운영, 정책 등 모든 게 이 지점에서부터 나뉜다. 물론 입점사를 여럿 거느린 대형 플랫폼이라면 대개 궁극적으로는 중앙방송과 개별방송을 둘 다 하고플 때, 혹은 해야만 할 때가 온다. 그러나 무엇부터 할 것인지, 무게 중심을 어디에 둘지에 대해 경영적, 전략적 판단을 거치게 된다.

중앙방송, 개별방송 둘 다 근본 없는 말이라 먼저 개념 설명이 필요하다.

업무 현장에서 필요해 편의상 내가 만든 말이다. 중앙방송은 방송의 송출 주체와 제작 주체가 일치하는 형태다. 방송의 송출 주체인 미디어가, 자사가 송출하는 방송의 제작 주체이기도 한 것이다. 개별방송은 그 반대다. 방송의 송출 주체인 미디어와, 그 미디어가 송출하는 각 방송들의 제작 주체가 서로 일치하지 않는 형태다. 전자의 사례가 티몬의 티비온 라이브 초기 모델이고, 후자의 경우가 중국의 모구지에나 타오바오, 네이버 쇼핑 라이브이다.

▲ 내가 티몬 재직 중이던 2018년경의 티몬 티비온 라이브 방송 편성표. 저 방송의 송출 주체도 티몬, 제작 주체도 티몬이었다.

▲ 네이버 쇼핑 라이브 방송 편성표. 저 방송의 송출 주체는 네이버이지만, 제작의 주체는 해당 상품 판매자인 입점사이다. 물론 네이버가 직접 제작해 송출하는 방송이 편성될 수는 있다.

사실 전통적인 TV 방송국은 모두 중앙방송 형태다. TV홈쇼핑만 봐도 그렇다. CJ오쇼핑이라는 미디어(채널)에서 송출하는 모든 방송은 주체가 CJ오쇼핑이다. 특정 브랜드에 방송 편성은 해도 그 방송의 제작을 완전히 그 브랜드에게 일임하지 않는다(제작 과정의 일부인 기획이나 생산의 일정 부분을 외주나 제휴로 풀어낼 수는 있지만).

티몬 이후 내가 무신사에서 경험했던 사례를 들어 본다. (아직은) 무신사에 재직 중이고 최근 실제 고민하고 결정했던 내용이기도 하다. 2021년 1월, 무신사에서도 첫 라이브커머스를 방송했다. 무신사에서는 티몬에서처럼 중앙방송부터 론칭하고 이후 개별방송으로 확장할 것을 고려하기로 했다. 내 기준으로는 티몬과 무신사 모두 같은 결정을 한 셈이다. 그런 결정을 내린 배경은 다음과 같은 이유에서였다.

① 운영 정책

운영 안정성과 정책 보완 측면에서 중앙방송이 변수가 더 적다. 라이브커머스 송출을 책임질 미디어(무신사) 입장에서는 이를 위한 운영 방안과 정책을 세워야 하는데 생방송은 그 특성상 고려할 변수가 많다. 업계에서 미디어커머스 플랫폼이라고는 불리지만 본업은 유통이지 정통 미디어는 아니다. 처음 시작하는 입장에서는 여러 변수들을 고려할 수밖에 없다. 이 변수들은 주체가 많을수록 그만큼 더 많고 복잡하다. 당연히 주체의 구성이 단출해야 복잡성을 줄일 수 있다.

중앙방송은 송출의 주체와 제작의 주체가 모두 무신사다. 개별방송은 송출의 주체는 무신사지만 제작의 주체는 편성을 배정받은 입점사들이 될 것이다. 주체별로 이슈 대응 변수와 접점이 나뉘고 복잡해진다. 편성의 기준, 기획의 범위와 제한, 내부 사정에 의해 수시로 발생하는 변동성 등을 각각의 주체들과 계속 조율해야 한다. 경험 없이 출발하는 상황에서는 난감하다. 개별방송은 그래서, 중앙방송을 수차례 경험하며 조직이 라이브커머스를 체감한 후 진행하는 게 필요했다. 조직 내 부서별 노하우와 자신감이 쌓였을 때 개별방송까지 확장하는 게 안정적이라 판단했다.

물론 티몬이나 무신사가 오픈마켓이나 메타커머스(네이버)처럼 처음부터 정체성이 '열린 플랫폼'이었다면(티몬을 포함한 소셜커머스 3사 모두 사업 초기에는 오픈마켓 모델을 하지 않았다), 출발부터 개별방송에 대한 부담감이 비교적 적었을 수도 있다. 그러나 무신사는 조직 내에 이미 콘텐츠 제작 부서와 역량이 갖춰져 있긴 하지만 오픈마켓과 같은 열린 플랫폼이 아니었기 때문에, 라이브커머스 역시 중앙방송으로 출발했다.

② **기술 개발**

개발 상황 역시 중앙방송이 개별방송에 비해 구현을 더 빨리 할 수 있었다. 티몬에서 라이브커머스를 론칭하던 2017년과 달리, 무신사에서 라이브커머스 개발을 시작한 2020년 4분기에는 이를 개발해주는 써드파티 회사가 많이 생겨나 있었다. 티몬 시절에는 말 그대로 맨땅에서 개발부서가 한 땀 한 땀 만들었다면, 무신사에서 프로젝트를 진행할 때는 여러 써드파티 회사들을 만나서 그중 한 곳과 선택해 진행하면 될 일이었다. 나로서는 격세지감이었다.

그러한 외부 전문 개발사들의 제안을 살펴보니 중앙방송의 개발 난이도와 운영 경험, 레퍼런스들이 더 안정적으로 보였다. 특히 백엔드 시스템과 어드민 환경은 중앙방송의 완성도가 더 높았다.

③ 사업 전략

라이브커머스의 사업 전략에 따라 중앙방송과 개별방송 중 어느 한쪽을 선택하거나 순서를 정하게 된다. 무신사 내부 사정을 자세히 밝히진 않겠지만, 여타 이커머스 플랫폼이 흔히 취하는 전략적 선택으로도 라이브커머스의 형태를 중앙으로 할 것이냐 개별로 할 것이냐가 연결될 수 있다. 입점사들에게 판매할 광고 노출 구좌로서 접근한다면 편성에만 관여하고 개별방송으로서 진화시키는 그림을 상상할 수 있고, 일반 고객들에게 양질의 콘텐츠와 엄선된 판매 제안으로 관리하겠다고 방향을 잡으면 중앙방송이 제어하기 용이하다.

2 사전 마케팅은 어떻게 했나?

업계 종사자라면 다들 당연히 짐작할 프로세스가 있을 것이다. 방송일 D-day를 기준으로 일정 기간 전부터 예고 콘텐츠를 만들어 플랫폼에 노출하고, 이를 활성화하기 위해 이벤트도 열고, 소셜미디어에 퍼포먼스 광고도 돌릴 것이다. 다들 그렇게 한다. 그렇게 하면 된다. 그러나 여기서 가장 중요하고 기본적인 사항이 있다. 특히 라이브커머스를 처음 론칭하는 경우 반드시 염두에 둬야 하는 점 두 가지가 있다.

① '방송 알림 설정' 기능 구현과 고객 독려

방송일 전에 진행하는 모든 마케팅 결과물은 당연히 고객들을 방송 예고 페이지로 이끄는 것이다. 이끄는 데 그치면 안 되고 방문 고객이 방송 알림 설정(수신 허용)을 하도록 만들어야 한다. 마케팅으로 끌려온(?) 사람들이 해당 방송을 마음 깊이 새겨두었다가 방송 시간에 맞춰 다시 올

4장. 이커머스에서 콘텐츠의 전략적 선택지들과 적용 사례

▲ 무신사의 첫 라이브커머스 사전 마케팅. 소셜미디어에 게시 및 광고를 집행하고, 미리 알림 설정을 유도했다.

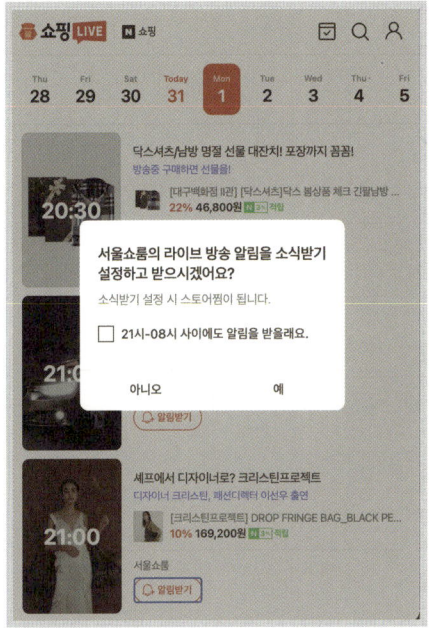
▲ 네이버 쇼핑 라이브의 편성표와 각 방송별 알림 설정 기능. 20시 이후의 알림 설정은 고객이 시간을 인지하고 별도의 동의를 할 수 있도록 구현했다.

가능성은 희박하다. 이를 해결하려면 편성표와 알림 기능이 구현되어 있어야 한다. 게다가 방송이 만약 오후 8시 이후라면, 알림 설정을 할 때 관련 규제를 참고해 이를 어기지 않도록 설계해야 한다.

② 앱푸시의 시점과 랜딩

사전 마케팅의 정점이자 종점은 방송 시작 시점에 발송하는 앱푸시App Push다. 이때 방송 시작 시간과 앱푸시 발송 시간, 그리고 앱푸시가 고객에게 도착하기까지 걸리는 시간차를 미리 살펴야 한다.

메시지 수신자 규모가 얼마나 많은지와 시스템 사정에 따라 메시지가

도착하는 시간은 저마다 차이가 있을 수 있다. 이 간극을 줄이는 건 시스템 캐퍼Capacity와 기술력이다. 당연히 시간 차가 없으면 좋다.

그리고 이렇게 온에어 시점에 맞추어 내보낸 앱푸시의 랜딩Landing은 방송을 안내하는 게이트 페이지가 아니라 라이브 방송 화면 자체로 떨어뜨리는 게 좋다. 트래픽이 많이 몰릴수록 개발부서의 부담이 크긴 하겠지만, 사업의 흥행을 생각하면 온에어 시점에 맞춰 내보낸 랜딩은 방송으로 이어져야 좋다. 방송 화면으로 곧바로 보내면 부하가 걸릴 것을 우려해 게이트 페이지로 방문 고객을 안내하고, 거기서 방송 화면을 보기 위해 고객이 다시 클릭하도록 하는 동선 설계라면 반드시 어느 정도 이탈이 생긴다. 그 페이지를 방문한 고객이 '이게 뭐지?'라고 추측하고 생각하게 만들면 안 된다. 고객이 앱푸시 메시지를 터치해 도착한 페이지가 무엇인지 보면서, 뭘 눌러야 어떤 콘텐츠가 나오는지 추측하게 만들면 안 된다. 앱푸시를 통해 방문했을 때 '사람들이 여럿 나와서 라이브로 방송하고 있구나.' 하고 곧바로 알 수 있게끔 설계해야 한다.

이렇게 도착한 방문 고객들이 만약 방송 시간 정시보다 먼저 도착했다 하더라도, 이들을 위해 방송 제작진은 미리 사전 영상을 송출하고 있어야 한다. 방송 시그널과 함께 스태프들이 방송을 준비하는 자연스런 모습을 내보내든, 미리 준비한 VOD 영상을 내보든, 방송 시작 전에 미리 도착한 시청자들이 뭔가 볼 수 있어야 한다. 그리고 방송의 댓글 담당 운영자는 이때부터 미리 채팅으로 고객 응대를 하고 있어야 함은 물론이다. 한마디로 일찍 온 손님들을 미리 맞고 있어야 한다.

③ 내용 구성

 방송 내용을 짤 때 경험이 부족한 경우 흔히 범하는 패착이 있다. 시청자들이 방송 처음부터 끝까지 볼 것이라는 가정을 무의식적으로 전제한다는 점이다. 방송 시간이 60분이라면, 이 시간을 하나의 사이클로 보고 방송의 내용을 구성한다. '실제 시청자들이 라이브커머스를 한 시간 내내 보진 않잖아요?'라고 물으면 다들 '당연하죠'라고들 하지만, 내용을 구성할 때 이 전제를 놓치곤 한다.

 인당 방송 시청시간(체류시간)이 얼마나 될지는 각 플랫폼마다, 방송마다, 방송이 다루는 상품과 브랜드마다 다를 것이다. 그러나 대체로 매우 짧을 것이라는 건 짐작할 수 있다. 방송의 타깃 고객이 아닌데 어쩌다 방송에 인입되었으면 좀 보다가 1분도 안 되어 나가버릴 것이고, 그냥 방송이나 채팅에 재미를 느끼거나 방송 중 경품 혜택을 기대하고 방송 시간 내내 체류하는 시청자라면 최대한 오래 시청할 것이다. 그러나 이러한 특별한 경우를 제외하고 일반적인 시청 행태를 보이는 시청자라면 구매 결정을 하는 데 필요한 시간만큼만 시청할 확률이 높다. 내용 구성은 이런 일반 시청자를 염두에 두고 짜야 한다.

 일반 시청자라면 구매전환 여부가 곧 시청의 여부와 같다. 안 살 거면 안 살 거니까 더 안 보고 나가고, 살 거면 구매 결제한 후 이제 샀으니까 더 이상 안 보고 나간다. 그렇다면 시청자가 방송을 보면서 이 상품을 살지 말지 결정하는 데 투자할 법한 시간만큼이 바로 방송 콘티를 짤 때 하나의 최소 단위가 되어야 한다. 이 최소 단위(클러스터)들이 모여 전체 방송 시간이 된다.

 예를 들어 오늘 방송에서 팔아야 할 상품을 시청자에게 어필하기 위해 필요한 내용을 구성해보니 최소 10분은 필요하다면, 60분 방송은 이 10분짜리 클러스터 6개로 콘티를 구성하는 것이다. 물론 그 각각의 클러스터 6개가 모두 똑같으면 안 되고 다양한 변주로 짜여야 함은 물론이다.

각 클러스터 중에도, 클러스터와 클러스터 사이에도 채팅으로 참여하는 시청자들과 나누는 소통은 필수다. 사실 말이 소통이지, 흥행하는 방송일수록 채팅 상황을 보면 이게 과연 소통인가 싶긴 하다. 보통 흥행하는 라이브커머스 60분 동안 올라오는 채팅은 2만 개가 넘는다. 단순 계산으로 초당 5,6개의 댓글이 화면을 밀어 올린다. 시청자(접속자)가 많은 라이브 방송을 본 적이 있다면, 그 방송 채팅창에서 시청자들이 내뱉는 수많은 댓글들이 번개처럼 올라가는 장면을 한번쯤은 보았을 것이다. 진행자는 상품 설명해야지, 팔아야지, 댓글 중에 추첨해 경품 줘야지, 소통한다고 좋은 말 찾아서 대꾸해줘야지, 정신이 없다. 게다가 채팅창에 올라오는 말들 중 진정한 의미의 소통을 이루는 말은 별로 없다. 올라오는 채팅의 내용은 대개 'ㅋㅋㅋㅋㅋㅋㅋ'가 제일 많아, 진정한 소통이 이뤄지는 경우는 드물다. 그 다음으로 많은 게 방송 상품에 대한 단순 문의나 요구사항이다. 사이즈, 색상, 기능, 작동법, AS 등등. '라이브커머스의 가장 큰 장점은 소통'이라고들 하는데 이는 진정한 소통이라기보다 소통하는 상황을 연출하고 그렇게 느껴지도록 만드는 것이라 이해하는 게 편하다. 라이브커머스 댓글창에서 서로 깊은 교감을 나누며 인생 상담을 할 순 없는 일이다. 실시간 방송에서 댓글로 올라오는 공통적인 문의나 의견을 곧바로 방송에 반영하는, 실시간 Q&A나 즉석 피드백 정도의 의미로 이해하는 게 적절하다. 이런 현장에서는 그래서 연출 스태프의 역할이 중요하다. 번개처럼 지나가는 수많은 댓글 중에서 의미나 재미를 줄 만한 것을 골라서 진행자에게 모니터로 띄워, 방송에 반영될 수 있도록 운영하는 노하우가 필요하다. 이런 연출 센스와 순발력이 라이브커머스에서 소통의 재미를 더해줄 수는 있다.

이런 현실을 돌파해가며 위에서 말한 '구매할까 말까' 고민하는 '일반 시청자'를 놓치지 않으려면, 60분 방송을 하나의 사이클로 전제해 내용 구성을 하는 게 아니라, 여러 클러스터들의 변주된 조합으로 전체 방송 시간을 구성해야 한다.

④ 화면 설계

라이브커머스의 화면 설계는 위와 같은 내용 구성의 특징을 반영해야 한다. TV홈쇼핑은 TV를 통해 송출된다. TV는 가로가 길고 화면의 크기 자체가 크다. 화질도 선명하다. 시청의 방해 요소도 모바일에 비해 적다. 영상을 보는 용도 외에 다른 용도가 없는 게 TV다.

이에 반해 라이브커머스가 송출되는 모바일은 화면이 좁고 길며 화질이 TV에 비해 상대적으로 열악하다. 반짝거리는 보석류를 65인치 4K OLED TV로 파는 것과 모바일로 파는 것은 천지차이다. 물론 기계적인 디스플레이 스펙은 LG OLED 65인치 TV보다 아이폰 14 프로가 더 화려할 수는 있으나, 사람의 눈으로 볼 때는 화면의 크기와 밝기 등, 기계적 스펙 외의 변수가 더 개입해서 그렇다. 게다가 모바일은 TV에 비해 방해 요소도 훨씬 많다. 기본적으로 모바일은 영상을 보는 용도 외에 다른 용도가 더 많다. 전화 통화, 메신저 대화, 여러 앱들의 기능적 난입 등등.

기기의 물리적 화면 환경도 TV에 비해 불리한데, 그나마 송출되는 라이브커머스 방송 화면 속에서도 채팅 글이 화면을 30~40% 정도 뒤덮는

 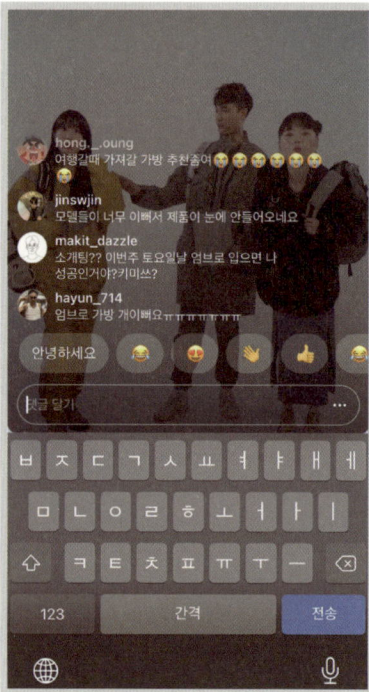

▲ 네이티브 앱이 아닌 웹 기반으로 구현한 라이브커머스 방송 화면은 채팅 시 화면을 위로 밀어 올려 더 답답해진다.

▲ 네이티브 앱으로 구현한 라이브커머스 방송 화면은 불투명도 조절이 가능하지만, 자판 자체는 결국 화면을 가린다.

다. 심지어 채팅에 참여하려고 시청자가 글자를 입력하는 순간 화면의 절반을 스마트폰의 가상 키보드가 밀고 올라온다(네이티브 앱이 아니라 웹으로 기능이 구현됐을 경우). 이 자판은 불투명도Opacity 값이 조절되는 것도 아니어서 자판만큼 화면이 가려진다. 시청자가 소통에 참여할수록 화면을 가리는 상황이 더 잦은 아이러니가 발생하는 것이다.

다만 TV홈쇼핑이나 모바일의 라이브커머스나, 위에서 말한 '일반 시청자'를 잡아야 한다는 공통 숙제는 안고 있다. 둘 다 시청자들의 시청 시간이 그리 길지 않고 시청자들의 태도가 너그럽지도 않다. 그래서 상품을 소개하고 구매를 유도하는 내용 구성의 최소 단위인 클러스터를 밀도 있고 다양하게 전개하며 전체 방송을 설계해야 한다는 게 공통점이다. 시청자가 전체 방송 시간 중 어느 순간에 훅 들어와도, 시선을 붙잡고 적어도 그 하나의 클러스터 단위만큼은 시청하게 만들어야 한다. 그러려면 방송 화면을 보는 그 순간 시선과 동선을 사로잡을 화면 구성이 필요하다. 이때 TV와 모바일은 그 기기적 특성과 한계의 차이로 인해 화면 구성이 달라야 한다. TV홈쇼핑은 전통적으로 이를 'L바'로 보완해왔다.

반면 모바일은 세로로 긴 버티컬 화면이기에, TV홈쇼핑의 L바로 화면을 구성하기 어렵다. 위에서 말한 대로 폭풍처럼 밀려 올라오는 채팅창과, 채팅 참여자의 화면을 추가로 잡아먹는 자판, 그 외 스마트폰이기에 방해 받는 요소들까지 고려하면 더더욱 L바는 답이 아니다.

결국 세로 화면의 중간과 윗부분에 시간 차를 두고 배너나 그 외 비주얼 정보가 수시로 들락날락하도록 노출 운영을 해줘야 한다. 현장의 PD 외에 송출 담당 PD가 방송의 어드민에서 이를 능수능란하게 제어해야 한다.

▲ TV는 화면 크기 자체가 크고, 가로로 긴 비율이어서 L바로 시청자의 시선을 잡아두기가 용이하다.

이커머스, 콘텐츠로 팔아라

▲ 세로로 긴 버티컬 화면의 특성에 맞게, 기존 TV 홈쇼핑의 L바로 전달할 비주얼 정보를 상단에 배치하고 노출 제어.

▲ 무대 세트와 방송 콘셉트에 맞게 비주얼 정보의 디자인과 위치, 크기 등은 그에 맞게 운영.

◀ 다만 화면이 답답하게 느껴지지 않도록 상시 노출은 하지 않고 수시로 삽입과 제거를 제어하되, 이 그림과 같이 화면 중간 위치에 대화형으로 비주얼 정보를 제공.

현업의 현장은 앞으로 어떻게 진화할까?

미디어커머스를 관념적으로 읊조리거나, 일반적인 레퍼런스로 채우는 꼴이 될까 싶어 실제로 내가 현장에서 경험한 사례들과 사건들을 소개했다. 물론 실제 현업에서 라이브커머스를 추진할 때, 전략 차원에서든 각각의 방송에서든 적용해야 할 기준과 의사결정 사항들은 이보다 훨씬 복잡하고 많다. 이 책에서는 라이브커머스를 추진한다면 공통적으로 마주할 것들 몇 가지를 소개해 봤다. 내 경험을 주로 참고하다 보니 개별방송보다는 중앙방송 위주로 썼지만, 향후 라이브커머스 현장은 개별방송 환경도 점차 중앙방송의 특징과 장점을 흡수할 것으로 예상한다.

시장이 활발해질수록 경쟁도 치열해지는 건 피할 수 없다. 과거 유튜브의 성장 과정을 돌이켜보자. 유튜브 초기에는 많은 개인 유튜버들이 뛰어들었지만 방송 품질에서 전문성을 느끼긴 어려웠다. 장비로나, 촬영 및 편집의 세련미로나, 기획의 완성도로나, 운영의 숙련도로나 대개 열악한 수준이었다. 그러나 유튜브 시장이 활성화되고 전문가 집단이 시장에 등장하자, 그 전에 겨우 자리 잡았던 개인 유튜버도 더 이상 아마추어처럼 콘텐츠를 만들 순 없는 지경에 이르렀다. 결국 지금 유튜브 시장을 보면, 프로 방송 제작자들의 콘텐츠나 개인으로 출발해 어엿한 전문 유튜버로 자리 잡은 이들이나, 콘텐츠의 질적인 면에서 격차가 많이 줄었다.

라이브커머스 역시 지금은 개별방송이 중앙방송에 비해 거칠고 완성도가 떨어지지만, 점점 중앙방송의 체계와 품질을 갖추게 될 것이며 품질 차이도 좁혀질 것이다. 중앙방송을 중심으로 경험과 고민을 풀어 썼지만 개별방송의 주체들에게도 일부 참고할 대목들이 있으리라 생각한다.

5장. 나의 현장 경험과 기록들

내가 겪은
첫 미디어커머스

'미디어커머스'는 언제 시작됐을까?

내 기억이 맞는지 구글에서 거슬러 올라가 보았다. 2000년 1월 1일부터 2010년 12월 31일까지로 검색 기간을 설정해 '미디어커머스'를 검색해봤다. 딱 맞아떨어지는 검색 결과가 없었다. 2011년 1월 1일부터 2011년 12월 31일로 설정해서 다시 해봤다. 그때부터는 언론 기사와 CJ그룹의 기업 블로그에 미디어커머스의 검색 결과가 있었다. 내 기억으로도 그렇다. 내가 '미디어커머스'라는 말을 처음 접한 때는 2010년 CJ그룹 지주회사인 CJ㈜의 기획팀에서 일할 때였다. 그 이전에는 미디어커머스라는 말, 그런 개념을 들어본 적이 없었다.

한국에 스마트폰이 들어온 시기는 2009년이다. 그해 11월 KT에서 아이폰 3G와 3GS를 들여오면서 한국에서도 피처폰에서 스마트폰의 시대로 넘어가기 시작했다. 그리고 2010년 1월, 애플은 또 하나의 스마트 모바일 기기를 세상에 선보였다. 아이패드였다. 역시 그해 11월부터 아이패드도 한국에 들어왔다.

CJ그룹은 이러한 스마트 모바일 시대에 따라 미디어 환경 역시 급변할 것이라 생각했다. 세상을 잇는 윈도window는 시대에 따라 변해왔다. 종이의 시대에는 신문을 비롯한 인쇄 매체가, TV의 시대에는 방송국이, PC의 시대엔 인터넷 포털 사이트가 메인 윈도로서 미디어 헤게모니를 쥐었다. 이제 스마트 모바일의 시대에 스마트폰과 태블릿PC가 TV나 PC처럼 세상의 주류 매체 플랫폼이 되면 메인 윈도는 무엇이 될까를 고민했다. 미디어 사업을 꾸리는 기업의 미래를 고민하는 과제였다.

이와 함께 또 하나의 숙제는 커머스였다. CJ그룹은 제조, 미디어, 유통 등 여러 분야에서 사업을 꾸려 나갔다. 당시 이커머스 시장에서는 옥션, G마켓, 티몬 등 레거시 없는 유통의 신흥 강자들이 게임 체인저가 되고 있었다. 거기에 언젠가는 기존의 거대 유통 그룹인 롯데, 현대, 신세계 등도 이커머스와 무점포 유통 시장에서 세를 불릴 것이라 예상했다. CJ그룹은 무점포 유통으로서 TV홈쇼핑 사업을 잘 영위하고 있었지만, 이러한 경쟁 상황에서 다가올 미래의 커머스에는 어떻게 대응할지 고민하고 있었다.

미디어커머스가 정의되지 않았던 이유

2010년 말~2011년 초 무렵 내가 투입된 일은, CJ가 미디어와 커머스의 미래에 대비할 차별적 경쟁 우위를 찾아 전략을 수립하는 일이었다. 조직의 리더는 아니었기에 나는 짜인 전략의 큰 틀 아래서 실행 방안을 마련하는 역할이었다. 그 전략의 큰 틀이 바로 '미디어커머스'였다.

당시를 떠올려보면 실무자로서 가장 어려웠던 점은 '뭔 말인지 알겠는

데 뭘 할지는 모르겠다.'였다. '미디어커머스'라는 말은 서로 주고받긴 하지만 누구도 그 개념을 선명히 정의하지 못했다(어쩌면 정의하지 않았던 것일지도 모르겠다). 반면 나는 사업을 추진할 때 먼저 업에 대해 정의하지 않으면 불편하다. 그래서 '미디어커머스의 정의가 무엇이냐'라는 질문을 여기저기 해대고 다니며 여러 사람 불편하게 했던 기억이 난다. 내가 불편하다고 남을 불편하게 만들고 다닌 꼴이었다. 명쾌한 문장의 정의가 없어 불편한 이는 나밖에 없는 듯 보였다. '느낌적인 느낌'으로 다들 '느낄 수는' 있어서 개념 정의가 필요 없기도 했지만, 지금 생각해보니 어쩔 수 없는 현실이었구나 싶다.

정의定義, define는 어떤 말이나 사물의 뜻을 명백히 밝혀 규정하는 행위다. 즉 '이것은 무엇이다'라고 정의할 '현상現象'에서 정의가 출발한다. 반면 그 당시 회사에서 미디어커머스가 그룹의 핵심 과제가 된 배경은 현상이 아닌 '조건'이었다. CJ그룹은 당시 미디어와 커머스라는 조건으로 유통 시장에서 묘안을 찾아야 했다. 그래서 탄생한 전략의 개념이 미디어커머스였다. 그 상황이 정의였고, 주어진 조건이 곧 정의였다. 이커머스의 신흥 강자에 비해서는 시장 점유와 플랫폼 파워에서 열세였고, 오프라인 기반의 전통 유통 대기업에 비해서는 매장, 물류, 부동산, 유통망에서 열세였다(대한통운은 당시 CJ그룹의 계열사가 아니었고, 올리브영도 지금—2022년 기준—만큼 시장을 점유하진 않았던 때였다). 유통 시장에서 CJ가 현재와 미래의 경쟁자와 비교해 우위를 점할 수 있는 자원은 콘텐츠와 미디어였다. 그래서 탄생한 전략의 개념이 미디어커머스였다. 주어진 상황과 조건이 곧 정의였다. 이것이 내가 기억하기로 미디어커머스의 시작이었고, 그 출발이 CJ였던 배경이다.

그 이후 시장에서 미디어커머스라는 말이 시장과 언론에 자주 오르내린 배경은 두 가지가 더 있었다. 첫째는 CJ그룹의 두 계열사 CJ e&m과 CJ오쇼핑의 합병, 둘째는 블랭크코퍼레이션이라는 스타트업 덕분이었다. 2018년에 CJ는 Mnet, tvN, OCN 등 케이블TV 방송국과 게임을 주요 사업으로 하는 e&m(지금의 ENM과 다른 회사다)과, TV홈쇼핑 및 이커머스 CJmall을 주요 사업으로 삼는 CJ오쇼핑을 합병한다. 그렇게 탄생한 법인이 지금의 CJ ENM이다. CJ그룹은 당시 상장사였던 이 두 회사를 합치는 이유로 미디어커머스를 내세워 세간에 미디어커머스라는 용어를 등장시켰다. 블랭크코퍼레이션을 비롯한 미팩토리, 에이프릴스킨 같은 스타트업 역시 미디어커머스라는 말을 익숙하게 만들어준 기업들이다. 그들은 당시 페이스북을 터전으로 콘텐츠와 커머스를 결합해 빠른 성장을 보이며 언론에 미디어커머스라는 말을 자주 등장시켰다. 특히 블랭크코퍼레이션이 높은 기업 가치로 평가 받으며 투자를 유치하자 '미디어커머스가 무엇이기에 무명의 작은 회사들이 이렇게 큰 기업 가치를 갖게 됐는가?' 하는 시선이 쏠렸다.

이렇듯 '미디어+커머스'의 단어 조합인 데서 이미 대강 무슨 개념인지는 추측할 수 있기에, 미디어커머스의 정의는 누가 규정하지 않아도 다들 느낌적인 느낌으로 잘 굴러가고 있다. 다만 아직은 국내에 머무는 개념으로 보인다. 지금도 여전히 'Media Commerce'로 영문 구글 검색을 하면 국외의 자료나 사업, 현황으로서 의미 있는 검색 결과가 나오진 않는다. 국내에서만 회자되는 용어다. 정의가 없으면 여전히 불편한 나는 그래서 미디어커머스를 애써 정의하고 들어간다. '미디어커머스는 콘텐츠로 큐레이션하는 이커머스의 유통 방식'이라고.

지속가능성이 문제다, 끝없는 채산성과의 싸움

미디어커머스를 통한 영업지원 및 마케팅 효과가 클수록 채산성의 문제는 비례해서 다가왔다. 미디어커머스의 콘텐츠 지원으로 영업이나 마케팅 효과를 본다면, 내부 조직과 입점사로부터 더 많은 콘텐츠 지원 요청이 들어온다. 이는 분명 좋은 결과이지만, 요청이 많아질수록 콘텐츠 제작과 지원의 원가 관리 문제가 대두된다. 내가 몸담았던 조직에서 겪었던 사례로써 이 구조의 특징을 살펴보려 한다.

콘텐츠의 포맷과 공정, 그리고 채산성

앞 장에서 예로 든 사례를 복기해보자. 티몬의 신선식품 매장인 슈퍼마트를 위해 제작했던 웹드라마 포맷이 성공하자 나는 그것을 들고 P&G에 제안했다. 티몬의 첫 웹드라마처럼 P&G의 '다우니' 제품과 브랜드를 주인공으로 웹드라마를 만들고 그것을 티몬과 티몬의 소셜미디어에서 마케팅해줄 테니, 티몬 영업 MD들의 요청사항을 수용해 좋은 딜을 달라고 거래했다. 이는 양사 모두에게 성공적인 결과로 돌아왔다. 티몬×P&G의 웹드라마가 대히트를 치고, P&G에서 제공한 다우니 프로모션 조건으로 티몬의 매출이 늘었다. 그러자 사내 다른 MD들과 그들이 관리하는 입점사 브랜드들로부터 요청이 밀려들었다. 반가운 일이었지만, 문제는 수요가 폭증했는데 공급이 모자랐다는 것이다.

앞 장에서도 밝혔듯, 웹드라마 제작의 편당 투입 기간은 아무리 줄여도 6주였다. 그러나 수요가 밀려들어 6주 만에 한 편 만들고, 뒤이어 곧바로 6주 만에 또 만들고 하기를 반복하자, 곧 공급의 한계에 부딪쳤다. 제작량이 늘며 단순히 업무의 양적 문제를 넘어 질적인 문제로까지 이어졌다. 콘텐츠의 질이 저하된 것이다. 창작력이 빠르게 소진되는 것에 비해 이를 다시 리프레시할 수 있는 기간은 확보할 수 없었다. 구성원들의 번아웃과 매너리즘이 동시에 닥쳤다.

이를 해소하기 위해 '제작=기획+생산'의 과정에서 기획만 내부 인력이 맡고, 생산은 외부 협력사를 찾아 함께 했다. 그러나 이 역시 곧 한계가 드러났다. 아무래도 내부 인력이 모든 과정을 진행할 때와는 소위 '때깔'이 점점 다르게 나왔다. 우리만의 특유한 '결'이 점차 옅어졌다. 당연히 시장 파급력도 약화될까 우려됐다. 방법은 내부 인력을 확충하는 것이었다. 그러나 이쯤에서는 자원관리의 모순에 부딪힌다.

지금은 수요가 많아 내부 인력을 정규직으로 확충했는데, 향후 시장 트렌드가 변해 수요의 방향이 달라지면 확충한 내부 인력의 역할과 가치가 흔들린다. 해당 업무는 전문성이 강해 여타 일반사무처럼 업무 호환성이 높지도 않다. 실무 당사자들의 고민도 깊어지고, 조직의 인력운용 효율성이나 인건비 등의 채산성이 불거질 수 있는 구조다. 보통 콘텐츠나 디자인 에이전시 회사들이 겪은 근본적인 문제와 유사하다. 이런 업은 매출과 인건비가 비례하는 형태다. 매출이 늘면 인력(인건비)도 늘려야 하는데 매출(수요)의 변동성이 크고, 인력 수급과 활용의 탄력성은 확보하기 심히 어렵다. 본질적인 업의 한계다.

이런 구조적 한계를 감안해 나와 회사는 웹드라마의 수요를 다 받지는 말자고 결정했다. 3개월에 2편 정도의 물량을 최대치로 잡았다. 그리고 받아내지 못한 나머지 수요를 다른 방식으로라도 해결해주기 위해 다시 스낵 비디오의 제작을 확대했다. 웹드라마는 1편당 투입 자원으로서 내부 인력 기준 5~7명, 6~8주의 시간, 대체로 편당 5천만 원 내외의 생산 원가가 필요하다면, 스낵 비디오는 대략 같은 인력으로 그 절반의 기간, 3분의 1 이하의 생산 원가로 감당할 수 있었다. 우리 내부의 기획안으로써 우리가 원하는 품질로 생산해줄 수 있는 외부사를 찾기도 웹드라마보다 수월했다.

그러나 이 역시 수요와 공급의 물량 차이일 뿐, 웹드라마와 같은 구조적 한계에 또다시 직면했다. 수요가 일정 물량을 넘어서자, 역시 인력 확충과 제작 기간 및 예산의 문제에 마주쳤다.

이는 티몬에서만 겪은 문제는 아니었다. 29CM에서도 비슷했다. 티몬의 미디어커머스 콘텐츠로서 자원이 가장 많이 투입되는 포맷이 웹드라마였다면, 29CM은 PT였다. PT 역시 편당 제작에 필요한 기간이 4~5주 정도다. 수요는 점차 늘었지만 이를 감당하려면 계속 인력을 확충해야 하는 딜레마에 봉착한다. 게다가 29CM PT는 주로 29CM 안에서 소비되는 콘텐츠다. 티몬의 웹드라마나 스낵 비디오는 소셜미디어나 유튜브 같은 티몬 외부 채널에서 주로 소비된다. 그래서 티몬 내에서 많은 노출 공간을 할애하지 않아도 되는 장점이 있었다. 이커머스에서 온라인 매장의 노출 공간은 MD의 가장 중요한 영업 자원이자 매출의 도구다. 티몬에서 웹드라마가 소비될 때는 티몬의 플랫폼 노출 자원을 그다지 많이 할당하지 않아도 되는 반면 29CM에서는 PT를 위해 콘텐츠 제작의 자원도 들이고, 노출의 자원도 할애해야 한다. 제작을 위한 예산과 노동력은 물론 노출 자원의 채산성까지 감안해야 하는 문제다.

무신사 역시 입점사 브랜드와 MD의 미디어커머스 수요를 공급이 따라가지 못하는 건 마찬가지였지만, 내가 앞서 겪은 티몬과 29CM에 비해서는 사정이 나았다. 우선 미디어 부문의 인적 자원(조직 규모)이 더 컸다. 2021년 말 기준, 내가 맡은 미디어본부는 200여 명이었고, 수요를 감당할 콘텐츠의 포맷이 다양했다. 하지만 두 회사보다야 사정이 좀 나은 셈이었지만 본질적인 구조는 같았다. 자원은 한정되어 있는데, 입점사는 6천 개가 넘으니 말이다.

이런 상황에서는 수요에 맞춰 마냥 인력을 채용해 고정 인건비를 늘려놓을 수도 없고, 미디어커머스 경쟁력 역시 포기할 수는 없는 노릇이었다. 구색, 가격, 물류 등 규모의 경제로 비용 싸움을 해야 하는 거대 플랫폼들의 전장이 아니라, 패션과 라이프스타일 영역이기에 미디어커머스를 소홀히 할 수도 없다. 결국 두 가지 방향으로 해결 방법을 찾아 나서야 했다. 첫째, 채산성이 우월한 콘텐츠의 '포맷'을 개발한다. 둘째, 그 포맷에 최적화된 제작 방식을 개발한다. 아래에서 각각 자세히 복기해본다.

채산성 해결을 위해 - 1. 콘텐츠 포맷의 변화: 라이브커머스 중앙방송

앞서 밝혔듯, 만들 수 있는 물량이 웹드라마는 월 0.75개, 스낵 비디오는 월 2개에서 최대 4개다 보니 공급이 수요를 따라가지 못했다. 물론 고정 인건비를 높여 인력을 늘리거나 콘텐츠의 품질을 대량생산형에 맞추면 공급은 맞추겠지만, 그것은 가치를 시한부로 만드는 일이다. 그래서 단일 이미지나 여러 개의 이미지로 흐름을 구성하는 소위 '카드 뉴스'로 수요의 일부를 감당했지만 콘텐츠 소비 트렌드를 볼 때 영상의 수요를 카드 뉴스로 '돌려막기'하는 것은 무리였다.

그래서 찾아낸 방안은 라이브커머스였다. 2017년 당시에는 라이브커머스가 국내에서는 없었다. 그래서 처음 론칭부터 개별방송 형태로 론칭하면 품질 관리가 이뤄지지 않아 시장의 반향을 일으키기 어렵다고 판단했다. 개별방송 라이브커머스는 인스타그램 라이브처럼 휴대폰으로 판매자(입점사) 스스로 라이브커머스를 방송하는 방식이다. 반면 중앙방송 라이브커머스는 쉽게 말하면 입점사 상품을 섭외해 방송국에서 직접 방송을 기획, 연출하고 편성과 방영까지 책임지는 방식과 같다. 여기서 '방송국'은 티몬이나 무신사 같은 이커머스 플랫폼을 비유한 것이다. 라이브커머스 도입 초기에는 우선 시장에 정착시키는 과정이 필요했기에, 라이브커머스가 시장에 성공적으로 안착되고 성숙해지는 단계에서 개별방송도 도입할 계획을 세웠다. 당시 경영진과 주주, 개발부서와도 이와 같은 중장기 로드맵으로 추진하는 것에 합의했다.

나는 티몬에 재직할 당시 라이브커머스 제작진 50명으로 월 최대 120회의 방송을 편성할 수 있도록, 또한 이를 다시 하이라이트로 편집한 스

5장. 나의 현장 경험과 기록들

▲ 무신사의 라이브커머스 중앙방송 현장

낵 비디오로도 제작할 수 있도록 조직과 프로세스를 설계했다. 이를 위해선 기존의 방송국 체제나 개념으로는 구현할 수 없어 채용 대상부터 일하는 방식까지 전혀 다르게 접근했다. 이에 대한 자세한 내용은 6장에서 별도로 다루었다.

물론 웹드라마나 스낵 비디오는 라이브커머스와 콘텐츠의 특성, 용도,

기획 의도와 유통 방식이 다 다르다. 이들은 서로 대체재라기보다 보완재로 봐야 한다.

라이브커머스는 제작 기간이 짧고 공정이 비교적 간단하다는 장점 외에도 원가 경쟁력이 좋다는 강점이 있다. 만들기에 따라 천차만별이지만 티몬, 29CM, 무신사 등에서 경험한 내 경험을 비춰볼 때 웹드라마는 대략 스낵 비디오의 10~20배에 이르는 비용이 필요했다. 스낵 비디오가 낮게 잡으면 350만 원, 높게 잡으면 1천만 원 정도였다면 웹드라마는 낮게 잡아도 3천만 원~5천만 원부터였다. 반면 티몬의 라이브커머스는 최적화 구현 시점 기준으로, 스낵 비디오보다 낮은 비용으로 운영할 수 있었다.

이러다 보니 특별한 경우가 아니라면 라이브커머스의 수요가 더 많았다. 특히 MD 입장에서는 본인이 맞춰야 할 영업이익이나 공헌이익을 고려하면 미디어커머스 진행시 원가가 낮을수록, 매출 효과가 선명하게 나타날수록 유리하기 때문이다. 이처럼 원가 경쟁력과 생산량에서 큰 차이를 보였기에 월 공급량 5개 미만의 스낵 비디오나 6주~8주에 1개 나오는 웹드라마에 비해 월 100개 이상의 라이브커머스라는 전략적 선택의 갈림길에서 어느 길로 가야 할지는 명확했다.

채산성 해결을 위해 - 2. 콘텐츠 제작 주체의 변화: 라이브커머스 개별방송

중앙방송으로 운영하는 라이브커머스는 다른 콘텐츠 포맷보다 채산성이 우월했지만, 흥행이 잘 될수록 수요 역시 그에 따라 늘었다. 다들 하고 싶어 했다. 고무적인 결과이고 감사한 일이었지만 이 늘어난 수요를 받아내야 하는 게 큰 숙제였다. 무신사만 해도 2022년 기준 입점 브랜드 수는 약 7천 개다. 모든 입점 브랜드에게 똑같은 수준과 형태로 미디어커머스를 지원하진 않겠지만, 콘텐츠 자원의 수요-공급 불균형은 일어날 수밖에 없는 규모다.

이 불균형한 수요-공급의 근본적인 구조는 제작 주체와 노출 공간이 모두 플랫폼 내부 자원이라는 점에서 비롯한다. 그래서 본질적으로 이러한 채산성을 개선하려면 제작과 노출의 자원을 플랫폼 외부까지 확장해야 한다. 문제는 비용이다. 제작 과정을 외부에서 확보하려면 외주 비용이, 노출 자원을 외부에서 확보하려면 광고 비용이 든다. 게다가 이렇게 소위 '업자의 냄새'가 배게 되는 확장 방식은 오히려 일반 대중과 고객들에게 잘 먹히지도 않는다는, 가장 핵심적이고 본질적인 문제도 있다.

사람들이 무엇에 반응하는지, 그중에서 채산성이 높은 것은 무엇인지의 교집합으로 해결 방안을 찾아야 했다. 그래서 택한 방안이 라이브커머스 개별방송과 숏폼 비디오였다.

라이브커머스 개별방송은 위에서 중앙방송 타입을 설명할 때 잠깐 언급했다. 무신사를 예로 들자면 라이브커머스 중앙방송은 무신사 내부 직원들이 라이브커머스를 기획, 연출, 방영하는 것이고, 개별방송은 네이버에서 스토어를 운영하는 판매자들이 개별적으로 네이버 쇼핑 라이브 방송 편성 권한을 부여받아 스스로 기획, 연출, 방영하는 것이다.

개별방송 구조는 콘텐츠 제작 주체가 플랫폼이 아니라 외부 주체이지만, 해당 콘텐츠(방송)가 콘텐츠 제작자 본인의 방송이므로 플랫폼이 방송 제작 비용을 지불하지 않아도 된다. 입점사 브랜드나 인플루언서는 해당 방송을 통해 매출이 발생하면 그것이 곧 본인들의 수익이다. 당연히 그들의 수익은 플랫폼의 수익과 이어진다. 공생관계다. 플랫폼은 이들을 위한 방송 환경을 제공하면 된다. 노출 자원 역시 반드시 플랫폼 메인 공간에 한정될 필요가 없다. 플랫폼에서 입점사에게 마련해준 공간인 브랜드 스토어와 그들의 단골 고객(팔로워)을 중심으로 콘텐츠를 펼칠 수 있다. 그중에서 판매 조건이나 콘텐츠(출연진)가 좋다면 사전에 플랫폼과 협의해 플랫폼의 메인 공간에도 동시 노출할 수 있다. 개별방송 체제는 구조로만 보면 입점사가 원하는 만큼 콘텐츠를 제작하고 고객에게 다가갈 수 있는 구조다. 플랫폼 입장에서도 이 경우 콘텐츠 제작 전량을 내부에서 소화해야 하는 게 아니라 채산성이 좋아진다. 만약 네이버나 그립의 그 수많은 라이브커머스 방송을 모두 회사 내부 인력으로 직접 만들어야 한다면 엄청난 비용이 들 것이다.

채산성 해결을 위해 - 3. 콘텐츠 포맷과 제작 주체 모두 변화: 숏폼 콘텐츠

이처럼 플랫폼 입장에서 채산성 높게 콘텐츠 공급을 늘리려면, 이해관계가 같은 외부 주체가 콘텐츠 제작에 동참하는 구조와 환경을 갖춰야 한다. 위에서 언급한 라이브커머스 개별방송은 이에 부합하지만 한 가지 어려운 점이 여전히 남는다. 짧아도 30분, 대개 1시간 이상 라이브 스트리밍을 진행해야 한다는 점이다. 이는 콘텐츠 제작이 본업이 아니라면, 그리고 커머스 역량이 전제된 생방송 제작 역량이 없다면 참여가 어렵다. 시청자인 일반 구매자 입장에서도 라이브커머스의 허들이 있다. 해당 방송 시간이 아니라면 시청할 수 없고, 판매하는 상품과 브랜드에 관심이 없다면 콘텐츠 자체로서는 시청의 동기부여가 크지 않다. 반드시 보겠다는 목적형 시청이 아니라도 쉽게 손길과 눈길이 닿아 콘텐츠를 소비할 수 있는 형태가 아니다. 즉, 라이브커머스라는 콘텐츠 형태의 한계는 제작과 소비 양쪽 모두 다소의 허들이 존재한다.

이와 같은 고민에 부딪칠 무렵, 해외에서 새로운 콘텐츠 포맷이 등장했다. 미국에서 2016년에 아이폰이 '라이브 포토' 기능을 발표했고, 중국에서는 2016년 등장한 바이트댄스가 2017년부터 뮤지컬리를 인수해 발전시킨 '틱톡'으로 반응을 얻기 시작했다. 아이폰의 라이브 포토는 특정 기기의 한정된 기능으로 머물며 큰 반향으로 이어지진 않았으나, 틱톡은 지금까지도 큰 인기를 얻고 있으며 이들 역시 커머스로 진화 방향을 잡고 있다. 페이스북과 인스타그램도 이 숏폼 비디오 전쟁에 참여해 몇 차례 시행착오를 거쳐 2021년 2월 인스타그램에서 15~30초 사이의 영상을 공유하는 서비스 '릴스'를 선보였다.

이처럼 숏폼 비디오는 제작의 난이도가 낮고 시청 시간도 대부분 1분 미만의 초 단위 콘텐츠여서, 만드는 사람과 소비하는 사람 사이에서 활발히 유통되는 포맷으로 등장했다. 라이브커머스를 진행하기 부담스러운 입점사 브랜드도 스스로 숏폼 비디오를 만들기는 비교적 쉽다. 이마저도 어렵다면 숏폼 비디오를 만들 수많은 크리에이터들로부터 도움을 얻을 수 있다. 상업적 생방송을 한 시간 진행할 사람을 구하기보다는 훨씬 수월하다.

이런 이유에서, 나로서는 티몬에서보다 29CM에서 숏폼 비디오가 더 필요했다. 29CM은 당시 여러 이유로 라이브커머스를 열기 어려운 환경이었다. 그래서 먼저 숏폼 비디오 형태인 29TV를 기획해 출시했다. 이는 외형으로는 숏폼 비디오 서비스였지만, 이를 지탱하는 핵심 가치는 29CC였다. CC는 Creator Crew의 약자로 만든 말이다. 29CM과 함께 크리에이터 각자의 미디어 가치도 높일 수 있는 플랫폼 속의 플랫폼을 추구하며 만들었다. 개인적인 이유로 29CM을 퇴사하며 29CC까지 완성하지는 못했지만 애초에 설계했던 사업계획은 그러했다.

이 CC의 개념은 무신사에 입사해 '무신사 스냅'이라는 서비스를 만들며 '무신사 크루'로 다시 구현했다. 이런 사업적 요구는 미디어커머스를 추구하는 이커머스 플랫폼에서는 모두 필요한 일이라, 무신사로 이직한 후에도 크리에이터 혹은 마이크로 인플루언서들과 협업하는 콘텐츠 서

▲ 무신사 스냅

◀ 무신사가 운영하는 틱톡 계정(@musinsacom)

비스를 고민했다. 이미 무신사는 20년 전에 태어날 때부터 사용자 참여형 패션 콘텐츠가 기반이었다. 무신사에게는 이와 같은 콘텐츠 접근 방식이 새로운 것이 아니라 원래 잘 해오던 것이었다. 무신사는 기존에 운영하던 '스트릿 스냅', '브랜드 스냅'에 이어 무신사 크루와 함께 만드는 '크루 스냅'을 더해 '무신사 스냅'을 선보였다. 그리고 2021년에는 무신사의 숏폼 콘텐츠 전용 서비스인 '숏TV'를 론칭했다. 무신사 크루와 PD들이 만든 숏폼 콘텐츠를 만날 수 있는 서비스다. 이곳에 올라오는 콘텐츠는 무신사 앱의 숏TV는 물론, 무신사 인스타그램 및 페이스북의 릴스, 틱톡 등에도 노출되었다.

자원은 늘 모자라다, 사업의 중요도와 콘텐츠의 체급별 구성

앞에서 콘텐츠 제작과 공급의 채산성을 자세히 다뤘다. 이 글에서는 콘텐츠로 지원하는 사업의 중요도와, 콘텐츠에 들이는 자원의 규모를 서로 맞춰서 운영해온 사례를 소개한다. 여기서 말하는 콘텐츠의 자원이란 시간, 인력, 비용, 플랫폼에 노출되는 공간 등을 모두 포함한 개념이다.

▲ 무신사의 닥터마틴 쇼케이스 화면. 무신사의 쇼케이스는 무신사 미디어커머스 콘텐츠 중에서 라이브커머스와 함께 가장 많은 자원이 투입되는 콘텐츠다.

플랫폼에서 미디어커머스를 위한 콘텐츠에 투입하는 자원이 얼마나 큰가에 따라 콘텐츠의 체급을 나눌 수 있다. 티몬도, 29CM도, 무신사도 각각 자사의 콘텐츠들은 자원별 체급 구성이 이뤄져 있었다. 29CM이라면 월에 4~5개 제작이 가능했던 PT가 가장 상위 체급이었고, 티몬은 웹드라마, 무신사는 쇼케이스나 유튜브의 무신사TV 상위 등급 프로그램들이 그러했다. 가장 가벼운 체급은 티몬의 상품 소개 숏비디오나 카드 뉴스, 29CM은 에디터의 칼럼 〈We Love〉나 29TV, 무신사는 브랜드 스냅이나 뉴스였다. 각 사마다 해당 체급의 콘텐츠 이름이 다르니 이 글에서는 자원이 가장 많이 드는 콘텐츠의 체급부터 시작해 A, B, C…로 부르자.

가치 측정과 자원 투입의 결정

콘텐츠에 들이는 자원이 많을수록 그 콘텐츠로 지원하는 영업 대상(입점사 브랜드나 상품)에서 발생하는 가치도 커야 한다. 자원 투입 대비 성과든, 비슷한 가치를 주고받는 교환 가치든 말이다. 그러나 여기서 현실의 복잡성이 얽혀 있다. 이유는 두 가지다. 그 성과 가치의 측정은 꼭 정량적일 수만은 없다는 점과, 제조사 브랜드가 아니라 여러 입점사 브랜드를 운영하는 유통 플랫폼은 내부 영업 조직 안에서도 MD 각자마다 이해관계가 다르기 때문이다. 예를 들어 보자.

김현수 MD는 자신이 관리하는 카테고리 매출을 높이고자 입점사 '가'와 프로모션을 기획하면서 회사로부터 A등급의 미디어커머스 자원을 받으려 한다. 반면 회사에서 A등급의 콘텐츠를 지원받으려면 '가'의 매출과 이익이 현재보다는 높아야 한다. A등급의 콘텐츠는 회사가 많은 비용과 자원을 투자하기 때문에 그 이상의 가치로 돌아올 가능성에 우선 할당된다. 그래야만 회사 자원 운용이 마이너스가 되지 않는다. 김현수 MD는 '가'의 가능성과 가치를 회사에 증명해야 한다. 그래야 A등급의 콘텐츠 지원을 '미리' 받을 수 있다. 이 상황은 함께 근무하는 다른 MD들과의 경쟁이기도 하다. 회사의 한정된 미디어커머스 자원을 각 MD마다 자신이 관리하는 입점사 브랜드로 투입하도록 경쟁하는 것이다.

이렇게 플랫폼의 내부 MD들이 자신이 관리하는 입점사에게 지원할 회사(플랫폼)의 자원을 '미리' 가져다 쓰는 과정에서 설득력 있는 가치로 증명하거나 혹은 미래의 가능성으로 회사를 설득해야 한다. 미디어커머스의 지원을 받으면 빠르게 성장할 브랜드라거나, 당장 매출은 적지만 고유한 팬을 가진 브랜드이므로 콘텐츠 자원을 지원해 우리 플랫폼에 더 집중하도록 만들자거나, 미디어커머스 자원을 밀어주는 대신 우리 플랫폼에서 최저가를 일정 기간 유지하도록 하겠다거나 등등.

이렇듯 투입하는 자원은 구체적이고 분명한 마이너스인 반면, 이를 통해 돌아오리라 기대하는 가치는 당장은 증명이 어려운 미래의 기대가치일 수도 있다. 플랫폼 입장에서는 입점사 브랜드 중에서 스테디셀러에 자원 투입 우선순위가 당연히 높지만, 새로운 루키도 계속 발굴해야 한다. 그래야 플랫폼에서 새로운 스타 탄생 브랜드들이 계속 나타나 플랫폼 자체의 가치와 경쟁력도 올라간다. 미디어커머스 역량은 이렇듯 콘텐츠를 얼마나 잘 만드느냐에만 달린 것이 아니다. 사업적인 가치 설계와 운영을 어떻게 하느냐에도 성공 여부가 판가름 난다.

콘텐츠의 스펙트럼이 넓어야 하는 이유

2019년 29CM 재직 당시, 29CM의 입점 브랜드는 3천 개가 넘었다. 2022년 기준 무신사 입점사 역시 7천 개에 이른다. 이 입점 브랜드들 모두를 콘텐츠로 지원할 수는 없지만, 최대한 많은 대상을 지원하는 게 플랫폼 입장에서도 좋다. 모두가 A급의 지원을 원하겠지만 그렇게 하다간 플랫폼이 망한다. 입점사가 살아야 플랫폼이 살지만, 입점사 좋은 일만 하다 플랫폼이 망할 순 없다. 입점사 입장에서도 플랫폼이 망하지 않고 잘 돌아가는 게 좋다. 수수료를 내면서까지 브랜드가 플랫폼에 입점하는 이유는, 브랜드 홀로 맨땅에서부터 출발하기보다 플랫폼을 통해 얻는 고객 접점과 마케팅이 계산상 더 유리해서다.

그래서 미디어커머스 플랫폼이라면, 콘텐츠의 스펙트럼을 넓게 마련해야 한다. 단지 콘텐츠의 종류만 많이 구비하는 게 아니라 투입 자원의 규모를 다양하게 나누어 그에 맞게 콘텐츠 스펙트럼을 갖춰야 한다. 콘텐츠 자원도 하나로 뭉쳐서 분류할 게 아니라 비용별, 형태별, 노출 규모별, 제작 기간별로 나누는 게 좋다. 같은 패션 화보 콘텐츠라도 플랫폼에서 노출되는 공간이 어디인가에 따라 투입 자원이 다르다. 콘텐츠 노출 공간이 모바일 앱의 첫 화면 최상단 배너인가, 숨겨진 탭의 화면에서 사이즈가 작은 배너인가는 플랫폼 입장에서 차이가 큰 기회비용이다. 전자에서 뽑아내는 매출과 트래픽은 후자와 차이가 크다. 당연히 투입 대비 효

▲ 당시 상황에 따라 플랫폼의 자원 배치가 달라진다.

▲ 일정 기간 동안 입점 브랜드 아식스의 여러 상품을 다양한 콘텐츠와 채널, 노출 공간으로 각각 지원한 모습을 확인할 수 있다.

과가 높은 곳에 A급을 배치해야 수익성이 맞는다. 혹은 노출 영역이 열위에 있더라도, 그것을 플랫폼이 운영하는 외부 채널(예: 소셜미디어)에 노출하도록 지원할 수도 있고, 초상권을 해결한다는 전제로 해당 브랜드의 마케팅 자원으로 활용하도록 지원할 수도 있다.

따라서 입점 브랜드가 많고 다양할수록 콘텐츠 자원의 스펙트럼을 넓히되, 자원의 속성별로 구비해 상황마다 이를 조합해가며 운영해야 한다.

매대를 콘텐츠로 만들어라
— 29CM 사례

이 절은 29CM에 재직하며 구성원들과 '수요입점회'를 만들었던 사례다. '이커머스 매대의 콘텐츠화'가 전략적 지향점이었다. 전통적인 유통소매업의 매대가 지금 이커머스에서는 어떤 모습으로 이어져야 하는지, 모바일커머스의 매대는 어떻게 진화해야 하는지 고민했던 이야기다. 우선 '매대'가 무엇인지부터 짚고 들어가자.

- 매대 賣臺: 상점에서 물건을 놓고 파는 자리
- 매장 賣場: 물건을 파는 장소

사전적 의미로만 보면 매대와 매장의 의미 차이는 '자리'와 '장소'이다('자리'보다 '장소'가 더 큰 개념임을 전제하고 구분해 썼다).

전통의 오프라인 소매유통업에서 매장과 매대의 모습은 이해도 구분도 쉽다. 그런데 이커머스는 온라인 가상공간에서 이뤄지는지라, 매장과 매대의 구분이 모호하다(사실 꼭 구분해야 할 이유도 없다). 그러나 이 글에서 '매장'이라고 묘사하면 그게 29CM 자체를 가리키는지 29CM 안의 특정 코너를 말함인지 혼란스러울 수 있다. 그래서 29CM 자체는 매장, 그 안의 특정 코너를 '매대'라는 단어로 칭하기로 했다. 이 절에서 말하는 '매대'가 무엇인지가 정리되었으니 본론으로 들어가 보자.

이 절의 요지는 두 가지다. 첫째, 매대는 콘텐츠화해야 한다. 둘째, 뇌에 스크래치를 남겨라.

매대의 중요성

편한 말로 '쇼핑몰'이라 부르는 커머스 플랫폼을 기준으로 주요 거래선을 나열하면 입점사-플랫폼-구매자라 볼 수 있다. 단순화하면 그렇다. 여기서 구매자는 플랫폼을 누비며 입점사가 플랫폼에 등록한 여러 상품들을 만난다. 이때 플랫폼이 어떻게 구매자의 동선과 접점을 꾸미냐에 따라 구매자가 입점사의 상품을 경험하는 폭과 경험의 질이 달라진다. 흔한 말로 UX User Experience, 즉 사용자 경험이랄 수 있겠다.

그 꾸밈 중 하나가 매대이다. 오프라인 기반의 전통적인 소매유통업에서 웬만한 매장에는 반드시 매대가 그 안에 존재한다. 매대는 매장에서 구매자의 눈길과 발길을 붙잡아주고, 판매자의 큐레이션 의도를 표현해준다. 구매자에게는 매장 안에서 어디에 무슨 상품을 둘러봐야 할지 동선을 유도하고 구매를 자극한다. 상품을 팔아야 하는 매장이나 입점사에게 있어서 매대는 큐레이션의 중요한 접점이다.

그러므로 매대를 어떻게 기획하고 운영하느냐에 따라 결국 매출이 달라진다. 잘 기획된 매대는 구매자를 더 끌어들이고 구매전환을 높일 수

◀ 올리브영의 매대 모습. 매대를 어떻게 기획하느냐에 따라 해당 매장과 입점사 매출이 크게 영향을 받는다.

있어서다. GMS=UV×CR×CT다. 만약 그 과정에서 구매자에게 매대의 경험과 기억이 긍정적이고 선명했다면, 매장(플랫폼)은 브랜딩 효과를 얻고 구매자는 정기적으로 재방문할 확률이 높다.

 물론 구매전환에 매대의 역할이 그다지 절실하지 않은 경우도 있다. 상품 그 자체로 구매 수요가 확실할 때다. 이런 상품은 입고가 곧 매출 흥행이거나 대기 수요로 이어지곤 한다. 그래서 가격 비교나 검색 엔진 같은 기계적 접점과 수단만으로도 구매전환에 모자람이 없다. 정성 들인 매대가 없어도 상품 상세 화면에 결제 버튼만 있으면 팔린다. 이미 그 상품은 큐레이션의 단계를 지나 목적형 쇼핑의 단계에 들어선 것이다. 만약 지드래곤과 슈프림이 콜라보한 스니커즈라면 구매전환이고 뭐고 매대 따위(?)는 없어도 잘 팔릴 것이다. 슈프림 같은 강력한 상품이라면 오히려 매대가 상품 덕을 볼지 모른다.

'수요입점회'를 만들다

미디어커머스의 정의를 다시 떠올려보자. '콘텐츠로 큐레이션하는 이커머스의 유통 방식'이다. 이 관점으로 볼 때 모바일커머스 매장(플랫폼)에서 매대는 중요한 접점이다. 매장은 매대의 집합으로 볼 수 있고, 매대의 틀 안에 상품이 진열된다. 따라서 큐레이션이 힘을 발휘하는 발견형 쇼핑 단계에서는 매대가 중요한 역할을 한다. 특히 모바일커머스 플랫폼은 매대에서 상품과 콘텐츠가 함께 진열되고 유통된다. 그 과정에서 콘텐츠와 커머스의 시너지가 나온다. 나는 29CM에서 이런 접근으로 '수요입점회'를 만들었다.

29CM의 대표적인 매대는 PT다. 내가 재직하던 2019년에도 PT는 순항하고 있었다. 창업자이자 당시 대표이사였던 이창우 대표가 사업 초

▲ 29CM은 매주 수요일 오전 10시부터 24시간 동안 '수요입점회'를 연다. 29CM의 에디터가 29CM 신규 입점 브랜드를 콘텐츠와 함께 소개하는 코너다. 매대가 열린 24시간 동안 29%의 할인 혜택이 제공된다.

기부터 잘 다져놓은 매대였다. 시장에서 입점사와 구매자 양쪽 모두에게 그 가치나 인지도가 잘 자리 잡혀 있었다. 29CM의 PT는 콘텐츠로 큐레이션하는 이커머스의 유통 방식으로서 정평이 나 있다. 그래서 심지어 29CM에 입점하지 않은 브랜드들이나 이커머스로 판매가 어려운 것들도 PT와 협업을 요청하는 일이 잦다.

아쉬웠던 건, 다른 매대들도 있는데 유독 PT 혼자 고군분투한다는 점이었다. PT 외에 다른 전략적 매대들은 PT 대비 인지도나 소비자의 각인이 낮았다. 매출 성장을 위한 신규 입점 영업을 뒷받침하고, MD가 영업에 활용할 직접적이고 강력한 매대가 필요했다. MD 입장에서는 빠른 성장을 위해 좋은 브랜드를 더 활발히 입점시키고 그들을 조명할 매대가 필요했다. 고객에게도 29CM은 항상 새롭고 좋은 브랜드를 발견할 수 있도록 큐레이션한다는 가치를 각인시켜야 했다. 29CM의 미션은 'Guide to Better Choice'다.

물론 여느 쇼핑몰과 마찬가지로 29CM도 이미 신규 입점 브랜드를 소개하는 매대는 운영하고 있었다. 'Weekly New Brand'라든가 '신규 입점 기념 기획전' 같은 매대였다. 아쉽게도 29CM답진 않았다. 팀원들과 논의하며 우리는 이 과제를 더 29CM스럽게 풀어낼 수 있지 않을까 생각했다. 업자의 언어로 다가가는 '신규 입점 브랜드'가 아니라, 일상의 언어와 브랜딩으로서 다가가며 '고객의 더 나은 선택을 돕는' 접점을 마련하고 싶었다. 그래서 몇 가지 원칙을 바탕으로 매대를 기획했다.

매대의 지향점을 세우자

먼저 큰 틀에서 '매대의 콘텐츠화'를 위해 필요한 기획의 기본 방향들을 세웠다.

첫째, 신규 입점 브랜드를 '나열'하지 말고 '제안'해야 한다. 제안에는 제안자의 관점과 제안의 이유가 있어야 한다.

둘째, 업자의 언어로 하는 광고처럼 느껴지면 안 된다. 큐레이터의 언어로 하는 더 나은 선택을 돕는 제안으로 느껴져야 한다.

셋째, 매대를 브랜드화해야 한다. 매대가 브랜드화되려면 다음과 같은 조건을 충족해야 한다.

- 매대의 정체성이 단순하고 명료할 것.
- 그 정체성이 잘 표현되고 기억에 남도록 매대 이름은 쉽고, 직설적이고, 분명할 것.
- 매대의 이름은 행동을 촉발할 것.
- 제안은 설명이 아니라 설득, Information이 아니라 Content일 것.
- 매대의 브랜딩은 이름의 노출 빈도를 높이는 게 아니라, 정체성과 콘텐츠의 밀도로 완성시킬 것.
- 매대는 상거래의 도구이므로 혜택이 강력하되, 평범한 수준을 넘을 것.
- 과한 혜택이니만큼 입점사 입장에서 브랜드의 가치가 낮아지지 않도록 합당한 명분과 제한을 설계할 것.

한마디로, 매대로 고객의 뇌에 '스크래치'를 남기자는 애기였다.

매대의 정책을 만들자

이어서 앞서 정한 지향점을 바탕으로 매대의 정체성, 혜택, 예산, 운영 방식, 브랜드 마케팅 방안 등의 구체적 정책을 정했다.

- 고객이 최소한 일주일에 한 번이라도 29CM에 방문하게 만드는 매대로 만든다.
- 매주 수요일에 새로 입점한 브랜드를 소개하는 매대를 단 하루만 연다.
- 해당 브랜드를 대표하는 상품을 고른다(MD가 한다).
- 해당 브랜드를 제안하는 이유를 말한다(에디터가 한다).
- 에디터는 브랜드 소개서만 보고 쓰지 않는다(사람들이 이 브랜드를 왜 좋아하며 어떤 가치를 느끼는지, 소셜미디어와 커뮤니티를 뒤져 찾아보고 에디터의 시각으로 소화해 다시 쓴다).
- 상거래 제안의 미덕은 혜택이다(29% 할인으로 29CM의 매대임을 각인시키되, 혜택이 크니 단 하루만 열자).

매대 이름을 짓자

그리고 매대 이름 짓기가 남아 있었다. 이름을 짓는 데는 시간이 오래 걸릴 거라 각오하고 회의를 시작했다. 앞서 정한 지향점을 상기시켰다. '매대의 이름은 사람의 행동을 촉발할 것.' 그리고 행동을 촉발하려면 이름에 '언제', '무엇이', '왜', '어떻게'가 담겨야 함을 말했다.

- 무엇 → 이번 주 새로 들어온 브랜드와 에디터 제안
- 언제 → 매주 수요일
- 왜 → 혜택이 무려 29%이니까
- 어떻게 → 24시간 안에! (놓치지 말고 그날 꼭 오시라!)

좋은 레퍼런스로는 두 개의 사례를 들었다. 하나는, 오래된 예이지만 G마켓의 '스타숍'. 그 매대가 뭔지, 왜 봐야 하는지, 무엇을 기대하는지가 선명한 이름이다. G마켓이 마진 폭 낮은 가전 위주에서 패션 위주로 정체성을 전환하는 데 큰 기여를 했던 매대였다.

또 다른 예로 tvN의 예능 방송 '수요미식회'도 떠올렸다. 수요일마다 맛있는 음식을 제안받는 프로그램으로 기억해두기 쉬워 그 시점(수요일)에 TV 채널을 떠올려 시청을 유발할 수 있다.

그러나 직책자가 직원들 모아놓고서 이런저런 조건 달며 본인이 좋다고 생각하는 기준으로 레퍼런스를 깔아놓으면 오히려 직원들의 아이디어를 옥죄기도 한다. 그래서 잔소리는 그쯤 해두고 이제부터 '아무말 대잔치' 하자며 회의를 여는 운을 뗐다. 그러자 회의 시작 3분 만에, 재기발랄한 팀원 한 명이 키득대며 농담처럼 한마디 툭 던졌다.

"그럼 우리는 '수요입점회'면 되려나?"

회의는 3분 만에 끝났다.

매대 BI도 만들자

매대를 콘텐츠화하고 브랜딩하는 데 있어서 이름 짓기가 전부일 리 없다. 매대이지만 그 자체를 하나의 작은 브랜드로 만들고자 BI_{Brand Identity}[9] 로고를 만들었다. 역시 기준을 세웠다. 상징적인 비주얼 로고가 아니라 직설적이고 가독성 높은 텍스트 로고로 했다. 매대의 브랜드 시그널과 소개 영상도 만들었다. 수요일마다 소셜미디어에 카드 뉴스도 띄웠다.

▲ 29CM '수요입점회' 카드 뉴스의 일부

에디터들의 큐레이션도 강조했다. 일반적인 커머스 플랫폼처럼 브랜드 소개 자료의 내용만 담거나 MD의 톤앤매너로만 쓰지 말고 에디터의 주관이 담긴 시각이나, 소셜미디어에서 해당 브랜드와 상품에 대해 어떤 이야기들을 사람들이 주고받는지 관찰해서 발췌해 쓰기로 했다.

---

9   단어 그대로는 '브랜드 정체성'이라는 뜻이지만, 현업에서는 그 브랜드 정체성을 시각화하는 일이나 그렇게 시각화한 결과물(로고 등)을 BI라고 하기도 한다.

5장. 나의 현장 경험과 기록들

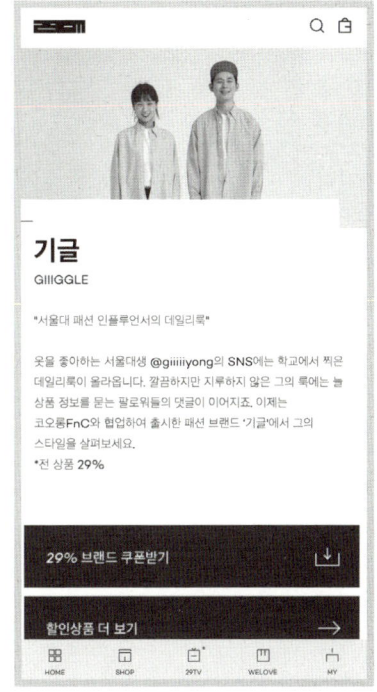 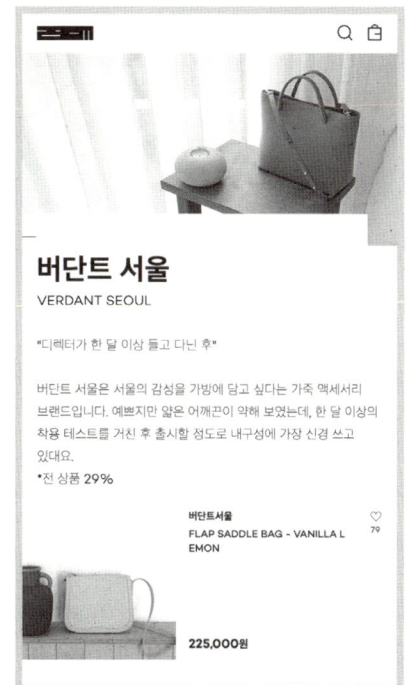

▲ 수요입점회에 소개됐던 신규 입점 브랜드인 '기글', '버단트 서울'.

　큐레이션을 강조하며 매대의 몇몇 상품과 브랜드는 영상으로도 제작했다. 멋짐만 강조하는 광고 같은 느낌의 영상은 멋있게 포장할 수 있을진 몰라도 고객이 흥미를 느끼게 하기엔 전달력이 약하다고 생각했다. 그래서 상품 사용법을 지루하지 않은 편집과 촬영으로 구성하거나, 직원들이 직접 리뷰를 하되 친근하고 자연스런 톤으로 (대본 없이) 진행하는 방식으로 제작했다. 물론 이런 영상 콘텐츠 역시 '수요입점회'라는 매대를 콘텐츠화하고 브랜딩하는 수단이 되었다.

실행 결과와 반응

입점 일자를 수요일로 일괄 맞추는 불편함을 입점사들이 감수해줄까, 매대에 이렇게 공들인다고 수많은 기획전이나 이벤트 페이지와 구별될까, 달마다도 아니고 주마다 소개할 만큼 뭔가 나올까. 여러 노파심을 뚫고 매대는 잘 자리 잡았다.

'수요입점회' 첫 회에 어렵게 브랜드를 모은 것이 5~6개였다. 몇 달이 지나자 40개를 넘었다. 입점회를 카테고리별로, 요일별로 나눠야 하나 고민할 정도였다. 입점사들의 자발적인 바이럴이 소셜미디어에서 나타났다.

◀ '수요입점회' 입점 브랜드들의 인스타그램 해시태그 바이럴. 29CM이 진행하지도, 입점사들에게 독려하지도 않았지만 자연스레 형성됐다. 매대에 '이름'을 붙이고 '콘텐츠'처럼 만들어놓았기 때문이다.

경쟁사들은 신규 입점 브랜드를 지원할, 소비자들에게 강력하게 각인될 매대를 준비하며 '수요입점회'를 벤치마킹했다.

   29CM은 2018년 대비 2019년에 두 배 가까운 성장을 거뒀다. 이후 무신사와 합병된 뒤에도 여전히 전년 대비 큰 성장을 이어오고 있다. 29CM이라는 플랫폼의 성장에 '수요입점회'라는 매대가 얼마나 기여했는지 정량적 계산은 어려웠지만, 기여했다는 자체는 판단이 어렵지 않았다. '수요입점회'는 PT와 더불어 29CM을 상징하는 대표적인 매대로 자리 잡았다.

미디어커머스, 매장은 미디어다

매대를 콘텐츠화하며 그 자체를 하나의 브랜드로 만드는 일은 효과적인 플랫폼 브랜딩이기도 하다. 그래서 매대의 콘텐츠화와 브랜드화가 필요하다. 매대는 상품과 콘텐츠의 집적이다. 매장은 매대의 유기적 결합이다. 매대 자체가 고객에게 좋은 경험과 콘텐츠로 뇌에 스크래치를 남기는 결과를 낳으면, 이는 고객에게 플랫폼을 좋은 경험으로 새기는 것으로 이어진다. 반복해서 주장하듯, 미디어커머스는 콘텐츠로 큐레이션하는 이커머스의 유통 방식이다. 미디어커머스로 접근해야 매대를 콘텐츠로 만들 수 있고, 그러면 그를 바탕으로 매대의 브랜드화가 가능하며, 이것이 곧 플랫폼의 브랜딩으로 이어질 수 있다. 그 플랫폼이 시장에서 큐레이션 플랫폼으로서 포지셔닝하려면 필요한 일이다. 특히 발견형 쇼핑의 영역에서 그러하다. 미디어커머스에서, 매대는 콘텐츠고, 매장은 미디어다.

콘텐츠를 매대로 만들어라
- 무신사 사례

대세는 숏폼 콘텐츠?

숏폼 콘텐츠 혹은 숏폼 비디오(이하 숏폼)는 '틱톡'이 세계적인 유행이 되면서 세상의 주목을 받게 됐다. 여기서 숏폼은 대략 '세로 화면 비율에 60초를 넘지 않는 동영상'을 말한다. 이 역시 학문적, 사전적 정의가 아직 없다. 숏폼의 정의가 무엇이냐 정색하고 파고들면 답이 없다. 이 정도로 선을 긋자.

이에 대응해 인스타그램과 페이스북은 '릴스', 유튜브는 '쇼츠'를 내세우면서, 숏폼은 모바일 콘텐츠와 소셜미디어 시장에서 주류가 되었다. 모바일, 콘텐츠, 소셜미디어로 고객을 접하려면 이제 숏폼을 피할 수 없게 됐다. 패션과 라이프스타일의 모바일커머스 업계도 마찬가지다.

이렇듯 대세이긴 하나, 기왕 하는 것, 왜 해야 하는지 한번쯤은 끝까지 고민해 보았다. 내 신념(?)으로는, 소매유통업에서 콘텐츠는, 자원을 들여 가치와 정체성을 만들고, 표현하고, 유통시켜야 할 대상이다. 그렇기에 내게는 '대세이니까' 하나만으로는 이유로 부족했다. 남들 다 하는 대세인

데 굳이 나까지 해야 하나 싶었다. 오로지 내 입장에서 해야 할 이유가 있어야 하는 것이다. 특히 내가 숏폼을 기획할 때는 2019년, 29CM에 재직할 때였다. 당시 29CM은 무엇을 하더라도 29CM만의 가치와 정체성을 구하는 회사였다. 나는 같은 신념 혹은 기획의도를 가지고 29CM에서는 '29TV'를, 무신사에서는 '숏TV'를 만들었다. 모바일 커머스에서는 숏폼이 어떤 의미와 가치가 있는지 고민하며 기획했던 과정을 이 절에서 복기해 보려 한다.

◀ 무신사 앱의 숏폼 서비스 '숏TV'

왜 짧아야 할까?

이토록 짧은 길이의 미디어가 대세가 된 것은 모바일이라는 하드웨어의 특성에 기인한다. 이 책에서 몇 번 언급했듯, 스마트폰은 미디어 기기이자 통신 기기이며 수많은 어플리케이션이 작동하는 하나의 작은 컴퓨터이고 내 육체(손가락)를 수시로 대놓고 있는 물체다. 콘텐츠 제공자 입장에서는 장애물이 많아 험난한 환경이다. 사용자에게 여기저기서 소통의 시도가 끼어든다. 앱 푸시 알림이 뜨고, 친구에게 메시지가 오고, 전화가 걸려온다. 여러가지 재미난 어플리케이션이 들어 있는 작은 컴퓨터 위에 내가 손가락을 대고 계속 만지작거리고 있으니 콘텐츠를 보다가도 딴 짓하기 딱 좋다. 그런 사용자를 콘텐츠가 '동작 그만' 시킨 채로 오랫동안 잡아두기 어렵다. 사용자가 작정하고 보는 영화나 드라마 같은 영상과 달리 일방적으로 맥락 없이 들이대야 한다면 긴 러닝 타임은 독이다. 이런 환경에서 살아남으려면 반드시 짧아야 한다.

얼마나 짧아야 할까? 사람이 정신 차리기 빠듯할 만큼 짧아야 한다. 이 콘텐츠가 무엇이고 그래서 더 볼 필요가 있는지 없는지 판단하는 과정보다 길면 안 된다. 이게 무엇인지 파악해 호기심을 느끼게 하고 그것이 다 증발해 버리기 전에 영상은 끝나야 한다. 상황 파악과 호기심 자극에 필요한 시간 1초~3초, 계속 시청할까 말까 판단하는 시간 3초~8초, 전달하려는 상업적 메시지에 필요한 시간 8초~15초 정도다. 이에 꼭 맞는 과학적 근거나 연구자들의 실험 결과는 찾을 수 없었다. 현장에서 얻은 한정된 체험이다. 굳이 근거를 찾아보면 이런 내용들은 있었다.

《최강소비권력 Z세대가 온다》의 저자이자 퓨처캐스트 대표인 제프 프롬은 《동아비즈니스리뷰》와 인터뷰하며 Z세대의 미디어 시청에 관한 실험 결과를 이렇게 전했다. "Z세대는 5개의 화면을 동시에 다루면서 8초 정도의 집중력을 가진다." 2022년 3월 19일자 《동아일보》에서는 틱톡 팔로워 4060만 명을 보유한 서원정 씨의 이야기가 소개됐다. "영상을 만들 때 가장 짧은 단위인 15초를 안 넘기려고 한다. 더 길어지면 (사용자들이) 영상을 보다가 넘겨버리는 경향이 있다." 일본 홋카이도 대학의 가와하라 준이치로 교수의 연구도 있다. 스마트폰을 사용하지 않고 단지 옆에만 두어도 주의력이 떨어진다는 그의 실험 결과는 일본심리학회 온라인 국제 학술지에 발표되었다. 실험 과정에서 참가자들이 T자 모양의 도형을 찾아내는 데 걸리는 시간을 측정했는데 옆에 스마트폰을 놓아둔 이들은 평균 3.66초, 메모장을 놓아둔 이들은 평균 3.05초 만에 찾아냈다. 뭐가 됐든 상황 파악에 걸리는 시간은 3초 내외라는 소리다. 이렇듯 스마트폰 속에서 갖가지 방해요소와 싸우며 사용자의 몰입을 온전히 받으려면 시간이 짧을수록 유리하다. 사용자 스스로 의지를 발현해 선택한 영상이 아니라면 말이다.

한편, 패션 분야의 콘텐츠들은 이런 미디어 환경에 맞게 얼마나 변화해 왔는지 살펴보았다. 패션과 라이프스타일을 다루는 모바일커머스에서는 여전히 매거진 시대의 전통적인 비주얼 콘텐츠 형태가 주를 이루고 있었다. 과거의 종이 잡지 시대와 지금의 모바일 시대 사이의 엄청난 격차에도 불구하고 말이다. 그것을 전달하는 매개체가 종이냐 디지털이냐의 차이일 뿐 모델, 정적인 포즈, 고정된 사진 이미지, 텍스트로 전달하는 메시지까지, 긴 세월이 무색하게 비슷한 모습이었다.

패션 잡지의 기원을 따질 때 16세기 엘리자베스 여왕 시대까지 올라가기도 하지만, 여러 이견을 뒤로 하려면 지금도 발행되는 대표적인 패션 매거진 《보그Vogue》나 《하퍼스 바자Harper's BAZAAR》를 보면 되겠다. 《하퍼스 바자》가 처음 발행된 게 1867년, 《보그》가 1892년이라 하니 대략 150년이 넘는다. 이 세월 동안 콘텐츠를 실어 나르는 미디어 기술은 크게 변했지만 패션 콘텐츠의 포맷은 크게 변하지 않았다. 특히 종이와 디지털, 잡지와 모바일의 차이를 상기하면 더욱 그렇다. 인쇄되는 유료 잡지 시대에는 에디터가 두 달 전에 기획한 콘텐츠를, 한 달 전에 제작해, 이번 달 들어서야 비로소 볼 수 있었다. 그것도 서점까지 가서 돈을 주고 보아야 했다. 실시간의 모바일 시대에는 이와 다른 방식이 필요했음에도 말이다. 지금 이 순간의 패션을, 모델뿐 아니라 일반인들도, 동적인 포즈와 살아있는 움직임으로, 자유롭고 다양한 컨셉으로, 텍스트를 넘어서 시각과 청각에 동시에 전달하는 메시지의 시대가 되었다. 패션 콘텐츠에 있어서 과거 종이 잡지의 영향력은 그래서 지금 인스타그램이 대체했다.

 그렇게 패션 콘텐츠 역시 빠르고 짧은 콘텐츠가 주류인 시대가 되었다. 지난 150년 동안의 화보가 오랜 시간 많은 리소스를 들여서 한참 기다려야 하는 콘텐츠 포맷이었다면, 이제는 콘텐츠 포맷의 스펙트럼이 넓어져야 하는 환경이 된 것이다. 빠르고, 가볍고, 움직이는 화보가 필요해졌다. 나는 그래서 짧고 가볍고 빠르고 친근한, 모바일에서 볼 수 있는 움직이는 화보가 필요했다. 그것이 내가 29CM과 무신사에서 숏폼을 만든 이유였다. 단지 틱톡이 가져온 유행이 이유의 전부는 아니었다.

모바일 커머스의 숏폼은 뭐가 달라야 할까?

틱톡, 릴스, 쇼츠의 숏폼들을 보면 채널마다 결의 차이가 있다. 반응이 좋은 숏폼의 형태가 미묘하게 다르다. 이 책의 주제는 소셜미디어가 아니니 그 차이가 무엇인지는 넘어가자. 대신 소셜미디어의 숏폼과 모바일커머스의 숏폼은 서로 어떤 차이가 있어야 하는지 다룬다.

무신사는 숏폼 전문 서비스, '숏TV'를 앱 메뉴로 배치했다. 론칭 초기에는 틱톡이나 릴스를 참고했다. 그러다 보니 나도 실무자들도 '트랜지션 transition'에 집착했다. 여기서 '트랜지션'은 우리 내부에서 쓰던 용어인데, 대략 '시선을 강탈할 화면 편집 효과' 정도의 의미로 쓴다. 우리의 서비스는 틱톡이나 릴스의 흔한 숏폼들처럼, 눈길 끄는 외모, 저작권료 내야 하는 음원, 댄스 일변도의 챌린지 등을 구사하기에는 적절치 않았다. 그렇게 하면 변별력도 없고, 상품보다 출연자나 퍼포먼스로 시선이 분산될 수 있으며, 인기 있는 음원은 비용도 크기 때문이다. 그렇다고 흔한 패션 화보 B컷을 동영상으로 전환한 게 전부인 숏폼이라면 사용자에게 볼 만한 가치(재미)를 주지 못했다. 숏TV만의 특별한 시선강탈 요소가 필요했다. 그래서 여러가지 기발한 편집 기법으로 트랜지션을 많이 시도했다. 예를 들어 엘리베이터에 탄 사람이 문이 열릴 때마다 옷이 바뀐다거나, 공중에서 여러 모자들이 떨어지는데 머리로 받아내면 그 모자를 착장한 코디로 바뀐다거나 등의 효과다. 당연히 이런 모션을 사전에 기획해, 현장에서 여러 번 촬영하고, PD들이 '프리미어 프로'나 '파이널컷' 같은 영상 제작 소프트웨어로 후보정하며 소스를 붙이는 방식으로 제작한다.

그러나 이런 재기발랄하고 기발한 타입은 점차 창의력이 고갈되고 시

▶ 숏TV에서 '트랜지션'을 시도한 예

청자의 피로감이 누적됐다. 이 역시 틱톡 대비 차별적 가치도 낮아지고, 패션 유통업자로서 기대하는 효과도 적어질까 염려했다. 결국 모바일커머스의 숏폼은 전통적인 종이 잡지와 '틱톡스러움'의 중간에서 균형을 찾아야 했다.

그래서 무신사 숏TV는 콘텐츠 구성의 포트폴리오를 다양화했다. 트랜지션 외에도 브이로그의 숏폼 버전인 숏로그short-log, 코디와 스타일링을 제안하는 큐레이션 영상, 룩북 타입의 영상 화보, 패션과 라이프스타일에 유용한 팁, 상품 디테일 소개, 리뷰, 상황극, 퍼포먼스(댄스나 노래 등), 아티스트 콜라보 등으로 다양하게 펼쳤다.

그 중에서 조회수나 반응이 좋은 건 대체로, 자연스러운 날것의 느낌이 잘 표현된 숏로그와 유용한 패션 팁이었다. 예를 들어 운동화 끈 예쁘게 매는 4가지 방법, 목도리 예쁘게 매는 법 등의 숏폼은 인기가 좋다. 아티스트 콜라보는, 숏폼을 시도하는 다른 이커머스에서 (아직은) 하지 않는 숏TV만의 차별화된 타입이었다. 소니뮤직을 시작으로 엔터테인먼트 기획사의 뮤지션들과 콜라보로 만드는 숏폼이다. 무신사에 입점된 상품을 해당 뮤지션들에게 스타일링 해주고, 그들은 자신의 곡을 숏폼의

▲ 뮤지션 박소은과 무신사 숏TV 콜라보　　▲ 패션 꿀팁으로 구성한 숏TV

BGM으로 활용한다. 음악과 아티스트와 패션이 결합한 영상 화보인 셈이다. 당연히 해당 기획사와 뮤지션, 무신사는 윈-윈 관계가 된다. 해당 숏폼이 많이 퍼질수록 아티스트의 음원과 무신사의 상품이 서로 마케팅해주는 구조다.

그러나 모바일커머스의 숏폼과 소셜미디어의 숏폼 사이에 필요한 변별력은 이러한 콘텐츠의 '내용'만으로는 부족하다. 사실 내용보다는 그 콘텐츠의 폼 팩터form factor가 변별력으로서 더 결정적이다. 모바일커머스 플랫폼은 유통업으로 보자면 '매장'이다. 사람을 불러오고 그들에게 상품을 팔아야 하는 접점이다. 따라서 숏폼 영상이 유통됨으로써 사람들에게 인상impression만을 남기는 게 종착역이 아니다. 영상을 접한 사람들을

▲ 숏TV는 숏폼을 보다가 상품에 닿을 수 있도록 구성했다. 콘텐츠 자체가 매대가 되는 것이다.

상품으로 끌어오는 물리적인 역할을 해야 한다. 사람들 사이에 유통되는 이 숏폼이 하나의 디지털 애셋asset으로서, 돌아다니는 작은 매대 역할을 해줘야 한다. 따라서 영상에서 상품 및 관련 정보(가격, 브랜드명 등)가 보여야 하고, 그것들을 터치하면 매장으로 오거나 결제가 되거나 사용자의 보관함에 담겨야 한다. 해당 숏폼이 인스타그램 릴스에서야 이런 폼팩터로서 작동할 수 없더라도, 매장(플랫폼) 안에서 전시될 때는 이런 기능들이 탑재되어야 한다. 매장에서만큼은 영상을 보다가 언제든 상품에 닿을 수 있어야 하고 구매할 수 있어야 하며, 이를 온라인 상에서 공유할 수 있도록 하는 기능을 제공해야 한다. 그래야 콘텐츠가 매대가 된다.

핵심은 프로세스다

그에 더해 내가 방점을 둔 것은 '프로세스'였다. 언젠가는 사용자 참여형으로 숏TV를 열어야겠지만, 첫 단계에서는 무신사 내부 제작 숏폼만 게시할 수 있도록 설계했다. 처음부터 완전히 개방된 사용자 참여형으로 구성하면 어떤 콘텐츠가 어떻게 올라올지 예상이 안 되었기 때문이었다. 다만 전량을 내부 제작 콘텐츠로 운영하려면 역시 채산성의 문제가 대두된다. 제작 인력의 인건비보다도 당장 숏폼 제작 비용이 문제였다. 물량도 많고 길이도 수십 초인 짧은 영상에 모두 전문 패션 모델을 출연시키면 비용이 커질뿐더러, 사용 범위에 따라 초상권 추가 비용도 가늠이 어렵기 때문이다. 게다가 전문 모델로 촬영하면 제작 기간과 일정 운영도 어려웠다. 섭외 조율하고, 촬영 일정 잡고, 현장에서 헤어와 메이크업을 세팅하는 등 전통적인 일반 화보 찍는 과정과 비용을 똑같이, 혹은 그보다 더 치러야 했다. 또한 영상의 결이나 뉘앙스도 내가 원하는 대로 잘 뽑히질 않았다. 카메라 앞에서 연기하는 것을 직업으로 삼는 전문인의 느낌 말고, 날 것의 느낌에 자연스럽고 친근한 느낌을 나는 원했다.

그래서 기획한 것이 '무신사 크루Crew'였다. 전문 모델이 아닌 일반인을 섭외했다. 취미로 하든, 모델이 되기 위한 경험이 필요해서 하든, 그냥 '관종'이든, 자연스럽고 편안하게 이 일에 임할 사람들을 찾아 모으고 함께 발전시켜 나갔다. 이 크루들은 스스로 발전해, 상품만 전달받으면 본인이 스마트폰으로 직접 촬영해 소스를 만들기도 한다. 이렇게 경험이 쌓인 무신사 크루들은 '무신사 라이브'와 화보에 출연하기도 한다. 크루의 역할과 활용이 확장하는 모형이다. 이 모든 과정에서 회사는 프로 모델에 비해 비용 면에서 유리했고, 크루 입장에서도 아쉽지 않은 출연료여서 서로 윈-윈이었다. 이 구조를 아티스트까지 확장한 것이 위에서 말한 아티스트 콜라보 숏TV였다.

정리하자. 결국 숏폼 콘텐츠라 하면 그냥 '영상을 짧게 만들자'가 아니라, 이것을 왜 해야 하고 어떻게 변별적 가치를 갖도록 만들며, 채산성과 가치 제고의 프로세스를 어떻게 만들지가 중요하다.

6장.

자주 받았던 질문들

비용과 수익의
구조는 어떻게 되나요?

미디어커머스로서 콘텐츠에 투입하는 자원의 비용과 수익 구조는 어떤지 살펴보려 한다. 이 역시 업계 표준이 아니다(그런 것은 아직 존재하지 않는다). 내 경험이 내용과 근거의 전부다. 따라서 시기, 상황, 회사마다 이하의 양상과 전혀 다를 수 있다. 그게 당연하다. 이를 감안하고 봐주시길 바란다. 이 책 전체가 그러하지만, 비용과 수익에 관해서는 특히 강조하고 싶다.

비용

나는 미디어커머스의 비용을 크게 광고비와 제작비로 나눈다. 광고비는 다시 내부 채널과 외부 채널로, 제작비는 CAPEX_{Capital Expenditure}와 OPEX_{Operating Expenditure}의 개념으로 나누어 관리했다.

1 광고비

① 내부 채널

플랫폼 내부의 노출 구좌를 말한다. 미디어커머스 시각에서 보면 이 각각의 구좌들은 모두 콘텐츠를 실어 나르는 미디어 자원이다. 플랫폼 자사의 내부 전시 공간인지라, 이것을 플랫폼 입장에서 왜 비용으로 받아들여야 하는지 이해가 안 되는 이도 있을 것이다. 그러나 이를 비용으로 생각해야 한다. 현업 실무자라면 나의 이 말을 뼈저리게 느낄 것이다. 이는 비용 중에서도 가장 처절하고 절실한 비용이다. 아무리 좋은 콘텐츠와 상품이라도 사람들에게 보여줄 수 없으면 소용없다. 예를 들어 29CM의 A급 미디어커머스 자원인 'PT'의 경우라 해도, 이것이 그 콘텐츠 규모에 걸맞은 노출 구좌 자원을 얻지 못하면 효과가 반감된다. 반면 중요한 노출 구좌일수록 이를 통한 기대 수익이 크다. 이 기대 수익을 맞추지 못하면 비용이 수익을 초과해버리는 결과가 나온다.

다만 이 비용을 수치화하는 산식은 의외로 정량적 기준과 정성적 기준이 뒤섞여 있다. 정량적 기준은 다들 예상하는 바와 같다. 해당 구좌에서 발생하는 평균 지표(매출이든 이익이든 방문이든) 데이터를 산출한 후 그에 대한 값을 매기는 식이다. 그러나 이 산식은 구체적으로 파고들어갈수록 오류를 낳는다. 가령 '가나다'라는 상품이 '1번 노출 구좌'에 배치된다 치자. 플랫폼 방문자들이 '가나다'라는 상품을 구매한 이유가 온전히 '1번 노출 구좌'에 있었다는 직접적인 데이터는 의외로 수치가 매우 낮다. 방문자가 구매자로 전환될 때 단 하나의 경로를 통해 결제까지 이르는 경우는 드물기 때문이다. 대개 이런 경로, 즉 한 번의 조회와 클릭이 곧바로 구매로 이어지는 경우는 방문자가 목적 구매로 가격 비교나 검색을 통해 유입될 경우다. 따라서 '1번 노출 구좌'를 통해 발생한 직접 전환 매출액 데이터만으로는 그 자리의 값을 산정하기 어렵다.

물론 픽셀 기반의 소셜미디어 퍼포먼스 광고 추적 방식을 따를 수도 있다. 알려져 있다시피 페이스북을 비롯한 광고 기반의 여러 미디어들은 광고 효율 측정을 위해, 해당 노출 구좌와 그 콘텐츠의 방문자가 구매자로 전환됐는지, 그리고 얼마나 구매했는지를 픽셀과 쿠키를 통해 추적한다. 이를 통해 ROAS Return On Ad Spend 를 측정한다. 100만 원의 광고비를 내고 특정 광고 노출 구좌를 확보해 콘텐츠나 상품을 노출하고, 이를 접한 방문자가 구매자로 전환되어 500만 원을 소비했다면, ROAS가 500%라는 식이다. 잘 알려진 익숙한 산식이다. 이를 집행해본 실무자라면 이 ROAS의 전제로 기간을 물을 것이다. 이 500%는 하루 동안 벌어진 일인가, 일주일인가, 아니면 한 달인가. 같은 500%의 성과라도 1 day인 것과 1 week인 것은 큰 차이다. 당연히 전자가 해당 구좌의 기여도를 증명하기에 용이하다. 이 기간이 길수록, 과연 해당 방문자가 구매자로 전환한 것이 비단 이 노출 구좌 때문인가가 불명확해진다. 그 방문자는 그 기간 동안 그 플랫폼에 여러 경로로, 여러 차례 방문했을 것이기 때문이다. 앱 푸시, 검색, 다른 광고 구좌를 통한 방문, 심지어 그냥 스스로 모바일 앱을 켜서 방문 등등. 그중 어떤 경로가 그 방문자에게 구매를 결심하게끔 했을지는 아무도 모른다. 모두 기여했을 수도 있고, 단 하나의 노출 구좌와 경로로 구매자로 전환했을 수도 있다. 모두 기여했다면 그 기여 비중 역시 다를 터인데 이는 정확히 가늠할 방법을 찾기 어렵다.

향후 기술이 고도로 발전해 방문자의 동공과 미세한 터치 강도, 방문자의 심리 상태와 스마트폰 액정 화면에 닿는 손가락의 정전기 세기와 감압의 차이로 이 기여도를 분석할 수 있는 날이 있을지 모르겠다만, 아직은 아니다. 그래서 실무를 하다보면 당혹스런 수치를 만나기 일쑤다. 하나의 캠페인을 여러 광고 채널로 집행했을 때 서로 가져온 ROAS를 합치면 실제 발생한 매출의 몇 곱절이 나오기도 한다. 예를 들어 특정 상품으로 일주일 동안 광고를 돌려 1천만 원의 매출이 발생했는데, 그 기간 동안 네이버 검색광고, 페이스북 광고, 포털 배너 광고, 포인트 리워드 광고를 진행했다 치자. 그리고 이 네 곳에 각각 100만 원씩 총 400만 원을 집행했다고 하자. 이때 만약 1천만 원의 매출을 발생시킨 방문자가 해당 기간 동안 저 네 곳을 모두 거쳐서 1천만 원의 매출을 일으켰다면, 네 곳 모두 1,000%의 ROAS 효율이라고 보고할 것이다. 네 곳 각각 100만 원의 비용으로 1,000%의 효율을 일으켰다면 매출은 총 4천만 원이어야 하지만, 위에서 말한 대로 실제 발생한 매출은 1천만 원이다. 이 경우 네 곳 각각의 광고 채널의 효율은 어떻게 산정하고 판단할 수 있을까.

이 난점이 내부 채널의 노출 구좌 기여도 분석에도 마찬가지로 발생한다. 위의 예에서 '가나다'라는 상품이 '1번 노출 구좌'에 배치되었을 때, 이 경로를 통한 직접적인 매출 전환액만으로는 해당 구좌의 값, 즉 비용을 측정하기 어렵다는 이야기다.

그래서 현업에서는 대체로 내부 채널(구좌)의 비용 산정 기준을 노출과 클릭 두 가지 정도의 항목에 국한하고, 이에 더해 그 플랫폼이 정하는 전략적 가치 산정을 가중치로 더해 비용으로 해석한다. 다분히 정성적일 수는 있으나, 크게 문제가 되진 않는다. 플랫폼 내부의 MD도, 입점 브랜드도, 모두 '저기 노출하고 싶다'는 내부 채널의 구좌 우선순위 혹은 선호도는 (신기하게도) 일치한다. 내가 저기 노출하고 싶으면 남도 그렇다.

어쩔 때는 데이터가 선호도와 다를 경우여도, 데이터보다는 선호도에 의해 가치가 갈리기도 한다.

요약하자면 미디어커머스의 비용으로서 내부 채널의 비용도 분명히 기회비용이자 실질비용이므로 비용으로 인식해야 하되, 데이터와 전략적 가치 부여를 혼합해 산정하게 된다는 의미다.

② 외부 채널

외부 채널은 유료 광고 채널을 말한다. 위 '내부 채널'의 여러 사례를 들며 광고비 집행과 ROAS 효율의 여러 면을 살폈으니 긴 설명은 생략한다. 여기서 강조하고픈 사항은 '미디어커머스 추진 과정에서 외부 광고 채널 비용을 얼마로 책정할 것인가'가 전체 비용, 특히 실비 actual expenses 규모에 제작비만큼 직설적으로 반영된다는 것이다. 그럼에도 간혹 미디어커머스 예산 수립에서 이 외부 채널 비용을 고려하지 않아 곤란을 겪는 실무자들을 보았기에 이를 굳이 강조하고자 한다.

예를 들어 '라이브커머스 비용은 얼마나 들까?'를 고민하며 출연자 섭외비, 촬영비, 스튜디오 렌탈비, 심지어 방송 당시 뿌리는 쿠폰과 할인 비용까지 계산하면서 라이브커머스를 사전에 외부 채널에서 예고하는 광고 비용은 고려하지 않는 경우가 있다. 만약 라이브커머스 방송 3일 전부터 페이스북과 인스타그램, 각종 커뮤니티의 DA Display Ad 광고를 진행한다면 이 금액을 얼마로 책정하고 산정할지 정해야 하며, 라이브커머스 예산으로 인식해야 한다. 이는 당연한 말인데 간혹 놓치는 경우가 있어서 한번 되짚고 가는 의미에서 살펴보았다.

2 제작비

① CAPEX

CAPEX는 '미래의 이윤 창출, 가치의 취득을 위해 지출된 투자 과정에서의 비용'이다. 감가상각이 들어가는 고정자산 구매 비용이라 이해해도 되겠다. 이 책의 서문에 콘텐츠의 '제작'의 개념을 나름대로 규정했다. '제작=기획+생산'이다. 미디어커머스 비용에서 CAPEX는 콘텐츠를 내부 생산하며 필요한 공간과 장비, 그 외 필요한 물리적 요소들을 내재화할 경우에 고려하는 항목이다.

예를 들어 숏폼 비디오나 패션 화보 콘텐츠를 만들거나 라이브커머스를 내부에서 직접 생산해 운영할 때, 스튜디오와 카메라, 컴퓨터와 소프트웨어 프로그램을 모두 내재화해 구비한다면 이는 정해진 회계 기준에 따른 기간 동안 감가상각비로 상계할 비용이 된다. 그러나 기획은 내부에서 하되 이를 촬영, 편집, 보정하는 등의 생산 과정은 모두 외부 대행사를 통한다면 CAPEX는 고려하지 않는다. 그 경우는 아래 설명할 OPEX에 포함된다.

② OPEX

OPEX는 말 그대로 운영하는 데 드는 비용이다. '운영비용'이라고도 한다. 나는 일하며 다음과 같은 세부 항목으로 구성했다.

- 인건비: 콘텐츠 제작과 운영에 투입되는 내부 직원들의 인건비다. 직원들 인건비를 연간 단순 합으로 계산하면 어려울 게 전혀 없다. 문제는 콘텐츠별로 인건비를 산정하려 할 때 생긴다. 직원 한 명이 동일 기간에 하나의 콘텐츠 제작에만 투입되지 않는다. 그러면 인건비 채산성도 나오

지 않을뿐더러, 프리랜서가 아닌 이상 현실적으로 그렇게 돌아갈 수도 없다. 따라서 관리자는 콘텐츠의 제작 과정을 세분화하고, 투입되는 인력의 작업을 자세히 이해하고 있어야 한다. 그래야 콘텐츠당 인건비를 현실에서 크게 벗어나지 않게 대략이나마 계측할 수 있다.

- **용역비**: 외주 용역비는 발생할 수밖에 없다. 콘텐츠 제작을 위한 장비와 공간을 모두 내재화해서 전량 생산한다 해도 현실에서는 일부라도 발생하게 된다. 특수한 영상 효과든, 제작 물량을 맞추기 위해 하다못해 이미지 보정 작업을 다량 외주로 처리하든, 오디오 믹싱을 의뢰하든, 야외 로케이션 촬영에서 외부 조명 업체를 부르거나 발전차(전기 공급을 해주는 이동 발전소 차량)를 부르든, 외주 용역은 발생한다. 패션 콘텐츠에서는 헤어 스타일링과 메이크업이 대표적인 외주 용역이다. 당연한 말이지만 이를 계속 외주로 해결하는 게 좋을지 내재화하는 게 좋을지는 정기 물량과 내재화 효율성을 따지며 접근해야 한다.

- **대여비**: 역시 발생할 수밖에 없는 항목이다. 미디어커머스 콘텐츠가 다양하다면 필수로 발생한다. 늘 똑같은 스튜디오에서 똑같은 콘셉트로 콘텐츠를 만들게 아니라면, 외부 로케이션 촬영이나 특별한 장소를 대여해야 한다. 장비 역시 간헐적으로 필요한 장비라면 그때그때 최신 장비를 사용하는 게 좋다. 수리 및 관리 비용이 많이 드는 장비도 필요할 때마다 대여하는 것이 효율적이다.

- **재료비**: 무대, 소품, 샘플 등을 말한다. 영상의 경우 특정 음원이나 이미지, 영상 클립, 폰트 등의 비용이 들기도 한다.

- **섭외비**: 진행자 및 출연자, 그에 준하는 대상을 섭외할 때 드는 비용이다. 섭외비를 책정하고 계약할 때는, 초상권의 사용 범위를 미리 고려해

야 한다. 초상권 계약 형태에 따라 사용 범위의 제한이 있을 수 있다. 콘텐츠 제작 후 특별한 사정에 의해 해당 콘텐츠를 계획보다 더 다양한 채널에서 활용할 때가 생길 수도 있다. 이때는 활용 범위가 콘텐츠 출연자와 계약한 초상권 사용 범위를 벗어날 때 추가로 비용이 들어간다. 국내 한정으로 운영할 계획을 세워 콘텐츠를 제작했으나, 뜻하지 않게 해외에도 사용해야 할 때 출연자와 사전에 계약한 초상권의 범위가 국내 한정이었다면, 초상권의 비용을 추가로 투입해야 할 때가 있다.

- **진행비 및 기타**: 식비, 교통비 등 잡비 항목과 그 외 여러 가지 상황을 위한 예비비다. 예를 들어 무신사의 경우, 미디어커머스 콘텐츠의 운영 채널 중에 인쇄 지면도 있다. 매월 페이퍼 매거진으로 무신사 매거진을 다량 인쇄해 배포한다. 이때는 인쇄와 배포에 들어가는 비용이 매회 들어간다.

수익

미디어커머스 콘텐츠를 통한 수익의 산정은 앞서 말한 비용 > 광고비 > 내부 채널에서 말한 현실을 다시 거론해야 한다. 과연 오로지 이 미디어커머스 콘텐츠에 의해서 발생한 매출과 이익이 얼마인지 계량하기에 현실적인 어려움이 있다. 이 때문에 미디어커머스 콘텐츠를 통해 발생하는 수익은 크게 두 가지로 가늠한다.

첫째, 해당 콘텐츠 자체로 금전적인 매출이 발생하는 경우다. 예를 들어 플랫폼이 입점 브랜드의 미디어커머스 콘텐츠를 지원하며 수령하는 금액이 수익이 될 수 있다. 그러나 이커머스 플랫폼은 대개 미디어커머스 콘텐츠로써 마진을 남기는 구조나 수익을 취하진 않는다. 그런 수익 구조는 콘텐츠 제작을 주업으로 삼는 회사의 비즈니스 모델이다. 제작 실비를 입점 브랜드와 나눠 부담하는 경우는 있더라도, 입점 브랜드에게 미디어커머스를 지원하며 거기서 마진을 취하려는 구조는 굳이 하지 않는다. 그러니 그것을 통해 더 좋은 상품과 판매 조건을 얻는 게 낫다. 앞 장에서도 여러 번 강조했듯이 그것이 이커머스 플랫폼이 미디어커머스에 뛰어드는 업의 본질이다.

둘째는 미디어커머스를 전제로 입점사와 플랫폼 사이의 협상을 통해 기대하는 수익의 추정치이다. 이를 미디어커머스를 통한 수익으로 보는 게 그나마 적절한 수익 개념이다.

조직 구성과 채용은
어떻게 했나요?

내가 재직하며 미디어커머스를 총괄했던 회사 세 곳 중에서 티몬과 무신사에서의 경험을 바탕으로, 라이브커머스 조직 구성과 채용의 사례를 살펴보려 한다. 29CM의 경우나 무신사의 기존 콘텐츠 조직의 경우, 내가 맡긴 했지만 이미 나의 입사 전부터 운영되었던 데 반해, 티몬과 무신사에서의 라이브커머스 및 숏폼 콘텐츠 조직은 바닥에서부터 팀들을 새로 꾸리고 한 사람 한 사람 채용해 사업과 조직을 구성했기에 더 많은 경험을 이야기할 수 있어서다.

조직 구성

맨땅에서부터 조직을 구성하는 경우의 장단점은 분명하다. 장점은, 하려는 사업의 의도대로 조직을 구성하고 그에 맞는 인력을 모으니 유무형의 전환 비용이나 저항이 없다는 것이다. 단점은 막막하다는 것뿐이다. 그러나 이런 장단점의 판단은 사업과 조직을 맡은 책임자의 성향에 따라 다르다.

조직의 구성은 사업의 구상이 먼저다. 나 역시 티몬에서도 무신사에서도 라이브커머스의 사업계획을 먼저 수립하고 그에 따라 조직을 구성했다. 목표, 일정, 자원 등 사업계획과 그 본질에 맞게 조직을 단계별로 구성해야 한다. 이미 오래전의 일이 되었지만 그래도 특정 기업의 내부 사정이니만큼 사업계획의 세부 사항은 생략하고, 그에 따라 수립한 조직 구성에 관해서만 밝히고자 한다.

1 조직의 목표와 전(全)사의 목표를 동시에 고려하라

조직을 구성할 때 사업계획이 먼저라고 했는데, 이때는 목표가 따라 나온다. 이때 조직의 목표와 전사의 목표가 충돌하지 않도록 구성해야 한다. 내 사례는 이랬다. 라이브커머스의 조직 목표는 방송 생산량과 매출로 하자고 회사에서 제안했다. 나는 전자에는 동의했지만 후자에는 조건을 걸었다. 라이브커머스의 조직 목표로서 매출을 짊어지는 대신 방송의 편성권도 전권을 가져가겠다 제안했다. 방송은 PD들이 하는데 방송에서 언제 무엇을 팔지 결정하는 편성을 영업(MD)에서 결정한다면, 주어진 목표와 목표를 달성하는 행위가 서로 다른 주체로 나뉘는 꼴이어서다.

MD는 무조건 매출이 많이 나오는 상품으로 방송을 편성할 것 같지만 현실에서는 꼭 그렇지만은 않다. 매출 경쟁력이 모자란 입점 브랜드와 상품이어도 담당 MD가 키워야 할 업체도 있고, 밀어주려는 업체도 있기 마련이다. 어느 이커머스 플랫폼이나 사정은 비슷하다. 편성권이 MD에게 있고 매출 목표는 PD에게 있다면, PD 입장에서는 지금 이 시즌에 이 상품보다는 저 상품이 분명 매출이 많이 날 것을 알지만 팔지 못하는 상황이 되는 것이다.

회사는 나의 이런 논리와 역제안을 수용하려 했지만, (당연하게도) 영업부서에서 MD의 입장은 반대였다. 라이브커머스는 강력한 영업의 무기였기에 MD는 이를 꼭 활용하고 싶어 했다. MD 입장에서 편성 권한을 모두 PD에게 빼앗긴다면 강력한 매대를 잃는 꼴이다.

나는 영업부서와 회사를 협상 테이블로 한자리에 앉혔다. 결국 방송 생산량 목표는 내가 맡은 부서가 가져왔다. PD들에게 매출 목표를 KPI로 부여하지 않는 대신, MD들에게는 방송 전체 편성 중 2/3의 방송에서 판매 상품을 결정할 권한을 부여했다. 다만 PD들도 매출 목표 달성의 긴장감과 동기부여를 갖도록 MD의 매출 목표 달성 여부가 본인들 KPI의 50%를 차지하도록 설계했다. 양쪽 부서의 협력은 유도하고 각자의 목표는 설정하되, 서로 시너지를 일으키도록 이해관계를 설계한 것이다.

2 구성원의 역할은 채산성과 팀워크를 높이도록 설계하라

조직을 구성하면 그 조직의 구성원 각각에게 R&R을 부여해야 한다. 이때는 채산성과 팀워크가 가장 중요하게 반영해야 할 요소다. 이 역시 조직 구성에 앞서 설계한 사업계획을 실현하기 위한 최적의 방안이 무엇인지가 기준이어야 한다. 그렇지 않고 이와 유사한 혹은 동일한 직무를 수행하는 타사의 사례를 그대로 적용하면 타사의 한계도 그대로 안고 갈 확률이 높다.

이 역시 내 경험을 사례로 들 텐데 이 내용은 특히 더 조심스럽다. 나 역시 처음 시도했던 방식이었고, 그 전에도 그 후에도 보거나 들은 적이 없기 때문이다. 이게 보편적으로 적용할 수 있는 방식인지 확신이 없다. 다른 회사에서 이렇게 조직을 꾸려 운영하는 것을 본 적도 들은 적도 없어서다. 이를 감안하고 참고하시기 바란다. 라이브커머스의 중앙방송과 개별방송 중, 중앙방송을 담당하던 제작팀의 구성과 운영 사례다.

일반 방송국이든 TV홈쇼핑이든 방송 제작진은 그 역할이 철저히 기능별로 나뉜다. 연출(PD), 작가, 촬영(카메라), 편집, 기술(효과), 송출, 조명, 음향, 무대, 출연, 섭외, 진행(FD) 등이다.

기존의 방송국은 각각의 그 기능과 역할의 전문성이 깊다 보니, 해당 업무의 기술을 습득하기도 어렵고 접근법이나 역량도 많이 달라 그럴 수밖에 없는 사정이 있다. 하다못해 다루는 장비의 조작법이 천차만별이다. 카메라의 조작법과 편집의 조작법은 전혀 다르다. 그래서 오랜 세월 그 분야에서는 그렇게 철저히 역할이 나뉘어 이어져 왔다.

그러나 인터넷 스트리밍인 모바일의 라이브커머스는 기존의 방송국과 외형은 유사하지만 각각의 기능은 훨씬 가볍고 단순하게 가져갈 수 있는 기술적 환경이다. 예를 들어 카메라도 방송국에서 사용하는 ENG Electronic News Gathering 카메라가 아니라 DSLR 카메라이거나 혹은 DSLR 렌즈를 장착한 웹 스트리밍 용도의 카메라, 심지어 고성능 스마트폰으로도 가능하다. 또한 모바일 라이브커머스는 천고가 6m 이상인 거대한 방송국 스튜디오가 아니라 천고 3.5~4m의, 흡사 일반 사무실 같은 공간에서 주로 진행되다 보니 조명 기기도 단출하고 그 조작과 운영도 비교적 습득이 수월하다. 이는 오디오도 마찬가지다. 송출과 효과는 컴퓨터 소프트웨어로 제어하다 보니 동시에 운용이 가능했다.

그래서 나는 제작진을 기능별로 나누지 않았다. 모두 PD라 부르고, "모두가 모든 것을 한다"는 모토로 조직을 구성했다. 대신 제작팀 안에서 각자 6~8명을 하나의 파트로 묶었다. 이 파트 안에서 서로 번갈아 가며 연출, 카메라, 송출, 조명, 진행, 편집, 댓글 운영 등을 하도록 했다.

그리고 심하게 낯을 가려 본인의 거부감이 심하지 않은 이상, PD들이 방송에 출연자로서 자주 등장하게 했다. 무신사 라이브에서는 스타일리스트인 에디터들이 사진 기획에 참여하는 것은 물론, 본인들이 직접 메인으로 방송을 진행하도록 했다. 방송의 진정성도 높이고, 그들 스스로도 즐기며 임하도록 하기 위해서였다. 유튜브 시대에 제작자와 출연자는 더 이상 구분이 의미 없는 영역이라 생각했다. 전방위 크리에이터로서 역량을 높이기 위함도 의도였다.

이런 역할 설계는 두 가지 장점이 있었다. 모두가 모든 것을 하게 되니, 같은 인원수라도 방송 편성 소화량이 극대화되어 채산성이 높아졌다. 그리고 서로가 서로의 역할에 기대야 하고 또한 각각의 역할을 역지사지로 매 방송마다 체험하다 보니, 역할과 기능 사이의 충돌과 갈등이 현저히 적었다. 사람 대 사람으로서 안 맞을 수는 있어도 서로 기능과 역할이 달라서 빚어지는 입장 차는 애초에 발생하지 않았다.

③ 조직 운영의 기본 비용을 고려하라

조직이 수십 명에 이르면 고정비로서 인건비가 경영의 부담으로 다가온다. 이 비용을 안정적으로 해결할 방안을 미리 마련해야 한다. 그중 하나가 채산성을 높이는 설계이며 이는 위 ②에서 살펴봤다. 그리고 이에 더해, 이 조직이 지속가능할 수 있도록 비용의 해결책을 미리 만들어 놓아야 한다.

티몬에서는 라이브커머스의 월 방송 편성량 목표치를 세우고, 방송 회당 기본 가격을 책정했다. 목표로 세운 방송 편성을 소화하려면 적지 않은 규모의 인력을 꾸려야 했고, 그 인건비를 마련하기 위해서였다. 방송 매출이 얼마가 나오든, 방송당 기본 가격을 받는 구조는 제작 인력의 인건비 해결에만 장점이 있는 게 아니다. 내부 영업부서 MD와 입점사에게도 좋았다. MD들은 모든 방송을 매회 스테디셀러로만 채우지 않고 가능성 있는 신규 입점사를 부담 없이 지원할 수 있는 환경이 되었고, 입점사 역시 기존의 거대 매출을 발생하는 대형 입점사가 아니어도 플랫폼에서 시선을 받으며 데뷔할 수 있는 기회를 얻을 수 있었다. 물론 방송 편성량의 일정 비율 안에서 돌아가는 구조였지만, 그나마 가능했던 배경은 라이브커머스 제작진의 고정 인건비를 커버할 수 있는 정책이 있어서였다.

채용

위에서 조직 구성과 구성원의 역할 설계에 대해 자세히 살펴봤다. 채용은 그 관점에 부합한 인력인가가 구인의 기준이었다. 그러다 보니 기존 방송국 혹은 그와 유사 직종에서 오래 일했거나, 그 업무 구조에 익숙해진 지원자들은 채용 대상자가 아니었다. 특히 티몬 재직 시절에는 국내에 라이브커머스라는 것이 없었던 만큼 더욱 그러했다. 기존 경험과 선입견에 매몰되어 있으면 일하면서 본인도 힘들다. 따라서 꼭 방송 경험이 없어도 영상 제작의 역량이나 기술을 보유한 3년차 이하의 경력 혹은 신입 직원들로 대부분 채워졌다. 티몬에서 라이브커머스 제작진은 약 50명이었는데, 그중에는 영상미디어 분야 특성화고등학교를 이제 막 졸업한, 갓 스무 살의 직원도 두 명 포함되어 있었다.

이들은 경험은 부족했지만 대신 선입견이 없었고, 직무의 클리셰에 매몰되어 있지도 않았다. 어차피 나로서도 당시 라이브커머스는 국내에서 최초로 시도한 사업이었기에 참고할 사례도 없었고 또 '몰라서 용감한' 상황도 필요했다. 그저 도전 정신과 협업의 팀워크에 적합한 자질을 중심으로 선별했다. 다만 다음과 같은 역량은 필수로 고려 혹은 우대했다.

- 영상 편집 소프트웨어(어도비 프리미어 혹은 파이널컷 프로) 활용 능력 중급 이상 필수.
- 영상 효과 프로그램 애프터 이펙트 활용 능력 중급 이상 우대.
- 카메라 촬영 경력 우대.

그래서 최종 채용한 인력 규모와 구성은 다음과 같았다(티몬의 라이브커머스 조직 사례).

- PD 50명: 월 방송 최대 100회 이상 편성 소화가 목표. 위에서 밝힌 대로 이들은 연출, 촬영, 송출, 편집, 진행, 출연까지 모두 소화. 방송 후 해당 방송의 하이라이트 클립 영상 편집까지 담당.
- 무대 디자인: 내부 정직원 1명+외부 대행사 2곳. 각종 소품 관리를 포함해 방송 콘셉트와 판매 상품을 반영한 무대 세트 기획과 운영을 담당. 외주사 통한 비용 효율의 최적화가 목표.
- 그래픽 디자인: 1명. 방송에 필요한 각종 그래픽과 배너 디자인을 담당.
- 편성기획팀 4명: 라이브커머스 전략, 실적 분석, 목표 수립, 데이터 마이닝, 경영기획, MD 협업, 입점 브랜드 협업 등을 담당.

거듭 강조하지만 이는 각 회사마다, 사업의 목표와 형태마다, 활용 가능한 자원 현황에 따라 다르게 설계하고 운용해야 한다. 나 역시 무신사에 와서 라이브커머스 팀을 구성할 때는 티몬 때와 조금 달랐다. 각 역할과 기능을 모든 PD들이 서로 돌아가며 하는 구조는 그대로 취했지만, 정책은 달랐다. 편성 물량이 티몬만큼 많지 않아 월 최대 20회 내외이고, 입점사로부터 방송을 위한 최저 비용을 부담시키는 방식도 달라서였다.

우리도 라이브커머스 하면 잘될까요?

내가 티몬에서 라이브커머스를 맡고 있을 때는 이런 질문을 거의 받은 적이 없었다. 티몬 말고는 다른 아무 곳에서도 라이브커머스를 시도하지 않았고 그럴 계획도 없어 보였다. 아직 시장이 오지 않아서였나 보다.

대신 이런 질문은 플랫폼이 아니라 입점사나 브랜드들로부터 종종 들어왔다. '라이브커머스 매출 잘 나오나요?', '우리 상품도 티몬에서 라이브커머스 하려면 어떻게 해야 하나요?'

2020년 들어 네이버의 본격적인 라이브커머스 진출과 코로나19에 힘입어 시장이 활성화되자, 질문의 주체도 내용도 변화했다. 브랜드 제조사도, 이커머스 플랫폼도 이렇게 질문하곤 했다. '우리도 라이브커머스 하면 잘될까요?', '라이브커머스 잘하려면 어떻게 해야 하나요?' 그때나 지금이나 이런 질문에는 정답이 없다. 그저 내 경험을 나눌 뿐이었다.

질문의 주체나 내용, 배경과 맥락이 제각각 달라 나의 경험을 나누면서도 조금씩 답변에 차이는 있었지만 공통분모를 추리면 아래와 같았다. 일부 앞서 설명한 내용과 겹치기도 하지만, 좀 더 '실전 가이드'에 가깝다.

왜 라이브커머스를 하는지 잊지 말아야 한다

무엇보다 중요한 것은 라이브커머스를 진행하는 목적일 것이다. 판매량 증대와 고객 확보 중에서 어느 것이 우선인지 정하면 좋다. 특히 네이버나 쿠팡 같은 타사 플랫폼에 입점해 라이브커머스를 진행할 때는 더욱 그렇다. 만약 판매량 증대보다 고객 확보가 더 비중이 높다면, 고객 접점(트래픽)이 많은 플랫폼을 선택하고 구매전환이 쉬운 저단가의 부담 없는 상품 위주로 구성한다. 또한 자기 상품과 브랜드를 고객에게 각인시킬 수 있는 이벤트를 방송 중에 잘 심어놓아야 한다.

또 반드시 명심해야 할 것은, 라이브커머스를 할 때 상품 자체의 매력이 방송의 매력보다 우선시되어야 한다는 것이다. 방송의 내용이 중요한가, 상품이 중요한가 묻는 경우가 있었다. 당연히 상품이 더 중요하다. 라이브커머스의 궁극의 재미는 상품이다. 방송 자체가 재밌거나 신선하면 좋지만, 상품과 가격의 매력이 없다면 허사다. 반대로 상품 경쟁력과 가격이 좋으면 없던 재미도 생긴다. 사실 재미가 굳이 없어도 된다. '라이브'커머스가 아니라 라이브 '커머스'니까.

이때 라이브커머스에서 상품들이 잘 팔리도록 유도하려면, 구매전환이 쉽도록 부담 없고 경쟁력 있는 가격대로 정하거나, 소분화된 구성으로 상품을 설정해야 한다.

이 가격이 싼 건지 아닌 건지 시청자가 확인해야 할 만큼 애매한 혜택으로 구성하면 파괴력이 떨어진다. 가격 비교 하느라 방송 시청 중에 이탈할 여지도 높다. 해당 상품에 관심 있는 시청자라면 굳이 이탈하지 않더라도 파격적인 구성이나 가격임을 단번에 알 수 있도록 짜야 한다.

이런 전제를 기준으로 잘 팔리는 상품은 시즌에 딱 맞는 상품, 시장에서 인지도가 쌓인 상품, 시각적으로 상품의 특장점이 잘 표현되는 상품, 언제 써도 누가 써도 쓸 쟁여놓을 만한 필수품이나 보편적인 기호 상품 등이 좋다.

사용 기간이 긴 국내 유명 리조트 숙박권(많은 가족이 일 년에 반드시 한두 번은 여행을 간다), 유명 햄버거 프랜차이즈의 크게 할인된 교환권(버거킹은 언제 가서 먹어도 되고 누구나 먹어도 되며 지금 판매 가격이 얼마나 싼지 보는 즉시 체감할 수 있다), 안전하고 할인 폭이 큰 물티슈(쟁여놓고 쓰고 언제나 누구나 쓴다) 등이 이에 해당하겠다.

패션도 마찬가지다. 무신사 라이브의 경우 대중적으로 흥행해 무난하게 입을 수 있는 브랜드가 반응이 좋다. 예를 들어 커버낫이나 무신사 스탠다드의 방송은 비교적 매출이 높았다.

판매 상품을 바탕으로 방송의 결을 잘 정한다

이렇듯 방송의 내용보다 상품이 중요하지만, 그래도 방송의 결은 치밀하게 정해야 한다. 이 결은 방송에서 판매할 상품에 기초해서 방향을 잡는다.

예를 들어 조리 식품을 판매한다면, 주로 조리법에 비중을 둘 것인지, 먹음직한 먹방으로 식욕을 돋우는 데 방점을 둘 것인지, 재료와 신선도를 강조할 것인지, 콘셉트를 잡고 재미 위주로 시선을 잡아둘 것인지 등이다. 패션 의류라면 주로 소재와 기능을 강조할지, 다양한 코디와 스타일링으로 소구할지, 시즌이나 용도 혹은 트렌드나 브랜드 인지도를 강조할 것인지 등이다.

물론 이런 요소들의 복합 구성이 되겠지만, 주가 되는 줄기를 잡고 결을 세워야 하며, 이는 그 상품의 특성과 강점에 달려 있겠다.

티몬에서 진행했던 라이브커머스의 사례다. 연예인 하하가 출시한 곱창 조리 식품 HMR Home Meal Replacement(가정간편식) '401 정육식당'을 판매한 적이 있다. 이때 잡은 결은 곱창이라는 술안주 식품의 특성에 착안한 현장성과 하하라는 IP의 특성을 살린 개그 예능 방송의 결이었다. 그래서 스튜디오에서 방송하지 않고 하하가 운영하는 홍대의 곱창집 로케 방송으로 라이브 방송을 진행했고, 입담 좋은 쇼호스트 노금미를 투입했다. 노금미 쇼호스트는 MBC 무한도전에 등장해 인기를 얻은 하하의 모친 캐릭터 '융드 옥정'으로 분장하고 출연해 하하와 방송을 진행했다. 그리고 일반 대중들이 '소주에 곱창'을 떠올리는 현장성을 강조하며 직접 곱창집에서 조리하는 구성의 비중을 높였다.

무신사에서 진행했던 라이브커머스의 사례도 있다. 반스VANS의 스니커즈 신상품을 판매하는 방송이었다. 스튜디오의 무대는 아무것도 없는 하얗고 빈 공간(호리즌)으로 세팅했다. 그리고 갈아입는 코디와 스타일에 맞춰 배경에 조명의 컬러를 바꾸며 매치했다. 진행자는 전문 쇼호스트보다는 무신사 에디터, 연예인 래퍼 넉살을 함께 투입해 그들 중심으로 진행시켰다. 쇼호스트 중심으로 진행하면 자칫 전형적인 TV홈쇼핑처럼 되기 때문이다. 콘티의 대부분은 무신사 에디터가 제안하는 코디와 스타일링으로 구성했다. 패션과 스타일 제안이 강점인 무신사의 가치를 방송으로 연출한 것이다. 이를 통해 방송 중 5억 원이 넘는 판매액이 발생했다.

6장. 자주 받았던 질문들

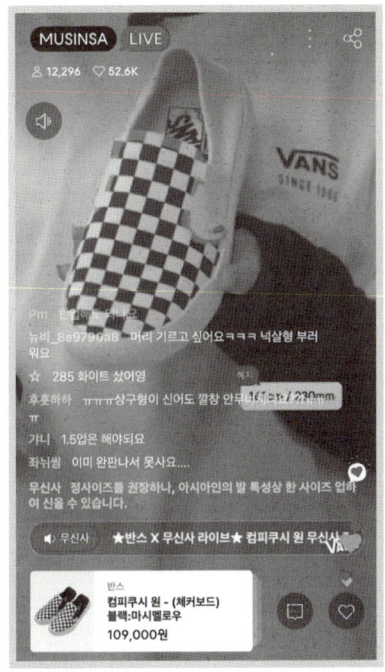 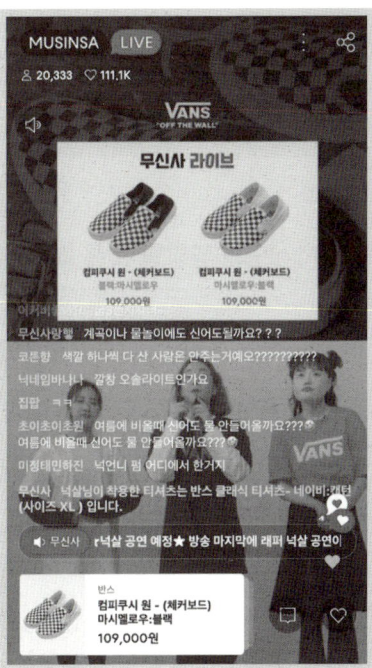

▲ 무신사 라이브

짧은 시청시간을 반드시 유념한다

앞서도 말했지만, 라이브커머스 방송을 사람들은 그리 오래 보지 않는다. 보통 평균 시청 시간은 2분 이하다. 살까 말까 고민하는 사람이 그나마 상대적으로 시청 시간이 길다. 구매 여부와 상관없이 오래 보는 시청자의 비중은 적다. 이들을 중심으로 방송을 구성하는 건 적절치 않다.

따라서 만약 1시간 방송이라면 10~20분을 하나의 단위로 플롯을 짜고, 이를 변주해 60분의 방송 시간을 운영하는 게 좋다고도 말했다.

또한 그 시간 묶음도 평균 시청 시간에 비하면 길기 때문에, 무엇을 파는지, 가격이 얼마인지, 혜택이 무엇인지는 생방송 화면의 어느 순간을 떼서 놓고 보더라도 어떤 식으로든 표현하고 있어야 한다.

사전 마케팅과 쌍방향 소통 대응 준비는 필수다

라이브커머스는 반드시 사전 마케팅을 병행해야 한다. 언제 어떤 상품으로 방송한다는 것을 최대한 다양한 채널에서 알려서 방송 시청자를 많이 확보해 두어야 한다. 그러나 사람들이 미리 광고를 봤다고 해서 그것을 기억하고 있다가 방송을 찾아올 확률은 낮다. 따라서 모바일 알림 설정을 해둘 수 있도록 기능을 제공해야 한다.

또한 방송 당일 온에어 시간에 맞춰 마케팅 정보 수신 허용 고객과, 라이브커머스 방송의 알림 설정을 해둔 고객들을 대상으로 실시간 앱푸시를 보내 방송에 유입시켜야 한다.

또 하나 반드시 준비되어야 할 것이 있다. TV홈쇼핑과 달리 모바일 라이브커머스는 쌍방향 소통이다. 이 특징을 잘 파악해 제작진이 대응하도록 운영해야 한다.

시청자들의 반응과 소통이 원활하게 이뤄질 수 있도록 방송 진행자와 출연자에게 방송에 적절한 시청자 반응을 잘 골라서 보여줘야 한다. 그러기 위해 물리적으로는 진행자와 출연자가 잘 볼 수 있도록 카메라 주변에 큰 모니터 화면을 설치하고, 여기에 제작진이 시청자 반응을 선별해 스크립트로 표시해줘야 한다.

또한 실시간 댓글 중에 부적절한 내용이 올라오지 않도록 미리 금칙어를 구체적이고 세밀하게 설정해 둬야 한다. 그러나 아무리 미리 금칙어 설정을 잘 해놓아도 실시간 댓글 중에 부정 댓글이나 어뷰징은 반드시 나타난다. 이때는 빠른 대처만이 해법이다. 또한 이 대처를 위해 기술적 기능이 지원돼야 한다. 부적절한 댓글을 빠르게 안 보이게 처리할 수 있는 기능 등이 그 예다. 라이브커머스 스트리밍을 개발할 때 자체 개발이든 외부 솔루션을 도입하든 이런 운영 세부사항을 반드시 체크해 기능적으로 어디까지 대응 가능한지 확인해 두어야 한다.

지난 방송 다시보기에는 집착하지 않아도 된다, 그러나…

이미 지난 방송을 아카이브로 쌓아놓고 노출한다 해도, 이를 다시보기로 시청하거나 이를 통해 구매가 일어날 확률은 매우 낮다. 차라리 3분 이하의 길이로 하이라이트 영상 클립을 만들어 해당 상품의 상세 페이지에 상품 정보로 활용하는 게 효용성 면에서 낫다. 물론 이 경우 방송 중에 소개된 상품의 특장점이나 기능 위주로 내용을 편집해야 좋다.

그러나 관련 규제나 입법 상황은 주시해야 한다. 이커머스를 향한 법 규제가 강화되거나 공정거래위원회의 관리 감독이 더 촘촘해질 수 있다. 라이브커머스에 대한 규제도 강화될지 모른다. 2021년 3월, 양정숙 무소속 의원은 라이브커머스 판매 영상을 녹화, 보존하고 소비자가 해당 영상을 열람할 수 있도록 규제하는 법안을 발의했다.

이커머스, 콘텐츠로 팔아라

라이브커머스 시장은
어떻게 성장할까요?

국내 라이브커머스 시장 전망은 2021년 상반기 현재, 대체로 성장하리라 보는 시각이 많다. 대개 중국 이커머스 시장에서 라이브커머스가 차지하는 비율(침투율)을 보며 가늠하고 있다. 아래 그래프를 보자.

중국 라이브커머스 시장 규모는 2020년 9610억 위안(한화 약 170조 원)으로 추정하며 이는 중국 이커머스의 8.8%에 해당하는 규모로 보고 있다.

이와 비교해 국내 라이브커머스의 거래 규모는 2020년에 약 3조 원으로 이커머스에서 차지하는 비율 1.9%, 2023년까지 8조 원으로 성장할 것

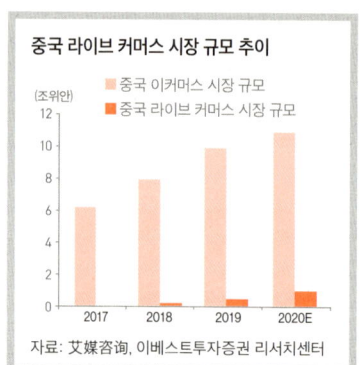

▲ 중국의 라이브커머스 시장 규모 추이와 중국의 라이브커머스 침투율

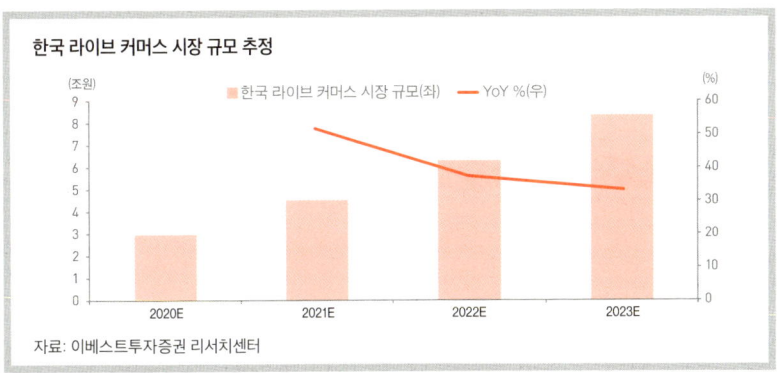

▲ 한국의 라이브커머스 시장 규모 추정치 및 성장 예측치

으로 예상한다.

'라이브커머스 시장이 계속 성장할까요?', '라이브커머스는 어떻게 성장할까요?' 등 이를 시장으로 접근하며 묻는 질문들 앞에서 나는 선뜻 대답이 잘 안 나온다. 질문과 달리 엉뚱한 생각만 둥둥 떠다녀서다.

1. 라이브커머스를 시장으로 봐야 할까?
2. 시장으로 본다면 분야를 달리 봐야 하지 않을까?
3. 라이브커머스를 시장 변화와 맞물려 본다면 다른 차원의 시각이 더 중요하지 않을까?

앞에서 라이브커머스를 수차례 '시장'이라고 써놓고는 갑자기 이 장에서 '라이브커머스를 시장으로 봐야 할까'라고 하니, 독자 입장에서 의아하실 수 있겠다. 이 장에서처럼 지면을 많이 할애해야 비로소 이해될 이야기여서, 일단 앞 장에서는 업계의 통례에 따라 라이브커머스를 '시장'이라고 썼다. 내가 왜 라이브커머스를 두고 하나의 시장이라 부르는 것에

회의적인지, 하나씩 밝혀보려 한다.

라이브커머스는 시장인가?

이커머스는 엄연히 하나의 독립적인 시장이다. 그러면 라이브커머스는 시장인가?

업계에 있다보니 다들 시장이라 부르고, 나 역시 업계 종사자들과 소통할 때 편의상 '시장'이라는 말을 쓰긴 한다. 그러나 가만히 따져보면 라이브커머스를 시장이라 보기엔 어색하다. 특히 이커머스와 연결해 침투율을 언급하면 더 그렇다. 기존의 오프라인 유통업과 이커머스를 놓고 그런 접근과 언급이면 몰라도, 이커머스와 라이브커머스는 그런 관계가 아닌 듯하다. 오프라인 기반의 기존 소매유통업과 이커머스는 서로 다른 시장이다. 복잡한 이해관계로 얽혀 있을망정 서로 다르고, 서로 빼앗고 빼앗기는 성질을 갖는다. '상거래 유통'이라는 본질은 오프라인 소매업이나 이커머스나 같지만 사업의 역량, 구조, 고객의 소비 행태 등 여러 중요 요소가 전혀 다른 시장이다. 어느 한쪽이 다른 한쪽을 잡아먹는 형국에 가깝다. 그래서 '시장 전환'이라든가 '시장 침투(율)' 등의 용어가 잘 들어맞는다.

반면 이커머스와 라이브커머스는 그렇지 않다. 이커머스 측면에서 볼 때 라이브커머스는 침투해 들어오는 것도 아니고 대치하는 시장도 아니며 시장 전환의 개념에도 맞지 않는다. 좁고 적나라하게 드러내자면 이커머스에게 라이브커머스는 하나의 수단이며 기능이자 매대이다. 이미지 위주의 온라인 기획전으로 꾸며놓고 판매하던 매대가, 움직이는 실시간 동영상으로 판매하는 매대로 진화한 모습이라고 봐야 한다.

라이브커머스를 시장으로 본다면 그 분야는 무엇인가?

굳이 라이브커머스를 별도의 시장으로 보려 한다면, 이커머스의 기준으로 볼 게 아니라 그 주변 시장으로 인식해야 한다. IT나 SI의 라이브커머스 솔루션, 진행자(쇼호스트)를 포함한 방송 제작 대행, 쇼호스트나 PD 등을 길러 내거나 제공하는 업계 인력 시장 등이다. '그립'처럼 매대와 기능이 오로지 라이브커머스로만 꾸며진 이커머스 플랫폼을 별도로 분류할 수는 있겠으나 이 역시 이커머스다. 특화된 이커머스로 보는 게 적절하다고 생각한다.

▲ 라이브커머스 시장이 활성화되면서 이런 대행사의 수가 많이 늘었다.

▲ 라이브커머스로만 구성된 커머스 플랫폼 '그립(Grip)'

이는 검색광고 시장이나 소셜미디어 광고 시장도 비슷하다. 검색광고 시장을 볼 때 네이버나 구글 등의 플랫폼 사업자의 시장도 있지만 이 주변 시장도 있다. 소셜미디어 광고 시장도 페이스북, 인스타그램, 틱톡, 유튜브 등이 시장을 만들고 이끄는 주요 주체들이지만, 이들 주변의 관련 시장이 존재한다. 예를 들어 페이스북이 소셜미디어 광고 시장의 주축이면, 여기에 광고하려는 광고주들을 대상으로 대행업을 하는 에이전시 에코마케팅은 관련 시장이다. 페이스북과 에코마케팅은 같은 시장에서 활약하는 플레이어이지만, 이들 사이에 서로 시장을 뺏고 빼앗는 시장 침투(율)로 접근하거나, 어느 한쪽의 시장 성장을 개별적으로 접근해 바라보진 않는다.

나는 이커머스 시장에서 라이브커머스를 인식할 때도 이와 유사한 프레임이어야 하지 않을까 싶다. 라이브커머스 시장을 이커머스와 애써 구분해서 보면 혼란스러울 뿐이다. 굳이 별도의 시장으로 보자면 관련 시장으로서 바라봐야 한다. 네이버와 대행사들은 모두 검색광고 시장일 수도 있지만, 검색광고 시장의 관련 시장으로 접근하는 게 덜 혼란스럽다.

라이브커머스가 자극하는 시장의 변화

라이브커머스가 이커머스의 시장 변화에 깊이 관여하는 건 오히려 다른 측면이라 생각한다. 라이브커머스는 기존의 이커머스 시장과 유통 플랫폼 사업자들에게는 하나의 추가적인 기능이나 매대의 의미이겠지만, 이 영역과 시장 밖에 있는 주체들에게는 이커머스 시장에 진입하고 경쟁할 수 있는 계기를 제공했다. 이 측면에서 바라보는 라이브커머스와 이커머스의 관계가 더 의미 있는 주제다. 이에 대해 두 가지 시각에서 접근해 보려 한다.

1 비(非)이커머스의 이커머스 시장 확장

2021년 3월, 쿠팡의 미국 증시 상장과 한국 이베이의 매각 관련해 이커머스 시장 전체가 들썩였다. 또한 네이버와 신세계가 지분 교환을 통한 이커머스 시장의 주요 주체로 거론되는 등 이제는 네이버와 카카오도 이커머스 사업자로서 인식된다.

네이버가 이커머스 시장에서 상당한 영향력을 행사하기 시작한 건 오래된 일이다. 검색을 기반으로 정보를 규합해 가격 비교 기능을 제공하며 일반 소비자들에게는 이미 이커머스 플랫폼과 다름없는 역할을 했다. 이에 더해 네이버 스마트스토어와 결제(네이버페이) 기능을 제공하며 네이버와 이커머스 오픈마켓의 구분이 무의미한 수준으로 닮아갔다.

카카오는 메신저를 중심으로는 선물하기와 선주문 제작(카카오메이커스)과 같은 직접적이지만 지엽적인 이커머스에 머물렀다. 그러나 위에서 언급한 대로 국내 이커머스 시장이 급성장하고 격변하면서 카카오 역시 이커머스 사업에 전방위로 뛰어드는 구도는 시장에서 정설로 예견되고 있는 상황이다. (결국 카카오는 2021년 상반기에 여성 의류 플랫폼 지그재그를 운영하는 크로키닷컴을 인수했다. 지그재그는 2020년 기준 거래액 7,500억원을 기록한 국내 여성 의류 1위 플랫폼이다. 이 플랫폼을 소유한 크로키닷컴의 기업 가치는 최소 1조원에 육박하는 것으로 알려졌다.)

이 상황에서 네이버 카카오 모두 형태와 과정은 조금씩 다르지만 라이브커머스에 집중하고 있는 건 사실이다. 라이브커머스는 이커머스 외곽의 거인들을 일깨워 그들이 직접적인 이커머스 사업자로 진입하는 연결 통로의 하나로 주요 역할을 하고 있다.

인스타그램과 틱톡 역시 마찬가지다. 그들은 소셜미디어 플랫폼으로서 사용자 사이의 관계와 소통을 원활하게 하는 수단으로 동영상 라이브 스트리밍 기능을 진즉에 도입하여 활성화해왔다. 그러나 그와 별개로 그들은 이커머스 시장으로 영역을 넓히기 위해 여러 가지 방법을 타진했고, 라이브커머스의 활성화는 이들이 이커머스로 진출 및 확장하는 방법으로 고려되고 있다.

인플루언서 광고 시장 역시 이와 유사하다. 기존에 MCN이라 불리기도 했던 유튜버 중심의 광고 시장이나, 주로 인스타그램에서 활동하는 수많은 마이크로 인플루언서들이 자신의 미디어 가치를 사업화 하는 광고 시장이 있었다. 이들에게 라이브커머스는 수익 모델의 확장 수단이다. 이들에게 라이브커머스는 기존의 PPL이나 브랜디드 콘텐츠 등의 수단으로 광고 수익을 거두던 사업 영역에서, 직접적인 커머스 유통의 판매자로 전환하는 수단이다.

이처럼 라이브커머스는 이커머스 시장 주변에 있던 주체들이 이커머스에 직접 뛰어드는 가교가 되고 있다. 라이브커머스를 이커머스 시장과 연관해서 볼 관전 포인트는 이런 부분이다. 이커머스 시장의 침투율이 얼마냐, 라이브커머스 시장(거래 규모)가 어느 정도냐 등보다는 말이다.

2 제조사의 이커머스 시장 직진출, 즉 D2C의 활성화

이미 제조사들은 네이버 스마트스토어를 이용하든, 기존의 거대 유통 플랫폼에 입점해서든 이커머스 시장에 많이들 들어와 있다. 이 역시 오프라인 유통에 대한 이커머스의 침투율로 계수되는 숫자였을 것이다. 라이브커머스는 이렇게 제조사의 이커머스 직접 진출을 한층 더 가속화할 것이다.

네이버 쇼핑 라이브를 필두로, 라이브커머스의 흐름은 플랫폼이 직접 제작해 방송하는 중앙방송뿐 아니라 판매자들 스스로 방송할 수 있는 개별방송의 형태가 함께 보편화되고 있다. 이에 더해 위의 1️⃣에서도 언급한 대로 인스타그램, 틱톡, 유튜브와 같은 비#이커머스 플랫폼에서도 이커머스와 라이브 스트리밍 기능을 합쳐서 제공한다면, 제조사나 브랜드가 인플루언서를 활용해 혹은 브랜드 스스로 인플루언서가 되어 D2C로 전환하는 시도가 늘어날 것이다. 이때 라이브커머스는 이를 가속화하는 수단이 될 수 있다. 예를 들어 인스타그램에서 제조사가 브랜딩을 쌓아가며 스스로 인플루언서로 진화하고, 이를 바탕으로 인스타그램/틱톡/유튜

◀ 미디어커머스의 대표 기업인 블랭크코퍼레이션은 시작부터 D2C였다. 현재는 소극적이지만 이 회사가 라이브커머스를 강화한다 해도 전혀 이상할 게 없다.

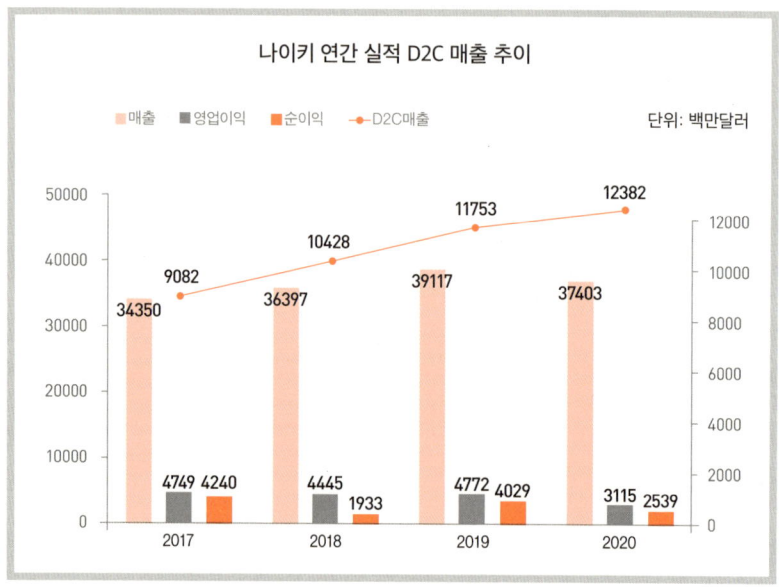

▲ 나이키의 아마존 탈피를 시작으로 제조사 브랜드의 D2C 시도가 이뤄지고 있다.

브에서 라이브 스트리밍으로 판매 행사를 진행해 자사몰 성장을 유도할 수 있다. 이렇듯 라이브커머스는 이런 D2C의 행보가 더 빨라지도록 하는 역할로서 더 선명해질 것이다.

6장. 자주 받았던 질문들

입점사는 미디어커머스 플랫폼에서 어떻게 지원받을 수 있나요?

이 절에서는 플랫폼에 입점한 입점사(판매자) 입장에서 나올 만한 질문들을 추려보았다. 다만 반드시 전제해야 할 사항이 있다. 이 책의 내용이 대부분 그렇지만, 특히 이 장만큼은 더더욱 '케이스 바이 케이스'다. 입점사 입장에서 가질 법한 질문은 일반화할 수 있을지 몰라도 답변은 일반화하기 어렵다. 입점사 개개의 사정에 따라서도 다르지만, 플랫폼의 사정, 그리고 입점사와 플랫폼의 관계, 당시의 시장 상황, 플랫폼의 실무 담당 부서의 역량과 입점사에 대한 이해에 따라 천차만별이다. 그중 공통적으로 할 수 있는 대표 질문 두 가지를 꼽아보았다.

**입점한 플랫폼으로부터
미디어커머스 지원을 받으려면 어떻게 해야 하나?**

입점사에게 미디어커머스를 지원할 정도의 자원을 가진 플랫폼이라면, 대개 입점사가 매우 많을 확률이 높다. 2022년 기준으로 29CM의 입점사는 3천 개 이상이고 무신사는 7천 개에 달한다. 앞 장에서 이커머스 밸류 서클로 설명했지만, 이커머스 플랫폼의 핵심 경쟁력 중에 하나가 상품 구색이다. 수수료를 지불하면서까지 입점사가 플랫폼에 입점한다는 것은 해당 플랫폼의 경쟁력이 높은 상황일 테고, 그런 플랫폼이라면 대개 입점 브랜드가 많아 상품 구색이 다양할 확률이 높다. 그러다 보니 플랫폼 입장에서는 모든 입점사에게 많은 자원을 들여 미디어커머스로 지원할 수는 없다. 작은 편의점에서조차 매대와 상품 진열의 비중 차이가 있는 것을 떠올리면 이해가 쉽다.

그래서 입점사가 플랫폼의 미디어커머스 지원을 받으려면 플랫폼의 자원을 두고 타 입점사들과 본의 아니게 경쟁 상황에 놓이게 된다. 이는 많은 입점사 중에서 누가 플랫폼의 이해관계에 더 부합하느냐와 같다. 사기업은 공공기관이 아니므로 기계적 평등을 추구할 수도 없고 그래서도 안 된다. 그러면 망한다. 입점사들조차도 자사가 다루는 모든 제품을 똑같은 원가로 관리하지 않고 생산 물량이나 마케팅 자원을 배정하는 데 차이를 두는 것과 같다. 따라서 플랫폼과 이해관계를 맞춰가며 미디어커머스를 지원받으려면 다음과 같은 두 가지 중 하나여야 한다.

1 숫자

첫째는 당연히 실적이다. 플랫폼에게 숫자를 만들어주면 된다. 플랫폼의 한정된 미디어커머스 자원을 타 입점사 제치고 받아내려면, 다른 입점사보다 우리 회사가 플랫폼에게 더 많은 거래액, 이익, 트래픽 등의 주요 지표를 만들어 줄 수 있다는 가능성을 제시해야 한다.

'이 입점사가 현재 시장에서 이 정도 숫자를 만들어내는데, 미디어커머스를 강하게 지원하면 더 많은 성과가 나올 수 있겠다'는 기대감을 형성하고 서로 공감하는 게 필요하다.

2 거래

이 역시 따지고 들어가면 '숫자를 만들어낼 가능성'으로 귀결되겠지만, 그보다 전 단계의 가치로 보여 별도로 묶었다. 입점사가 플랫폼에게 당장 숫자로 만족시키긴 어려워도, 그를 상쇄할 다른 거래 옵션이 있다면 가능하다.

첫째, '브랜드 가치'로 거래가 가능하다. 시장에서 고유한 브랜드 가치를 가진 입점사라면, 이를 바탕으로 미디어커머스 지원을 유도해볼 수 있다.

둘째, '이슈 만들기'로 거래가 가능하다. 이 역시 입점사 브랜드가 가치를 지니고 있다는 전제에서 가능하다. 브랜드 가치가 분명하다면 특별한 단품 단위의 제품이라도 한정 입점이나 별주 라인, 컬래버레이션으로 거래해볼 만하다. 혹은 콘텐츠의 소재를 입점사가 전부 혹은 일부를 플랫폼에 지원하여 미디어커머스 자원을 끌어내기도 한다. 예를 들어 라이브커머스에 유명 셀럽을 입점사가 섭외해 지원한다거나, 섭외 비용을 플랫폼과 분담하는 등의 방식이다.

셋째, '시기'로도 거래가 가능하다. 자사몰을 비롯해 여러 플랫폼에 입점했다 하더라도, 기대할 만한 신제품을 단독 론칭하겠다는 조건으로 미디어커머스 자원을 받아내기도 한다. 시장에서 신상품 론칭이나 시즌 발매에 대해 주목을 받는 제품이라면 더욱 승산이 높다.

어떤 미디어커머스 종류를 지원받아야 좋을까?

미디어커머스의 종류는 여러 가지가 있다. 이 책에서 동영상 포맷에 한정하여 나눈 분류로는 비디오커머스, 인플루언서 커머스, 라이브커머스가 있다. 그러나 화보, 스냅, 에디터 리포트 등 동영상을 벗어난 포맷까지 고려 범위를 넓혀 둘러보면 더 다양하다. 게다가 비디오커머스, 인플루언서 커머스, 라이브커머스 각각에도 여러 세부적인 유형이 있다. 비디오커머스를 예로 들자면, 자원이 많이 드는 웹드라마나 브랜드 다큐멘터리부터 자원이 비교적 적게 드는 스낵 비디오나 숏폼 비디오까지 있다. 그러나 그 종류가 무엇이든 플랫폼의 미디어커머스 지원을 통해 입점사가 얻고자 하는 게 무엇인지 기대 사항을 명확히 하는 것이 중요하다.

물론 그 기대는 상황마다 다르다. 입점사의 브랜드 마케팅으로서 지원받고자 할 때도 있고, 재고를 떨어내려는 목적일 때도 있으며, 신상품 홍보를 타깃 고객이 모인 곳에서 효율적이고 임팩트 있게 진행하고 싶을 때도 있다. 혹은 입점사의 제품이나 브랜드를 한 번도 구매해본 적이 없는 이들을 대상으로 첫 구매 대상자를 확보하고자 할 때도 있을 것이다.

이에 따라 어느 때는 라이브커머스를 얻어내야 하고, 어느 때는 콘텐츠 그 자체보다 노출을 가장 많이 확보할 수 있는 미디어커머스 포맷을 택해야 할 때도 있다.

플랫폼에서 지원하는 자원의 규모가 크다고 무조건 다 그 결과가 좋은 것만은 아니다. 투자의 결과가 양사 모두의 입장에서 서로 이해관계에 맞고, 투입 대비 결과가 좋아서 효율이 높은 것이 우선이다.

7장.

이커머스와 콘텐츠의 미래

미디어커머스 플랫폼을
지탱할 두 개의 축

미디어커머스 중심의 이커머스 플랫폼은 앞으로 어떤 역량을 필요로 할까. 미디어커머스의 미래를 예단하진 못해도, 미디어커머스 플랫폼으로서 앞으로도 경쟁 우위를 갖추려면 필요한 역량이 무엇인지는 가늠해 볼 만하다. 이 역량의 두 축은 콘텐츠Content와 관계성Relationship이다.

콘텐츠

여러 번 강조했듯이 미디어커머스는 '콘텐츠로 큐레이션하는 이커머스의 유통 방식'이다. 출발은 콘텐츠다. 미디어커머스 플랫폼이라면 좋은 콘텐츠를 제작하고 유통할 수 있어야 한다. 이 당연한 말에서 마음에 걸리는 부분은 '좋은 콘텐츠'라는 대목이다.

플랫폼 입장에서 좋은 콘텐츠는 어떤 기준으로 판단해야 할까. 나는 몰입도와 채산성을 꼽는다. 여기서 몰입도는 흥행성과 같은 의미로 봐도 좋다. 흥행성을 좀더 체감할 수 있는 표현으로 쓴 말이다.

좋은 콘텐츠는 몰입도가 높다. 이 책의 앞 장에서 다룬 미디어커머스 콘텐츠의 3요소인 재미, 발견, 도움 역시 시청자들이 커머스 고객으로서 콘텐츠에 몰입하기 위한 필수 요소 세 가지였다. 커머스를 위한 콘텐츠가 단순한 광고에서 나아가 고객의 거래를 유도하려면 큐레이션의 기능을 잘 해내야 한다. 큐레이션의 효과가 있으려면 몰입도가 높아야 하고 이 몰입도는 커머스적인 몰입도여야 하며, 이를 위해 재미, 발견, 도움의 가치는 반드시 갖춰야 한다는 의미다.

그다음으로 채산성도 높아야 한다. 채산성은 플랫폼이 미디어커머스를 지속가능한 역량으로 가져갈 수 있도록 하는 기반이다. 일정 기간 진행하고 끝낼 한시적 프로젝트라면 채산성은 그렇게 큰 부담이 되지 않는다. 특정 순간에 집중하는 마케팅이나 프로젝트라면 효율보다 효과, 채산성보다 파괴력이 더 중요할 수도 있다. 그러나 콘텐츠 제작을 플랫폼의 핵심 역량으로 가져야 한다면 이는 지속가능해야 한다. 이런 접근이라면 채산성은 콘텐츠 경쟁력의 엔진과 같다.

앞서 사례로 들었던 '오늘의집'(ohou.se)은 미디어커머스의 가치로 성공한 플랫폼이다. 인테리어를 중심으로 한 라이프스타일 콘텐츠로 큐레이션하며 관련 상품을 판매하고, 인테리어 공사를 중개한다. '오늘의집' 콘텐츠는 사용자들이 올린 자신의 인테리어 사진으로 대부분 구성되어 있다. '남들은 어떻게 꾸며놓고 사나?' 하는 호기심(재미)과 발견의 가치를 주고, 때로는 나의 인테리어에도 영감을 주어 도움의 가치도 제공한다. 사용자들 서로가 서로에게 큐레이션해주는 이른바 '소셜 큐레이션 Social Curation' 형태다. '오늘의집'은 고객들에게 콘텐츠를 쉽게 생산하고 공유할 수 있는 환경을 제공해 채산성을 확보한다. 미디어커머스 플랫폼으로서

▲ '오늘의집' 모바일 앱

몰입도와 채산성이 높은 콘텐츠 역량을 가졌다.

한편 업의 분야는 다르지만 참고할 만한 '빌사남'(building0.com)의 사례도 있다. '빌사남'은 이커머스 사업자는 아니지만 미디어커머스 플랫폼의 본질을 제대로 활용한 좋은 사례다. '빌사남'은 건물 매매 전문 부동산중개법인이다. '빌사남'은 여느 부동산중개법인과 달리, 모바일 앱을 만들어 매물 정보를 취합해 제공한다(발견의 가치 제공). 이렇게 매시업Mash-up으로 취합한 정보를 이용해 목적형 구매를 해결해준다. 기능적 큐레이션을 제공함으로써 자사의 본업인 부동산 거래도 활성화한다. 또한 유튜

7장. 이커머스와 콘텐츠의 미래

▲ '빌사남' 유튜브 채널

　브에 동명의 채널을 개설해 건물 매매를 위해 반드시 필요한 정보를 꾸준히 제공한다(도움의 가치 제공).

　'빌사남'이 거래를 유도하는 큐레이션 콘텐츠로서 몰입도와 채산성을 갖추는 방법은 직설적인 정공법이다. 영상 제작이 본업도 아니고 전문 역량이 있지도 않을 터라, 내용 자체에만 집중한다. 촬영이나 편집, 조명이나 효과 등 영상의 외형 면에서 생산 품질은 세련되지 못하다. 그러나 건물을 매매할 때 반드시 알아야 하는 정보와 어려운 지식들을 밀도 있고 알기 쉽게 풀어낸다. 잠재 고객들이 다른 곳에서 얻거나 이해하기 어려운 정보(도움의 가치)를 눈높이 수준에 맞게 큐레이션하는 내용으로 몰입도를 확보한다. 영상 자체는 품질을 낮추고 물량을 늘리며 최저의 비용으로 채산성을 확보하여 운영한다. 큐레이션 콘텐츠로서 그들의 유튜브 전략은 재미나 발견보다 오로지 도움의 가치에 집중해 몰입도를 높이고, 영상 콘텐츠들은 외형의 품질보다 내용의 밀도에 집중해 채산성을 확보한 것이다.

미디어커머스 플랫폼을 강화할 역량으로서 콘텐츠의 몰입도와 채산성은 늘 핵심이고 본질이었다. 현재 역시 그러하고 미래는 더욱 그러할 것이다. 특히 사용자 참여형 콘텐츠는 언제나 눈여겨봐야 할 미디어커머스 자원이다. 사용자들이 적극적으로 콘텐츠를 생산하고 유통하는 경향은 앞으로도 지속될 것이다. 그에 더해 빅데이터와 인공지능 기반의 콘텐츠 추천의 기술 역시 그 정확도와 완성도가 나날이 높아질 것이다.

관계성

관계성은 고객의 충성도를 본질적으로 확보하고 강화하는 역량이다. 콘텐츠가 무엇이어야 하느냐what가 흥행성의 역량이고, 콘텐츠를 어떻게 제공해야 하느냐how가 채산성의 역량이라면, 콘텐츠를 누가 제공해야 하느냐who가 관계성의 역량이다.

물론 콘텐츠는 플랫폼이 제공한다. 그러나 앞으로는 점점 고객 입장에서 플랫폼은 미디어커머스 콘텐츠 제공의 출처가 되어야지 주체가 되어서는 고객의 흥미나 충성도를 끌어내기에 어려움을 겪을 것이다.

언뜻 생각하면 콘텐츠의 화자가 매체일 때 고객의 몰입도가 높을 거라 생각하지만, 찬찬히 우리 일상을 살펴보면 꼭 그렇지만도 않다는 것을 알 수 있다. 생각해보자. 콘텐츠의 화자가 '매체'일 때보다 '사람'일 때 몰입도가 더 높다. 특히 서로 관계가 맺어진 상태일 때 더욱 그렇다. 누군가로부터 편지를 받았는데 보낸 이가 법인 회사냐 내가 아는 사람이냐의 몰입도 차이를 떠올려보면 체감이 쉽다.

만약 독자분들이 이 글을 읽고 나와 온라인으로 메시지를 주고 받는다고 상상해보자. 그럴 때 대화 상대인 나의 계정과 프로필 사진이 '㈜가나다'와 회사 로고일 때, 그리고 '아싸 현수'와 안경 쓰고 팔짱 낀 나의 실제 얼굴 사진일 때는 메시지의 몰입도가 사뭇 다를 것이다. 더군다나 모든 개인이 각각의 미디어이기도 한 이 모바일과 소셜미디어의 시대에는 콘텐츠를 매개로 서로 관계를 맺기도 쉽고(following-follower), 서로를 소통의 대상으로 인식하며 서로의 콘텐츠에 몰입하는 데 익숙하다.

그래서 앞으로는 플랫폼이 매체나 기업으로서 상업적 콘텐츠를 얼마나 잘 제공하느냐를 넘어, 플랫폼 안에서 콘텐츠를 매개로 고객과 고객, 고객과 콘텐츠 크리에이터 사이에 얼마나 밀접하고 다양하게 소통하고, 인격체로서 관계를 맺도록 만들어 주느냐가 궁극적인 미디어커머스 플랫폼 경쟁력이 될 것이다.

당연히 플랫폼은 사람이 아니므로 이를 구현하는 가장 일차원적인 방법은 외부에서 사람(인플루언서)을 데려와 플랫폼 고객에게 내세우는 것이다. 그러나 이미 외부에서 정체성이 형성된 인플루언서를 뒤늦게 자사 플랫폼에 모셔와 고객에게 노출시킨다 한들 고객 입장에서는 플랫폼이 이 인플루언서와 자신의 관계에 기여한 가치를 느끼지 못한다. 플랫폼 입장에서도 이를 위해 인플루언서들에게 지불해야 할 비용이 손익에 맞지 않게 된다. 결국 플랫폼은 세 가지 옵션을 마주하게 된다.

첫째, 플랫폼에 입점한 여러 브랜드들이 고객들과 서로 인격체로서 관계 맺고 소통할 수 있도록 기능과 환경을 만들 수 있다.

입점사 스스로 고객과 소통할 수 있는 영역과 기능을 제공하는 추세이다. 이는 플랫폼이 D2C 시대를 대응하는 방안이기도 하다. 고객은 플랫폼에 입점한 브랜드와 관계를 맺고(팔로우), 해당 입점 브랜드는 플랫폼이 제공한 기능을 활용해 그런 고객들과 직접 소통한다. 예를 들어 플랫폼의 개입이 없어도 입점 브랜드가 자신을 팔로우한 플랫폼의 고객들을 대상으로 혜택을 제공하거나 라이브커머스를 진행할 수도 있다.

둘째, 플랫폼 내부에서 새로운 인플루언서를 지속적으로 인큐베이팅해서 고객에게 플랫폼이 관계의 원천으로서 가치를 제공한다고 느끼게 만들 수 있다.

플랫폼이 주체가 되어 인플루언서가 될 만한 이들을 발견 및 발굴하고, 그들을 위한 공간과 기능을 제공하며, 그들이 플랫폼 안에서 점차 많은 고객들과 관계를 맺고 진짜 인플루언서가 될 수 있도록 후원한다. 그리고 그 과정에서 관계의 매개가 되는 콘텐츠와 상품을 통해 플랫폼의 고객 유입과 매출이 발생하도록 유도한다.

인플루언서 플랫폼으로 시작해 커머스 플랫폼으로 가려는 인스타그램, 틱톡 등은 이미 관계의 망이 단단하므로 이렇게 커머스를 붙이는 데 몰입하고 있고, 사용자들 중 적지 않은 이들 사이에서 이미 커머스가 일어나고 있다. 이제 커머스 플랫폼도 미래에 미디어커머스 플랫폼으로서의 경쟁력을 지니려면 이 과정을 거쳐야 한다.

7장. 이커머스와 콘텐츠의 미래

▲ 무신사 크루 스냅

앞서 소개한 '무신사 크루 스냅' 역시 '무신사 크루'라는 패션 크리에이터들을 발굴해 그들이 무신사 플랫폼 안에서 인플루언서로서 더 성장하도록 돕는 구조로 만들고자 한다. 그리고 그들을 통해 무신사의 고객들이 더 좋은 콘텐츠로 더 좋은 제안을 받으며 서로 선순환 관계가 되도록 만드는 서비스다.

셋째, 플랫폼 스스로 인플루언서가 될 수 있다. 발전된 IT 기술을 기반으로, 말 그대로 플랫폼이 하나의 진짜 인플루언서가 되는 것이다. 이미 곳곳에서 가상의 캐릭터를 정교하게 만들어 세계관과 콘텐츠를 설계

▲ 가상인물 인플루언서 '이마'와 '릴 미켈라'. 이들 외에도 이미 여러 사례가 존재한다.

하고 고객과 관계를 맺으며 소통하면서 상업적 가치를 창출하고 있다. 가상 인플루언서 이마Imma와 릴 미켈라Lil miquela 등이 좋은 예다. 이들 외에도 여러 사례가 있다.

이들은 실제 사람이 갖는 여러 제약과 리스크도 없다. 사회적 물의를 일으키지도 않고, 몸값이 높아졌다고 플랫폼을 떠나지도 않으며, 그들은 플랫폼의 창작물이므로 당연히 초상권, 저작권 등 경제적 헤게모니 갈등도 없고, 콘텐츠 생산의 채산성이나 노무와 인사 문제도 없다. 세계관은 무한히 확장할 수 있고, 이를 통한 IP 수익 모델도 얼마든지 확장 가능하다. 물론 이는 IT 기술뿐 아니라 콘텐츠 기획과 운영 역량에 해당한다.

미래에도 유효할 미디어커머스 플랫폼의 두 핵심 역량을 콘텐츠와 관계성으로 묶어 정리해 보았지만, 실은 이 두 축을 얘기하며 언급한 것들—콘텐츠의 몰입도, 채산성, 인플루언서와 브랜드의 인큐베이팅, 관계 활성화를 위한 각종 기능 개발 등—은 지금도 씨줄과 날줄로 엮이며 시장의 현실에서 이미 작동해오고 있다.

예를 들어 콘텐츠 몰입도를 높이는 '발견의 가치'와 채산성을 위해 설계된 방대한 물량의 사용자 참여형 콘텐츠는 맞닿아 있다. '오늘의집'에서 고객들은 나와 더 잘 맞는 인테리어 콘텐츠를 발견할 확률이 높고 무신사 '스냅'의 슬로건이 '진짜 패션의 발견'인 것도 같은 맥락이다.

또한 채산성의 역량은 반드시 관계성의 역량이 뒷받침되어야 시너지가 난다. '오늘의집'이나 무신사 '스냅'에서 쏟아내는 콘텐츠의 양은 방대하다. 아무리 개인화 알고리즘이 잘 작동한다 해도 앱의 노출 공간을 통해서만 전달한다면 애써 만든 가치의 활용을 극대화하기 어렵다. 때문에 고객들 사이에서 직접 서로 관계를 맺어 서로가 서로에게 제안하는 소셜 큐레이션의 기능과 환경이 조성되어 관계성의 역량을 높여야 채산성의 가치가 빛을 발한다. 그러나 이 모든 역량과 가치로 빚어낸 콘텐츠들이 재미가 없고 몰입도가 낮다면 역시 아무런 영향을 끼치지 못할 것이다.

이렇듯 흥행성-채산성-인플루언서-브랜드-인큐베이션-관계성은 서로 맞물리며 미래의 미디어커머스 플랫폼 경쟁력을 좌우할 조합이다. 이를 통해 시장의 미래를 예상해볼 때, 이커머스와 소셜미디어 분야가 언젠가 미디어커머스라는 접점에서 한번은 맞붙을 수도 있겠구나 싶다.

당신의 이커머스는 자본, 인프라, 콘텐츠 중 무엇으로 겨룰 것인가?

수년 전 업계 지인들과 사소한 내기를 벌였다. 오프라인 유통 공룡들과 온라인 태생 이커머스 업체들 중 누가 승기를 잡을 것인가를 두고 한 내기였다. 넷 중 나 혼자만 전자에 표를 던졌다. 기존 유통사들은 가진 덩치에 비해 그간 몸은 사릴 만큼 사렸고, 이커머스도 경험할 만큼 했다. 이젠 실자산 가치와 흑자 재무의 체력이, 투자와 적자로 버티는 쪽보다 우세하리라는 평범한 시선이 내 견해였다. 틀린 사람이 밥을 사기로 했다. 그 후 몇 년이 흐르고 팬데믹 시대를 지났다. 2022년 3분기에 쿠팡은 흑자를 거뒀다. 나는 밥을 사게 됐다.

돌아보면 국내 이커머스가 시작된 이래 패권의 변화는 매번 신흥 강자가 일으켰다. 지금도 쿠팡, 마켓컬리, 무신사로 대변되는 루키들이 우위를 점하고 있다. 전통 유통사와 달리 스타트업으로 시작한 기업들은 어떤 차별점으로 기업 가치를 키워 나갈까. 각자 해석이 다르겠으나 나는 이를 두 가지 측면에서 찾는다. '경영과 투자의 결정이 무엇에 기반하는가'와 '이해관계의 방향이 어디를 향하는가'다.

전통 유통사 vs. 스타트업 이커머스

전통 유통사는 자산 기반의 사고로 경영적 판단을 하고 자원을 투자한다. 튼실하게 자리 잡은 기존 이해관계의 조율이 중요하다. 부동산, 매장, 점주, 과거 프로세스, 기존 비즈니스 모델 등 그동안 기반이 돼준 자산 사이사이에는 이해관계들이 촘촘히 얽혀 있다. 당면한 시장 변화에 맞게 이를 조율하는 것이 큰 숙제다. 이해관계의 방향이 뒤로 향한다. 지킬 게 많아 판단이 흐리고 몸이 굼뜨다.

반면 스타트업 이커머스는 고객 기반의 사고로 접근한다. 기업에 쌓아 올릴 이해관계를 새로 설정한다. 말 그대로 '스타트업'이기에 딛고 설 자산 기반도 없다. 이들에게 기업 가치와 자산은 앞으로 창출해야 할 고객이 전부다. 고객 중심의 사고 외엔 할 것도 없고 할 수도 없는 구조다. 고객 중심의 사고와 의사결정은 조직 강령이 아니라 생존의 절박함이다. 레거시가 없으니 변화와 혁신에 온전히 몸을 실어도 이해관계 충돌과 조율의 숙제가 단출하다. 이해관계는 앞으로 생성해야 할 일이다. 이해관계의 방향이 앞으로 향해 있다. 더 빠르고 과감하게 판을 흔들 수 있다.

지금까지 판세는 이러했으나 앞으로는 또 모를 일이다. 유통의 거인들이 긴 잠에서 깨어나 어찌 나올지, 과감하다 못해 과한 투자로 끌고 온 스타트업 이커머스들이 삐걱거릴지 말이다. 다만 어느 쪽이 흥하든 향후 시장은 크게 두 갈래로 숙성하리라 전망한다. 라이프 매니징Life-Managing 과 라이프 스타일링Life-Styling 시장이다. 고객 입장에서 나뉘는 가르마다. 앞 장에서 말한 목적형 쇼핑과 발견형 쇼핑을 좀더 명확하게 표현한 것이기도 하다. 물론 또다시 이 둘의 정반합으로 시장은 진화 과정을 겪겠지만 각 갈래의 숙성은 또 그것대로 거치게 될 것이다.

라이프 매니징이냐 라이프 스타일링이냐

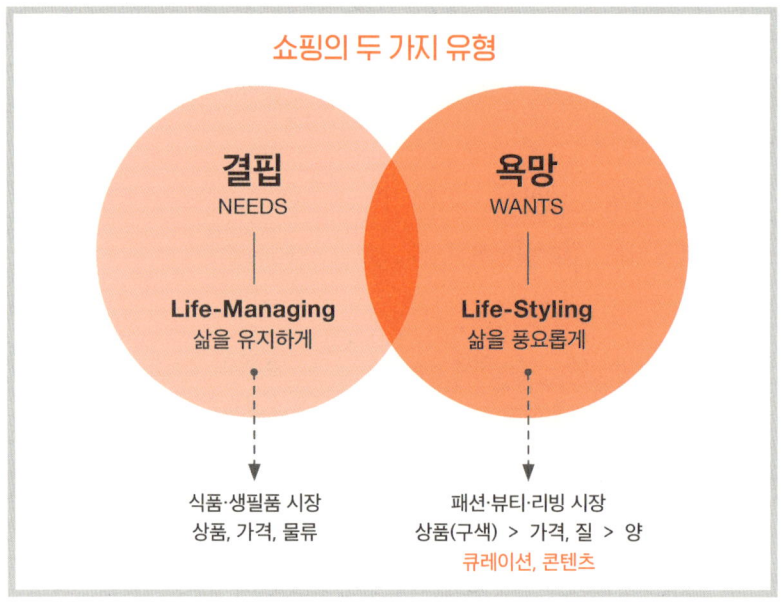

▲ 쇼핑의 두 가지 유형. 라이프 매니징과 라이프 스타일링.

라이프 매니징 시장은 사람의 결핍need에 기반한 소비를 해결한다. 삶을 영위하는 데 필요한 소비. 식품을 포함한 생필품 위주의 시장이다. 경쟁력의 핵심은 구색·가격·물류다. 인프라와 스케일 면에서 규모의 경제를 얼마나 빠르고 완성도 있게 갖추느냐가 관건이다.

라이프 스타일링 시장은 사람의 욕망wants에 기반한 소비를 해결한다. 삶을 풍요롭게 하는 데 필요한 소비다. 패션·뷰티·리빙 위주의 시장이다.

경쟁력의 핵심은 취향을 만족시키는 콘텐츠와 큐레이션이다. 가격도 중요하지만 구색이 우선이며, 구색은 양뿐 아니라 질에서도 얼마나 완성도 있게 갖추느냐가 관건이다.

물론 세상의 모든 일이 그렇듯, 이 역시 무 자르듯 잘리진 않는다. 그 사이의 어딘가 즈음에 걸치는 경우도 존재한다. 예를 들어 마켓컬리는 누군가에겐 라이프 매니징의 영역을 해결하는 곳인 동시에, 다른 누군가에겐 라이프 스타일링의 영역을 해결하는 곳일 수도 있다.

오직 마켓컬리에서 판매하는 등심으로만 끼니를 때울 수 있고 그게 아닐 경우 일상의 결핍을 느낀다면, 이때 마켓컬리는 라이프 매니징의 영역이다. 반면 평소에는 가격 비교로 오픈마켓 이곳저곳에서 최저가 요구르트와 계란을 사먹지만, 가끔 나에게 주는 선물이나 작은 사치로서 근사한 저녁을 먹고자 마켓컬리에서 유기농 요거트와 동물 복지 유정란을 산다면 그에게 마켓컬리는 라이프 스타일링의 영역이다.

이커머스에서 콘텐츠가 유독 영향력을 발휘하는 상황은 이 중에서 특히 욕망이 이끄는 라이프 스타일링 영역의 소비가 일어날 때이다. 왜일까? 아래 문장을 특히 강조하고 싶다.

결핍은 발생하는 것이지만 욕망은 창조하는 것이다

콘텐츠로 사람의 욕망을 자극해 그가 욕망을 결핍으로 스스로 치환하게 되면, 없어도 사는 데 아무런 지장이 없더라도 없으면 사는 데 굉장한 지장을 받을 듯한 충동적 결핍에 시달린다. 그러다 결국 '어머, 이건 꼭 사

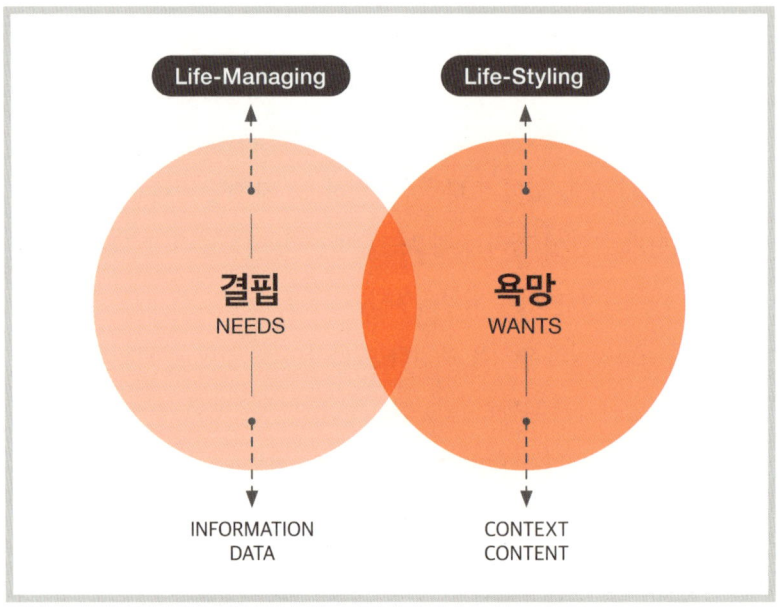

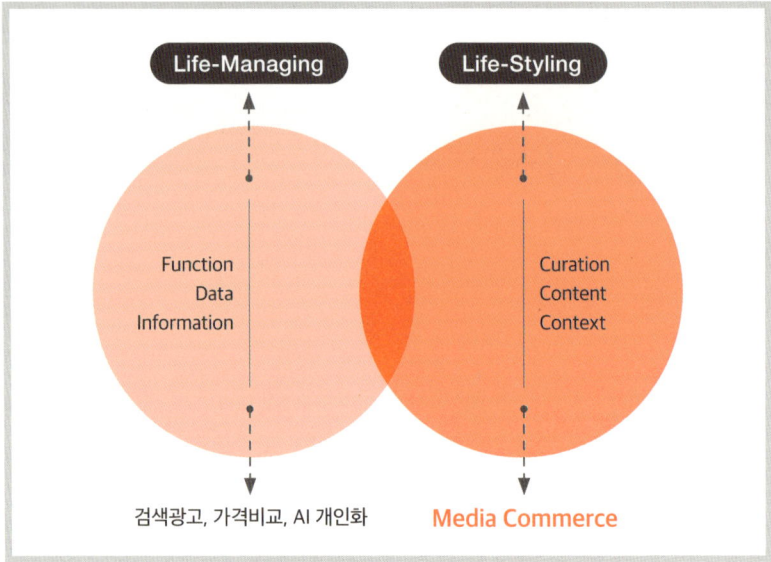

▲ 라이프 매니징을 위한 소비인지, 라이프 스타일링을 위한 소비인지에 따라서 서로 다른 방식의 이커머스 접근법이 필요하다.

야 해!'를 외치며 지르게 된다. 이런 모습이 바로 라이프 스타일링의 소비 영역에서 콘텐츠가 힘을 발휘하는 순간이다. 그리고 이것이 미디어커머스의 묘미이기도 하다. 그래서 이 라이프 스타일링 영역을 주로 공략하는 커머스 플랫폼에서는 상품의 다양성(구색)이나 가격 경쟁력만큼 콘텐츠에도 공을 들인다.

어디에서, 무엇으로 승부할 것인가?

이커머스 시장에서 분투하려면 라이프 매니징과 라이프 스타일링 중 어디에서 승부해야 할지 결정해야 한다. 이커머스 플랫폼이라면 정체성과 비즈니스 모델을 빠르고 명확히 하는 것이 중요하다.

당신의 이커머스가 라이프 매니징의 영역이라면 쿠팡이나 SSG처럼 자본과 인프라로 승부해야 한다. 그것도 그들처럼 빠르고 과감하게 몰아가야 한다. 주저하거나 보수적으로 접근한다면 시장에서 기회를 잡을 수 없고 그들의 경쟁 구도에 끼어들 수 없다. 이 영역에서 콘텐츠는 중요한 요소일 수도 있으나 자본이나 인프라에 비할 만한 우선순위는 아니다. 자본과 인프라가 경쟁사와 유사한 수준으로 올라왔을 때 간발의 차별점으로 콘텐츠가 길을 터줄망정, 콘텐츠나 미디어커머스가 승기를 잡아줄 확률은 희박하다.

그러나 당신의 이커머스가 라이프 스타일링의 영역이라면 자본과 인프라의 부족을 미디어커머스 역량으로 좁힐 수 있다. 사업은 자본에서 시작하고 인력 역시 자본이 바탕이니 여기서 한참 뒤처진다면야 그 무엇도 못할 형편이겠지만, 자본과 인프라의 기본 체력이 된다면 라이프 스타일링 영역은 콘텐츠로 승부수를 띄울 만하다. 미디어커머스는 이 지점에서 이커머스로서 사업의 가치가 있다.

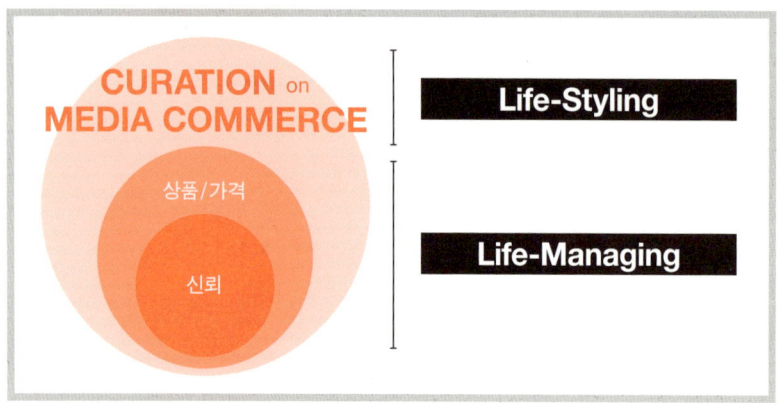

▲ 라이프 매니징 영역은 정량적 가치와 경제적 만족을 주기에 인프라 싸움이다. 라이프 스타일링은 정성적 가치와 감성적 만족을 줘야 하므로 콘텐츠의 중요성이 높다.

콘텐츠의 시대에
커머스의 시장에서

개인도 기업도 모두 미디어 시대

Every company is a media company(모든 기업은 미디어 기업이다).

- 톰 포렘스키 Tom Foremski

위는 영국 《파이낸셜 타임스 Financial Times》 기자를 거쳐 《실리콘밸리 워처 Silicon Valley Watcher》 발행인이자 저널리스트로 활동하는 톰 포렘스키의 말이다. 그는 지난 2015년 국내 한 잡지와의 인터뷰에서도 다음과 같이 주장했다.

이제 세상의 어떤 기업이라도 미디어 기업이 갖춘 능력을 습득해야 하는 상황에서 자유롭지 않다. 최근 그 필요성을 깨닫는 회사가 많아지는 건 환영할 만하지만 이게 결코 말처럼 쉽지 않다는 것도 명심해야 한다. 미디어 기업으로 거듭난다는 것은 더 많은 콘텐츠를

생산하기 위해 노력을 멈추지 말아야 한다는 말과 동일하다.[10]

모든 것이 미디어화하는 시대다. 심지어 개인도 그렇다. 개인이 브랜드인 시대에서, 개인이 미디어인 시대가 되고 있다. 모바일이 미디어를 삼켜서 벌어진 일이다. 주류 미디어는 물론 소셜미디어도 빨려 들어갔다. 게다가 모바일은 유통업도 삼켜버렸다. 상점과 상품을 모바일이 모두 집어 삼켰다. 상점도 미디어가 되어버렸고, 상품도 콘텐츠가 되어버렸다. 소매유통업자는 이제 하는 수 없이 상품과 콘텐츠를 함께 유통해야 하는 처지가 되었다. 유통업에서 이를 피하려면 도매업으로 넘어가야 할 판이다.

이는 세일즈와 마케팅이 모바일 미디어에 의해 하나로 엉겨붙어 버렸다는 의미이기도 하다. 결핍이 아닌 욕망, 삶을 영위하는 Life-Managing 것을 넘어 삶을 누리는 Life-Styling 것을 파고드는 소매유통업에 속해 있다면, 이러한 시장 환경 변화가 업의 본질에까지 영향을 미치는 시대가 되었다.

이에 더해, 탈脫플랫폼의 경향이 D2C의 산업적 이해와 맞물려 있다. 나이키의 아마존 탈피 성공 사례는 '성공할 것 같은'을 넘어 '성공해야만 하는' 브랜드의 필수 과목처럼 한편에 자리 잡아 가고 있다. 아마존 생태계가 흔들린다고까지 보긴 어렵지만, 최근 몇 년 사이 나이키, 이케아, 디즈니 등 시장에서 자신감을 가질 법한 브랜드들부터 D2C의 길을 걷고 있다. 이를 부추기는 산업이나 이해관계 사슬도 생긴다. 대표적인 회사가 쇼피파이 Shopifty다. 국내로 보면 카페24나 메이크샵 같은 자사몰 구축 인프라 서비스로 보면 되겠다. 사용료는 월 29달러부터이며 이커머스 사이

---

10 월간 《디자인》 2015년 5월호, 디자인하우스.

트 구성부터 결제, 재고, 배송을 위한 인프라를 제공한다. 팔 상품과 보여줄 콘텐츠만 있으면 이커머스 사업을 시작할 수 있다. 이와 같은 환경을 통해 D2C를 열망하는 브랜드들이 이커머스 독립에 성공한다면 플랫폼에 입점해 내야 하는 수수료 절감을 넘어 자사 고객을 직접 얻고 관계를 제어할 수 있다.

이런 흐름이 입점사와 함께 커나가야 하는 플랫폼 입장에서는 위협일 테지만, 반대로 이런 시장의 가치 변화가 이커머스 플랫폼에게는 콘텐츠를 강화해 미디어의 가치까지 만들어 내야할 이유이기도 하다. 이런 트렌드를 뚫고 일반 소비자들이 D2C의 개별 브랜드 몰보다 우리 커머스 플랫폼에서 브랜드와 상품을 보고, 즐기고, 구매하도록 만들어야 하기 때문이다. 그래야 입점사가 D2C를 할지 말지 고민하는 것과 별개로 이커머스 플랫폼의 입점은 필요하다는 이유와 가치가 생긴다.

콘텐츠와 미디어의 시대에 대응하는 이커머스

이커머스에서 콘텐츠의 중요성은 퍼포먼스 마케팅의 기술 환경 변화와 맞물려 더욱 부각되고 있다. 이는 '콘텐츠가 좋아야 ROAS 효율이 높다'는 이야기를 넘어서는 화두다. 규제와 정책으로 인한 기술 제재가 온라인 광고 시장을 흔들 조짐이 보이기 때문이다. 그간 기술과 데이터 기반으로, 콘텐츠의 품질보다 기계적 성능에 기대어 퍼포먼스를 내던 온라인 광고 환경에는 큰 변화가 감지된다. 사람들이 무엇을 검색했는지, 무엇을 보고 어디를 방문했는지 이력을 추적해 광고하는 기술적 행위 자체가 막힐 수 있다. 사용자가 온라인으로 검색했던 상품이 다른 소셜미디어나 사이트에 방문했을 때 광고로 나오도록 할 수 없게 되는 것이다.

애플은 2021년 새로운 '개인 정보 보호 정책'을 선언했다. 자사 모바일 기기에서 작동하던 IDFA_{ID for advertisers}를 통해 수집하고 제공해 온 사용자 추적 정보를 더 이상 소셜미디어 등의 광고 플랫폼에 제공하지 않기

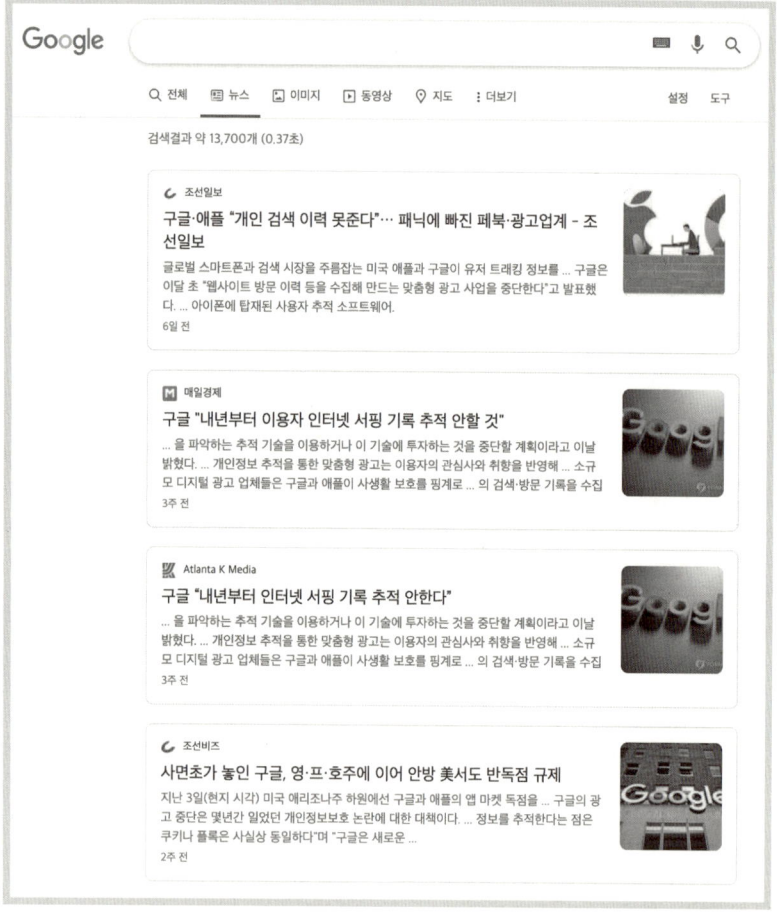

▲ 구글의 쿠키 중단 예고를 전하는 뉴스들.

로 했다. 2021년부터 iOS 최신 버전이라면 특정 앱이 IDFA를 쓰려 할 때 사용자에게 개인 정보 수집 허용 여부를 묻는다. 구글도 이런 경향에 발맞추고 있다. 구글 역시 웹사이트 방문 이력 등을 수집해 만드는 맞춤형 광고 사업의 중단 여부를 고민하고 있다. 퍼포먼스 마케팅에서 맞춤형 광고에 활용하는 사용자 추적 정보 파일(쿠키) 지원도 향후 1~2년 사이에 중단할지 검토하고 있다. 다만 구글은 웹브라우저(크롬)와 검색의 사용자 행태 점유율을 높게 쥐고 있다 보니 다른 방법을 마련하겠다는 입장이긴 하다. 구글은 애플과 달리 맞춤형 광고가 자사의 수익 모델이기도 해서다. 구글은 '프라이버시 샌드박스'라는 새 맞춤형 광고 기술을 제공할 예정이다. "웹브라우저 사용 패턴을 분석해 비슷한 유형의 사용자 집단을 대상으로 맞춤형 광고를 제공하는 기술"이라고 설명했다. 이런 변화는 미국, 유럽 등 세계 각국 정부의 반反독점 정책, 강화된 개인정보보호 관련 법 시행 등으로 개인 정보의 수집과 활용이 사회적으로도 점차 어려워졌기 때문이다.

이렇다 보니 점점 마케터가 페이스북, 인스타그램 같은 곳에서 맞춤형 광고를 집행하기 어렵게 됐다. 광고 업체에게는 당장 발등에 떨어진 불이다. 비즈니스 와이어에 따르면 전 세계 디지털 광고 시장 규모는 최소 1700억 달러(약 193조원)로 추정하는데 이 중 상당 부분이 위의 사용자 정보 추적 기술을 활용하기 때문이다. 페이스북과 인스타그램을 운영하는 기업, 메타의 CFO 데이비드 워너는 이런 변화가 페이스북 매출을 반토막 나게 할 수 있다고 말할 정도다. 메타의 CEO 마크 저커버그는 정치권을 향해 호소하면서, 이러한 개인 정보 보호 강화 조치로 맞춤형 광고 제작이 불가능하면 결국 수백만 소상공인에게 타격이라고 주장하며 심지어 애플을 상대로 소송도 검토 중이라고 한다.

그러나 한편으로는 이런 환경 변화는 미디어커머스와 커머스를 위한 콘텐츠 역량의 중요성이 대두되는 배경이기도 하다. 고객의 미세한 행동만으로도 악착같이 따라다니는 기계적인 최적화 기술만으로는 사용자를 구매자로, 구매자를 팬으로 만들기 어려운 환경으로 변하고 있다. 마크 저커버그의 말대로라면 소상공인 역시 상품과 콘텐츠 자체로 진검승부 해야 하는 상황에 점점 더 내몰리게 되었다. D2C로서 독립을 꿈꾸는 브랜드에게도 콘텐츠의 중요성이 높아졌다. 입점사들과 함께 해야 하는 이커머스 플랫폼 입장에서 해석해도 이런 진검승부가 버거운 입점사를 위해 미디어커머스를 지원해줘야 할 상황인 것이다.

모바일의 시대다. 기술, 문화, 소비자, 제도 등 여러 면에서 유통 시장이 격변하고 있다. 상품도 콘텐츠도, 매장도 미디어도 모바일로 모여 있다. 커머스는 이제 더이상 미디어를 빗겨갈 수 없다. 유통의 대상은 더이상 상품에만 머물지 않는다. 콘텐츠도 유통업의 유통 대상이 됐다. 유통의 접점인 매장은 미디어의 역할도 해야 한다.

> 결핍은 발생하는 것이지만 욕망은 창조하는 것이다.
> 콘텐츠가 욕망을 만든다.
> 상품이 콘텐츠다.
> 매장이 미디어다.

콘텐츠의 시대에 커머스의 시장에서, 이커머스 콘텐츠 역량은 이제 이커머스의 기본이자 핵심 역량이다.